टिप्स ऑफ सक्सेस

- अपनी अंतर्निहित शक्तियों को पहचानिए
- पल-पल समय का सदुपयोग कीजिए
- आशावादी और सकारात्मक बनिए
- 'सादा जीवन और उच्च विचार' वाली जीवन-शैली अपनाइए
- अवसर को हाथ से छूटने मत दीजिए
- ऐसी ही अनमोल बातों का खजाना आपके हाथ!
  पढ़िए और सफलता को गले लगाइए।

- डॉ. सुनील जोगी

टिप्स ऑफ सक्सेस

डॉ. सुनील जोगी

डायमंड बुक्स

ISBN : 978-81-288-1214-9

प्रकाशक	:	**डायमंड पॉकेट बुक्स (प्रा.) लि.** X-30, ओखला इंडस्ट्रियल एरिया, फेज-II नई दिल्ली-110020
फोन	:	011-41611861-65, 40712100
फैक्स	:	011-41611866
ई-मेल	:	sales@dpb.in
वेबसाइट	:	www.dpb.in
संस्करण	:	2012
मुद्रक	:	आदर्श प्रिंटर्स, शाहदरा, दिल्ली -110032

TIPS OF SUCCESS

by : Dr. Sunil Jogi

समर्पण

अत्यधिक स्नेह करने वाले
महाराष्ट्र उच्च न्यायालय के
पूर्व मुख्य न्यायाधीश
एवं
उच्चतम न्यायालय के
वरिष्ठ न्यायाधीश
महामहिम श्री दलबीर भण्डारी जी
को
सादर समर्पित

डॉ. सुनील जोगी

प्राक्कथन

आज के इस भौतिकवादी युग में मनुष्य सुख और शांति की तलाश में भटक रहा है। उसने अपनी सुख-सुविधा के साधन तो इकट्ठे कर लिए हैं, लेकिन उनसे उसे संतुष्टि प्राप्त नहीं हो रही है। वह सफलता के कथित सोपानों पर चढ़ तो गया है, परन्तु वास्तविक सफलता से कोसों दूर है। भौतिकतावादी होना जीवन में सफल होना नहीं है। आसुरी प्रवृत्तियां उस पर इस कदर हावी हैं कि उसके जीवन से दया, सहानुभूति, परोपकार, ईमानदारी, नैतिकता, तप, निर्भयता जैसे दैवीय गुण विलुप्त होते जा रहे हैं। वह एक अंतहीन अंधी सुरंग की ओर निरन्तर बढ़ता जा रहा है।

जीवन नदी की तरह सतत प्रवाहमान है। वह ऐसा अलौकिक संगीत है, जो सुनने वाले के हृदय के तारों को झंकृत कर देता है। वह आनन्द-प्राप्ति का अक्षय स्रोत है। आज का मनुष्य उस असीम आनन्द से वंचित होकर मृग-मरीचिका में भटक रहा है। किसी भी कार्य को प्रारम्भ करने से पहले ही वह डावांडोल हो जाता है। भविष्य के प्रति अनिश्चितता की भावना उसे निराश कर देती है। वह भाग्यवादी होकर कर्म से विमुख हो जाता है। नकारात्मक विचार उसको जकड़ लेते हैं और उसकी आन्तरिक शक्तियां कुंठित हो जाती हैं। संघर्षों से घबराकर वह पलायन कर जाता है। उसका धैर्य चुक जाता है। वह अक्सर उचित-अनुचित का निर्णय नहीं कर पाता और जीवन में असफल हो जाता है।

वास्तव में क़ोई भी कार्य सरल या कठिन नहीं है। हमारी इच्छाशक्ति की प्रबलता और उसकी कमी ही किसी भी कार्य को सरल या कठिन बना देती है। यदि हम दृढ़ संकल्प कर किसी भी कार्य को सम्पादित करने में अपनी पूरी शक्ति झोंक दें, तो हम निश्चित रूप से सफल हो सकते हैं। हम अपने अतीत से सबक लें और अपनी गलतियों को पहचानकर उनमें सुधार करें। यदि हम किसी भी स्तर पर असफल हुए हैं, तो इसमें हमारे ही प्रयासों की शत-प्रतिशत कमी रही है। आत्मविश्लेषण हमें शक्ति देगा। सफलता-असफलता जीवन रूपी सिक्के के दो पहलू हैं। किसी भी कार्य में असफल होने पर बार-बार प्रयास करें। समय का समुचित नियोजन करें। संकटों का साहस से सामना करें। संकट हमारी परीक्षा होते हैं, जिन पर विजय प्राप्त कर हमें खरा सोना सिद्ध होना है।

बाजार में सफलता प्राप्त करने के उपायों पर अनेक पुस्तकें प्रकाशित हुई हैं। उन सभी में कुछ-न-कुछ नयापन है। वे हमें प्रेरणा देती हैं। इस पुस्तक में जीवन में सफलता प्राप्त करने के अचूक 'टिप्स' दिए गए हैं, जिनको आजमाकर आप अपनी जीवन-दिशा तय करके प्रगति-पथ पर निरन्तर अग्रसर हो सकते हैं।

अर्ल नाइटिंगेल के शब्दों में-**"सफलता एक सफर है, मंज़िल नहीं। मंजिल या लक्ष्य-प्राप्ति के पश्चात् ठहर जाना सफलता का अन्त है।"**

इसलिए सतत चलते रहिए। एक सफलता प्राप्त होने के पश्चात् दूसरी के लिए पूरी तैयारी करिए और अपने काम में तल्लीनता से जुट जाइए। हमारी शुभकामनाएं आपके साथ हैं।

डॉ. सुनील जोगी

(अंतर्राष्ट्रीय कवि, लेखक एवं विचारक)

अनुक्रमणिका

1

'सादा जीवन, उच्च विचार' वाली जीवन-शैली अपनाइए

एक प्रसिद्ध कवि ने 'सादा जीवन, उच्च विचार' को जीवन का सार बताया है। हमारी प्राचीन भारतीय संस्कृति में हमारे तपस्वी ऋषि-मुनियों ने हमें सादा जीवन जीते हुए अपने वैचारिक धरातल को हमेशा ऊंचा रखने की प्रेरणा दी है। हम सभी ने उनके विषय में वेदों, पुराणों, उपनिषदों, आरण्यकों आदि सद्ग्रंथों में पढ़ा है कि ये महापुरुष अपना सर्वस्व त्यागकर वनों की शरण में जाकर तपस्या करते थे। उनके बदन पर मात्र एक कौपीन (लंगोटी) अथवा नाम मात्र को वस्त्र होते थे। वन में उनको जो 'रूखा-सूखा भोजन'-फलाहार, गौदुग्ध इत्यादि मिल जाता था, उसी से वे तृप्त हो जाते थे। दैवीय प्रेरणा से प्राप्त ज्ञान का प्रसार करना ही उनका उद्देश्य था। इस प्रकार सादा जीवन जीते हुए भी वे विचार के धनी थे। उन्होंने हमें सिखाया कि बाह्य आडंबर से युक्त जीवन जीने से मनुष्य देवत्व प्राप्त नहीं कर सकता। त्यागपूर्वक योग करने से ही मनुष्य अपने जीवन में सफलता की ऊंचाइयों को प्राप्त कर सकता है। वास्तव में वही मनुष्य सुखी कहलाने के योग्य है।

एक अंग्रेजी कवि ने भी वास्तविक सुखी और जीवन में सफल मनुष्य के विषय में लिखा है-

He hath nothing, but he hath all.

(उसके पास कुछ भी नहीं है, परन्तु उसके पास सब कुछ है)

हमारे संतों की सादगी की मिसाल देखिए। राजा-महाराजा उनके दरवाजे पर आकर उन्हें स्वर्ण-मुद्राएं भेंट कर रहे हैं, तो केवल उनमें ही यह कहने की हिम्मत है-

"संतन कौ कहा सीकरी सों काम"

(महाराज! ये धन-संपदा आप अपने पास ही रखिए। संतों को इनसे क्या मतलब? ये तो हमारे लिए मिट्टी के ढेले के समान हैं।)

कोई साधारण व्यक्ति होता, तो इतना धन मिलने पर गदगद् हो जाता और महाराज की प्रशंसा करता नहीं अघाता।

संतों की सादगी व तप के कारण ही राजा-महाराजा स्वयं चलकर उनके आश्रमों तक जाते थे। यदि कोई संत उनके महल तक आ गया, तो वे स्वयं अपना राजसिंहासन छोड़कर उनका आदर-सत्कार करते थे।

कहते हैं, एक बार मुगल सम्राट अकबर ने अपने नवरत्नों में से एक-संगीत सम्राट तानसेन से कहा था कि वे उनके गुरु स्वामी हरिदास का संगीत सुनना चाहते हैं। तानसेन ने कहा-**"जहांपनाह! स्वामी जी तो दरबार में आने से रहे! आपको स्वयं उनके पास तक चलना होगा।"** तब अकबर ने वेश बदलकर वृंदावन में उनका संगीत सुना।

भगवान श्रीराम का उदाहरण हमारे समक्ष है। राजपरिवार में जन्म लेकर जीवन के सारे ऐश्वर्य और सुखों का भोग करते हुए भी जब उनको चौदह वर्ष का वनवास दिया जाता है, तो वे उन सुखों का अविलंब त्याग कर देते हैं। शरीर पर वल्कल वस्त्र धारण कर लेते हैं, वन-वन नंगे पैरों भटकते हैं और कंदमूल फल खाते हैं। सादगी से वनवास का समय व्यतीत करने पर भी वे अपनी नैतिकता, वैचारिक दृढ़ता और आदर्शों को अक्षुण्ण रखते हैं।

मां सीता राजकुमारी होते हुए वन में राम के साथ सादगी का जीवन व्यतीत करते हुए इतने कष्ट उठाती हैं, लेकिन उनके मुंह से आह तक नहीं निकलती। भरत राजा होते हुए भी चौदह वर्षों तक संतों-सा जीवन जीते हैं।

भगवान बुद्ध और महावीर स्वामी राजपुत्र होते हुए भी ज्ञान की तलाश में संतों का वेश धारण कर लेते हैं।

सुख मिल गया, तो उससे चिपके नहीं, दुःख मिला, तो उससे घबराए नहीं। सुख-दुःख दोनों में समभाव रखना ही सादगी का मूल मंत्र है।

इन राजपुरुषों ने अपने सुखों का त्याग किया। सुख मिल गया, तो उससे चिपके नहीं, दुःख मिला, तो उससे घबराए नहीं। सुख-दुःख दोनों में समभाव रखना ही सादगी का मूल मंत्र है।

यदि हम अन्य महापुरुषों के जीवन-चरित्र पर दृष्टि डालें, तो उनमें महाराणा प्रताप का सादगी भरा जीवन अनुकरणीय है। राजा होते हुए भी उन्होंने मुगलों से युद्ध करते समय विपत्ति पड़ने पर दूब घास की बनी रोटियां खाईं, लेकिन उनकी अधीनता स्वीकार नहीं की। राष्ट्रपिता महात्मा गांधी तो सादगी और उच्च विचारों की प्रतिमूर्ति थे। उन्होंने अपना पूरा जीवन एक आम भारतीय नागरिक की तरह बिताया। ग्रेट ब्रिटेन के तत्कालीन प्रधानमंत्री सर विन्सटन चर्चिल ने एक बार लंदन में आयोजित गोलमेज सम्मेलन से पहले कहा था-"भारत के उस नंगे फकीर को देखो, जिसने ब्रिटिश साम्राज्य की जड़ों को हिलाकर रख दिया।"

वास्तव में चर्चिल उस समय गांधीजी के सादगी भरे जीवन की प्रशंसा कर रहे थे। सादा जीवन जीने वाले व्यक्ति में इतना नैतिक साहस और वैचारिक दृढ़ता आ जाती है कि वह बड़े-से-बड़े साम्राज्य की चूलें हिलाने की ताकत रखता है। राजसिंहासन उसके नाम से ही कांप उठते हैं। याद कीजिए पं. जवाहरलाल नेहरू को, जिन्होंने धनाढ्य कुल में जन्म लेने के बाद भी स्वतंत्रता आंदोलन में कूदने की खातिर अपना सब-कुछ त्याग दिया। खादी के वस्त्र पहने, नंगे पैरों चले और अंग्रेजों की लाठियां खाईं। पूर्व प्रधानमंत्री लाल बहादुर शास्त्री ने देश की आजादी की खातिर अपना सब कुछ छोड़ दिया। आप यह सुनकर आश्चर्य करेंगे कि केंद्रीय मंत्री होते हुए भी उन पर अपना कोट नहीं था। प्रधानमंत्री होते हुए भी उन पर मात्र दो जोड़ी खादी के वस्त्र व जाकिटें थीं।

"भारत के उस नंगे फकीर को देखो, जिसने ब्रिटिश साम्राज्य की जड़ों को हिलाकर रख दिया।"

सादगी पसंद व्यक्ति शिखर पर होते हुए भी दिखावा पसंद नहीं करता और लोगों के आलोचना करने या उनके कहने पर अपने विचार नहीं बदलता।

लाल बहादुर शास्त्री जी के जीवन की घटनाएं हैं। जब उनका विवाह हो रहा था, तब सात फेरों के दौरान उन्होंने अपनी पत्नी ललिता शास्त्री से पुरोहित के स्थान पर स्वयं वचन भरवाए। यद्यपि इस बात का बहुत विरोध हुआ, लेकिन वे अपनी बात से टस-से-मस नहीं हुए। उनमें से एक वचन यह भी था कि ललिता जी आजीवन खादी के वस्त्र ही पहनेंगी। उन्होंने स्वयं जीवन भर खादी पहनने का संकल्प लिया था और अपनी पत्नी से भी यही अपेक्षा की, जिसे ललिता जी ने सहर्ष स्वीकार कर लिया और आजीवन अपना वचन निभाया।

दूसरी घटना उस समय की है, जब वे केंद्रीय रेल मंत्री थे। उनके बंगले में 'कूलरों' की व्यवस्था की गई थी। सब लोग बहुत खुश थे। शास्त्रीजी को बंगले पर आने पर जब पता लगा कि यहां 'कूलर' लगाए गए हैं, तो उन्होंने तत्काल उनको हटवा दिया। बाद में अपने बच्चों को उन्होंने समझाया-**"अभी तो मैं मंत्री हूं। कूलर की सुविधा है। कल को मैं मंत्री नहीं रहा और हमें अपने मकान में जाना पड़ा, तो वहां तो कूलर की व्यवस्था मैं नहीं कर सकता। तुम्हें यहां 'कूलर' की आदत पड़ जाएगी, फिर तुम उसके बिना रह नहीं पाओगे। इसलिए मैंने 'कूलर' हटवा दिए।"**

उनके सभी बच्चे सरकारी कार से नहीं, तांगे से विद्यालय पढ़ने जाया करते थे।

सादगी पसंद व्यक्ति अपने साथ अपने विचारों की ऊष्मा से दूसरों को भी प्रभावित करता है और लोग उसका अनुकरण करने को तैयार हो जाते हैं। वह सुविधा भोगी नहीं होता और दूसरों को भी अपने विचारों से यही प्रेरणा देता है कि वे जीवन में विषम परिस्थितियों से मुकाबला करने की आदत डालें। इसकी शुरुआत वह अपने घर से करना पसंद करता है।

सादगी पसंद व्यक्ति के विचार बड़े पवित्र होते हैं। वह अपने लिए नहीं सोचता, बल्कि जनकल्याण ही उसका उद्देश्य होता है। वह किसी भी वस्तु की फिज़ूलखर्ची नहीं करता।

आचार्य चाणक्य ने नंदवंश का समूल नाश करने का संकल्प किया, जिसे उन्होंने प्राणपण से पूरा किया। यदि वे चाहते, तो स्वयं को सम्राट घोषित कर सकते थे, लेकिन उन्होंने चंद्रगुप्त विक्रमादित्य को ही राजा बनाया। नंद के अत्याचारी शासन का अंत करना ही उनका उद्देश्य था।

एक बार एक विदेशी यात्री आचार्य चाणक्य के पास आया। उस समय आचार्य कुछ कार्य कर रहे थे, इसलिए वह बाहर खिड़की के पास ही खड़ा हो गया। उसने देखा कि कार्य करने के बाद आचार्य ने एक दीपक बुझाकर दूसरा दीपक जला लिया। आचार्य से भेंट होने पर उसने दीपकों की पहेली उनके सामने रखी। चाणक्य ने कहा-**"पहले मैं राजकाज कर रहा था। अतः राजकोष द्वारा दिए गए तेल का उपयोग कर रहा था। बाद में घरेलू कार्य करने पर मैंने अपने वेतन से खरीदे हुए तेल का उपयोग किया।"**

अपने उच्च विचारों के कारण सादा जीवन जीने वाला व्यक्ति संकल्प का धनी होता है। वह संकल्प करने पर उससे मुंह नहीं मोड़ता और उसको पूरा करके ही दम लेता है।

सादगी सम्पन्न व्यक्ति नींव का पत्थर होता है, जो जमीन पर गड़ा होता है और इमारत की रक्षा करने का दायित्व निभाता रहता है, लेकिन उसकी सोच की पहुंच कंगूरों और इमारत के कलश तक होती है। लोग कंगूरों और कलश को देख-देखकर खुश होते हैं, लेकिन नींव को बिसरा देते हैं। जबकि सबसे पहले वे नींव को ही भरवाना शुरू करते हैं।

वही जो नींव में नीचे गड़ा है,
वही तो सबसे ऊंचा सोचता है।

सादा जीवन जीने वाले का जीवन सरल होता है न कोई छल, न छद्म। बिल्कुल बच्चे की तरह पारदर्शी-साफ-शुद्ध झील के पानी की तरह तलस्पर्शी! ऐसा व्यक्ति जो बात अपने जीवन में उतार लेता है, उसी की शिक्षा दूसरों को भी देता है। वह अपने विचार जबर्दस्ती दूसरों पर नहीं थोपता।

सिखों के प्रथम गुरु नानकदेव जी के पास एक महिला आई। उसने अपने बच्चे की तरफ इशारा करते हुए कहा कि गुरुजी यह गुड़ बहुत खाता है। गुरुजी ने कुछ देर विचारकर उससे कहा कि एक हफ्ते बाद मेरे पास आना। जब वह महिला गुरुजी के पास आई, तो उन्होंने बच्चे को समझाते हुए कहा-"**बेटा! अधिक गुड़ खाना बुरी आदत है। इसे छोड़ दो।**" वह महिला उनकी इस बात पर आश्चर्यचकित होकर बोली-"**आप सात दिन पहले भी तो बच्चे से ये बात कह सकते थे।**" गुरुजी ने शांति से कहा-"**पहले मैं भी बहुत गुड़ खाता था। मैंने सर्वप्रथम स्वयं पर नियंत्रण किया, तब इसे गुड़ खाने से मना कर पाया।**"

ये सादगी पसंद व्यक्ति की वैचारिक शुद्धता है। वरना लोग जिस काम को न करने की दूसरों को सीख देते हैं; वही काम वे उनके पीठ पीछे करते हैं।

सादगी वह गहना है, जिसकी कोई बाजारू कीमत नहीं। वह अमूल्य है। इसको ग्रहण करने के लिए कोई पैसा नहीं देना पड़ता। यदि तराजू के एक पलड़े में सादगी और दूसरे में सौ आभूषण रख दिए जाएं, तो सादगी का पलड़ा भारी रहेगा। उसकी बराबरी कोई नहीं कर सकता। कवि ने क्या खूब कहा है-

गमों का कोई खरीददार नहीं होता है।
जहां पे दर्द न हो, प्यार नहीं होता है।
जेवरों के लिए 'शोरूम' खुले हैं लेकिन,
सादगी का कोई बाजार नहीं होता है॥

हम सबने प्रकृति को करीब से देखा है। सूर्योदय-सूर्यास्त होना, आकाश में चांद-तारे टिमटिमाना, पक्षियों का चहचहाना, फूलों का खिलना-आदि में कितनी सादगी है, कितनी असलियत है। यदि प्राकृतिक फूलों की जगह आप नकली फूल किसी स्थान पर रख दें, किसी चित्र में सूर्य-चंद्र, तारे, नदी-पर्वत दिखा दें, कागज या मिट्टी के पक्षी बना दें, तो क्या वे आपको सुकून दे पाएंगे? क्या वे प्राकृतिक दृश्य उपस्थित कर पाएंगे, कदापि नहीं। यही हाल सादगी और दिखावा पसंदगी का है। **सादगी प्राकृतिक होती है, जबकि आडंबर युक्त जीवन शैली कृत्रिम!**

आप किसी युवती की सुंदरता देखें, जब उसने कोई मेकअप नहीं किया हुआ हो, तो वह कितनी अच्छी लगती है। उसके चेहरे पर अजीब किस्म की चमक होती है। जब वह मेकअप करके आती है, तो पाउडर-रूज की पर्तों में उसकी प्राकृतिक सुंदरता कहीं गुम हो जाती है। आजकल तो 'फेशियल' कराने का 'क्रेज' है-चाहे वह पुरुष हों अथवा महिला-वर्ग! आपने देखी होगी उनके

चेहरों की असलियत। जब उनका फेशियल 'आउटडेट' हो जाता है, तो उनके चेहरे वीभत्स लगने लगते हैं। अपनी इस वीभत्सा को छिपाने के लिए उनको दुबारा 'ब्यूटी पार्लर' जाना पड़ता है। जो युवती/महिला बार-बार फेशियल नहीं कराती, उसका चेहरा हर समय खिला-खिला रहता है; क्योंकि उसमें सादगी होती है।

मुझे याद है एक जिलाधिकारी की पत्नी की। उन्होंने एक बार एक उच्च पुलिस अधिकारी की पत्नी से पूछा था-**"मिसेज ए! आपके चेहरे पर हर समय ताजगी क्यों रहती है? जबकि हमारे चेहरे काले पड़ गए हैं।"** इस बात पर उन्होंने उत्तर दिया था-**"मैं ब्यूटी पार्लर नहीं जाती। घर पर ही सादा शृंगार करती हूं।"**

आप कितने भी 'फेशियल' करा लें, सोने-हीरे के जवाहरात पहन लें, लेकिन एक सादगी पसंद महिला के आगे; जिसने सादगी, लेकिन सलीके से अपने को संवारा हुआ है, सब कृत्रिम साज-शृंगार फीके पड़ जाएंगे। आप चाहें, कितनी भी इठलाती फिरें, लेकिन उसके आगे स्वयं को ठगा-ठगा-सा अवश्य महसूस करेंगी-

सारे रिश्ते बांधे रखते हैं,
जैसे कच्चे धागे।
सारे गहने फीके पड़ गए,
एक सादगी के आगे।

हर युग की अपनी अलग पहचान व मांग होती है। प्राचीन काल में सादगी के मायने कुछ अलग थे। अब युग की मान्यताएं बदल रही हैं। अब उसके मायने भी बदल गए हैं। लेकिन हमारे बुजुर्ग सादगी से संबंधित जो बातें कहा करते थे, उसके मायने अब भी वही हैं। उनका कहना था-

'मोटा खाओ और मोटा पहनो'

और

'कम खाओ और गम खाओ'

मोटा खाने से मतलब है-गेहूं, जौ, बाजरा, मक्का, ज्वार, चना, मटर इत्यादि सब अनाजों को खाना, जिससे स्वास्थ्य बढ़िया रहे और मोटा पहनने का मतलब है-सूती वस्त्र पहनना, जिनका तापमान मौसम के अनुसार बदलता रहे। पहले सादगी के मायने थे बदन बढ़िया हो, चाहे वस्त्र फटे हुए हों लेकिन हों साफ, वे भी उस बदन पर फबेंगे। पहले व्यक्ति के पास विचारों की शुद्धता थी-दया, परोपकार, ईमानदारी, तप-त्याग, सेवा-भाव जैसे दैवीय गुण थे। वह वास्तव में सुखी था।

सिंथेटिक वस्तुओं के इस युग में जब आदमी 'फास्ट फूड' खाकर अपने शरीर को सौ रोग लगा लेता है, तब फिर उसी 'मोटे खाने' की तरफ भागता है।

ब्रांडेड कपड़ों के इस युग में भी जब भी कोई व्यक्ति कॉटन या खादी के वस्त्रों को पहनकर निकलता है, लोग उसकी ओर आकर्षित हुए बिना नहीं रहते। आजकल के सिंथेटिक कपड़े मनुष्य की आंतरिक प्रवृत्तियों को बदलकर उन्हें उग्र व हिंसक बनाते हैं, जबकि सूती वस्त्र उसे हमेशा सहन करने की शक्ति देते हैं।

'ओवरईटिंग' के इस युग में बुजुर्गों की बात 'कम खा' सटीक है। हमारे यहां उपवास रखने की परंपरा रही है। कम खाएंगे, स्वास्थ्य बढ़िया रहेगा। उपवास रखेंगे, शरीर से जहरीले तत्त्व बाहर निकलेंगे, तो शरीर शुद्ध होगा। शरीर शुद्ध होगा, तो मन में उत्तम विचार आएंगे ही। 'गम खा' का मतलब है-हर काम में धैर्य से काम लेना, सहनशक्ति बढ़ाना। गम खाएंगे, तो देवत्व में वृद्धि होगी। आजकल के नवयुवक थोड़ी-सी बात पर उत्तेजित हो जाते हैं। यह सब उनके गलत खानपान का प्रभाव है। खानपान शुद्ध हो जाएगा, तो जीवन सादगी से परिपूर्ण हो जाएगा और हम हर चीज के बारे में अच्छा सोचने लगेंगे। एक पाश्चात्य विद्वान् कहते हैं-

"अपने सपनों की दुनिया में पूरे आत्मविश्वास से बढ़ो। वही जीवन जियो, जिसकी आपने कल्पना की थी। जैसे-जैसे जीवन को आप सादा बनाते जाएंगे, ब्रह्माण्ड के नियम भी आपके लिए सरल हो जाएंगे।"

वास्तव में सादा जीवन सीधी रेखा है जिसे खींचना सरल नहीं है, लेकिन अभ्यास से यह संभव है। दिखावटी जीवन जीना बड़ा सरल है, क्योंकि टेढ़ापन आसान है। लेकिन उससे मन की शांति नहीं मिलती।

सादा जीवन जीवन जीने में कुछ छिपाना नहीं पड़ता-जो भीतर सो बाहर! आडंबर युक्त जीवन में हजार मुखौटे लगाने पड़ते हैं, जिनके नीचे असली चेहरा दब जाता है। ऐसे जीवन में बिखराव होता है; क्योंकि कांच के बर्तन में ठोकर लगी और वह टूटा! इसीलिए सादगीपूर्ण जीवन सर्वोत्तम है।

प्रसिद्ध वैज्ञानिक अल्बर्ट आइन्सटाइन कहते हैं-

"बिखराव से बाहर आकर शांति ढूंढो"

बिखराव से यदि आप बाहर आ जाएंगे, तो सादगी का महत्त्व समझ जाएंगे और आपके जीवन में स्वयं शांति आ जाएगी।

सादा लेकिन साफ-सुथरे कपड़े पहनें। ये आवश्यक नहीं कि महंगे हों। सस्ते दामों में भी अच्छे कपड़े मिल जाते हैं। बदन स्वच्छ हो, चेहरे

पर मुस्कान हो। खाने के लिए जीना न हो बल्कि जीने के लिए खाना हो-सादा भोजन रोटी, दाल, सब्जी, फल, दूध आदि। अपने प्रति ईमानदारी हो, दूसरों के प्रति सद्‌भावना हो। जीवन में आस्तिकता हो। छोटों के प्रति स्नेह और बड़ों के प्रति सम्मान हो-यही सादा जीवन है। यदि आप इन सब बातों को अपने जीवन में उतार लेंगे, तो आपका शरीर सद्‌विचारों का केंद्र बन जाएगा और आपसे अधिक सफल और सुखी व्यक्ति अन्य कोई नहीं होगा।

●●●

2

अवसर को दौड़कर पकड़िए

सफलता प्राप्त करने के लिए प्रत्येक व्यक्ति के जीवनकाल में उचित अवसर का बहुत महत्त्व है। हमें सफलता प्राप्त करने के लिए अवसर की तलाश रहती है। इसके लिए हम संघर्ष करते रहते हैं और कभी-कभी अपना सब कुछ दांव पर लगा देते हैं। ऐसी स्थिति में हम सफल भी हो सकते हैं और हमें असफलता का भी सामना करना पड़ सकता है। यदि हम ठंडे लोहे पर प्रहार करेंगे, तो हम लोहे को मनचाहा आकार नहीं दे पाएंगे। इसके लिए हमें उसे गर्म करना पड़ेगा, गर्म होने तक प्रतीक्षा करनी पड़ेगी और फिर अपनी पूरी शक्ति से उस पर चोट करनी होगी, तभी हम उसे मोड़ने में कामयाब होंगे। यदि लोहा गर्म होने पर हम दूसरे कामों में व्यस्त हो गए, तो हमारा प्रयास व्यर्थ जाएगा। फिर चाहे हम अपनी असफलता के लिए किसी को कोसें, अंततः इसके लिए हम ही उत्तरदायी सिद्ध होंगे।

यदि हमें इंजन को भाप की शक्ति से चलाना है, तो पानी को 212^0 सेल्सियस तक गर्म करना होगा। पानी गर्म होने पर हमें तुरंत इंजन को स्टार्ट करना है। यदि हम इस तापमान के रहते इंजन को नहीं चला पाए, तो हमारा ईंधन और शक्ति बेकार चली जाएगी।

अंग्रेजी में एक कहावत है-**"Strike when the Iron is hot."**

(अवसर आने पर उसे तुरंत पकड़िए)

अवसर निकल जाने के बाद हमे पछताना पड़ेगा-**"मन पछित हैं अवसर बीते"**

(अवसर बीतने पर पछतावा करने के सिवा कोई चारा नहीं)

प्रसिद्ध फिल्मी गायक मुकेश एक बार विदेश में अपनी 'परफॉरमेन्स' दे रहे थे। अचानक मंच पर ही उन्हें दिल का दौरा पड़ा। उनकी आवाज डूबने लगी और उन्होंने मंच पर ही अपने प्राण त्याग दिए। उनके सुपुत्र नितिन मुकेश उनके पास ही थे। उन्होंने उस अवसर पर घबराने के बजाय रोते-रोते अपने पिता के गायन का छोर पकड़ लिया और गाना पूर्ण करके ही दम लिया। उनके पास वह अवसर था-स्वयं को सिद्ध करने का। उन्होंने अपने गायन से श्रोताओं को प्रभावित किया और अपने पिता की विरासत को आगे बढ़ाते हुए प्रसिद्ध गायक बने।

बहुत-से व्यक्ति अवसर हाथ आने पर उसे पहचान नहीं पाते और बाद में पछताते हुए अपने भाग्य को, परिस्थितियों या व्यक्ति विशेष को दोष देते हैं।

एक बार स्वामी रामकृष्ण परमहंस को उनका एक परम शिष्य भोजन कराने आया। वह भोजन की थाली को बहुत संभालकर ले जा रहा था। अचानक उसके रास्ते में एक कुत्ता आ गया, जो भोजन की थाली को सूंघने लगा और पूंछ हिलाकर भोजन मांगने लगा। शिष्य ने उस कुत्ते को दुत्कार दिया और थाली लेकर आगे बढ़ गया। अचानक उसके सामने एक भिखारी आ गया और उससे भोजन की याचना करने लगा। उसने उस भिखारी को भी फटकार दिया-**"देखता नहीं! मैं स्वामीजी के लिए भोजन ले जा रहा हूं। इसमें से तुम्हें कैसे दे सकता हूं?"**

जब वह परमहंस जी के पास भोजन लेकर पहुंचा, तो उसने उसे ग्रहण करने की विनती की। स्वामी जी ने कहा-**"तूने मुझे दो बार दुत्कार दिया। मैं कुत्ता और भिखारी बनकर तेरे पास आया था, लेकिन तूने दोनों बार मुझे भोजन नहीं दिया। अब ये भोजन मेरे किस काम का? इसे तू ही ग्रहण कर।"**

शिष्य के समक्ष दो बार अवसर आया; स्वामीजी को भोजन कराने का, लेकिन वह उन्हें बदले हुए रूप में पहचान नहीं पाया और इस तरह उनकी कृपा प्राप्त करने से वंचित रह गया।

अवसर हमारे दरवाजे पर दस्तक देता है, लेकिन हम उसे पहचान नहीं पाते और उसे गंवाकर असफल लोगों की श्रेणी में शामिल हो जाते हैं।

एक लड़का था। योग्यता की उसमें कोई कमी नहीं थी। उसे एक नामी-गिरामी विद्यालय में अध्यापक की नौकरी मिली। प्राइवेट ट्यूशन और तनख्वाह से वह अच्छा-खासा कमा रहा था कि शैक्षिक वर्ष के अंत में कुछ नए अध्यापकों को नियमित न करने के मुद्दे पर वह उनकी ओर से बेवजह नेतागिरी करके प्रबंधक से लड़ बैठा। उसे अपनी नौकरी से हाथ धोना पड़ा। उसने स्वयं अपने पैरों पर कुल्हाड़ी मारकर उचित अवसर गंवा दिया।

उसके जीवन में दूसरा अवसर आया, जब उसे एक प्रतिष्ठित समाचारपत्र में संवाददाता बना दिया गया। उसने बहुत जल्दी रफ्तार पकड़ते हुए समाज के सफेदपोश लोगों के खिलाफ समाचार छापने शुरू कर दिए और समाचारपत्र के पूर्व संवाददाता से झगड़ा कर बैठा। सभी लोगों ने उसके खिलाफ एकजुट होकर 'लाबिंग' की और उसे समाचारपत्र से हटवा कर ही दम लिया। उसने अपने अहंकार के कारण दूसरा अवसर भी गंवा दिया।

किसी प्रतिष्ठित साहित्यकार ने उसकी योग्यता को देखते हुए एक सरकारी अकादमी में उसके लिए नौकरी की सिफारिश की। उस समय तक सरकारी

नौकरी के लिए उसकी उम्र-सीमा खत्म हो गई थी और वह उससे वंचित रह गया। उसकी उम्र उसका यह अवसर खा गई।

व्यक्ति अपनी नादानी, अति आत्मविश्वास, अहंकार और आलस्य के कारण भी अवसर गंवा बैठता है, जिसका उसे जीवन भर पछतावा रहता है।

व्यक्ति अपनी नादानी, अति आत्मविश्वास, अहंकार और आलस्य के कारण भी अवसर गंवा बैठता है, जिसका उसे जीवन भर पछतावा रहता है।

पंडितजी बड़े ज्ञानी-ध्यानी और कर्मकांडी थे। लेकिन छोटे-से गांव में रहने के कारण अपनी गुजर-बसर करके पेट पाल रहे थे। एक बार वे एक महानगर में गए। जिस जगह वह ठहरे हुए थे, वहां एक मंदिर था। अचानक उस मंदिर के पुजारी के परिवार में किसी व्यक्ति की मृत्यु हो गई। उन्हें अपने घर जाना पड़ा। मंदिर की पूजा-पाठ में व्यवधान आ गया। मंदिर के ट्रस्टियों को जब यह मालूम हुआ कि उनके पड़ोस में एक पंडितजी ठहरे हुए हैं, तो उन्होंने उनके पास जाकर कुछ दिनों के लिए मंदिर की व्यवस्थाएं संभालने का अनुरोध किया। पंडितजी ने इतने दिनों तक रुकने में अपनी असमर्थता दिखाई, लेकिन ज्यादा आग्रह करने पर वह तैयार हो गए। उन्होंने विधिवत पूजा-पाठ आरम्भ किया। लोग उनमें और मंदिर में पहले से नियुक्त पंडित में तुलना करने लगे, तो वे उनकी कार्य-पद्धति से बहुत प्रभावित हुए। उन्होंने उन्हें अपने यहां अनुष्ठान आदि करने के लिए आमंत्रित किया। बाद में मंदिर के ट्रस्टियों ने निर्णय लिया कि इन पंडितजी को अपने यहां मुख्य पुजारी रखेंगे और पूर्व वाले पंडितजी को सहायक। उन्हें अच्छा वेतन, कमरा व भोजन का प्रस्ताव रखा गया, जो उन्होंने स्वीकार लिया। उनकी योग्यता का मूल्य भी मिला और उसकी कद्र भी हुई। आज वे समूचे महानगर में पर्याप्त प्रतिष्ठा प्राप्त कर चुके हैं।

यदि उस समय वे पूजा-पाठ के लिए तैयार नहीं होते, तो आज उस अवसर को गंवाकर अपने गांव में ही पड़े होते और उनकी योग्यता वहीं तक सीमित रह जाती।

जिन छोटे गांवों-कस्बों के योग्य लोगों को हम महानगरों के लोगों के समक्ष नकार देते हैं, वे ही मौका आने पर हमारे समक्ष अपनी योग्यता सिद्ध कर हमारी प्रशंसा के पात्र बन जाते हैं।

इंग्लैंड का राजा जॉर्ज तृतीय बहुत ही क्रूर और अत्याचारी था। एक बार उसे एक जीर्ण-शीर्ण रोग ने जकड़ लिया, जिससे वह अपनी शय्या पर हर समय बेहोश पड़ा रहता था। हजारों डॉक्टर उसका इलाज कर-करके निराश हो गए, लेकिन उसकी बेहोशी नहीं टूट रही थी। महल में कार्यरत एक कर्मचारी ने राजपरिवार को एक देहाती चिकित्सक से इलाज करवाने का सुझाव दिया। वह

देहाती चिकित्सक आया और उसने अपने अनुभव व ज्ञान के आधार पर राजा के शरीर से कुछ खून निकाल लिया। खून निकालते ही राजा की बेहोशी टूट गई और वह पूरी तरह स्वस्थ हो गया।

राजा को जब यह पता लगा कि उसके शरीर से इस चिकित्सक ने खून निकाला है, तो वह बहुत क्रोधित हुआ और उसे भला-बुरा कहने लगा। धैर्यवान चिकित्सक ने अपनी बातों से उसे संतुष्ट कर दिया। राजा ने उसे अपना निजी चिकित्सक बना लिया।

इंग्लैंड में असंख्य उच्च डिग्रीधारी चिकित्सक होंगे, जिन्होंने राजा का इलाज किया, लेकिन वे अपनी योग्यता सिद्ध नहीं कर पाए। अचानक एक गुमनाम देहाती चिकित्सक ने अपनी योग्यता के बल पर अवसर आने पर राजकीय चिकित्सक की पदवी प्राप्त कर ली।

एक बार की बात है। एक देहाती कहीं जा रहा था। उसकी वेशभूषा साधारण थी और आम बातचीत में वह देहाती भाषा का प्रयोग करता था। शहर से जब वह गुजर रहा था, तब भीड़-भाड़ अधिक होने के कारण उसका पैर अचानक एक नौजवान के पैर पर पड़ गया, वह चीख उठा और अंग्रेजी में उसे गालियां देने लगा। पहले तो उस देहाती ने सहन किया, जब वह युवक किसी तरह नहीं माना, तो उस 'गंवार' ने फर्राटेदार अंग्रेजी बोलकर उसका मुंह बंद कर दिया। उसकी अंग्रेजी के सामने वह युवक उससे हिंदी में बात करने लगा।

वह युवक उसको गंवार समझ रहा था लेकिन उस देहाती ने मौका मिलने पर युवक के समक्ष स्वयं को अंग्रेजीदां सिद्ध कर दिया। वह उस जमाने में बी. ए. पास था, लेकिन सादा जीवन व्यतीत करने में और ग्रामीण बोली बोलने में रुचि लेता था, इसलिए लोग उसे 'गंवार' समझते थे।

कुछ लोग अवसर को स्वयं खोज लेते हैं। वे अपनी मेहनत, लगन, आत्मविश्वास और दृढ़ संकल्प के आधार पर ऐसा करके विषम परिस्थितियों में भी सफलता प्राप्त करते हैं।

कुछ लोग अवसर को स्वयं खोज लेते हैं। वे अपनी मेहनत, लगन, आत्मविश्वास और दृढ़ संकल्प के आधार पर ऐसा करके विषम परिस्थितियों में भी सफलता प्राप्त करते हैं।

जॉर्ज डब्ल्यू ने मात्र बारह वर्ष की उम्र में अपनी नौकरी की शुरुआत की। वह बड़ा मितव्ययी था और अपनी आय से साल भर में पच्चीस डॉलर बचा लेता था। उस कंपनी में वह चपरासी के पद पर कार्यरत था। वह स्थान-स्थान पर संदेश पहुंचाता था।

उसका रुझान पढ़ने-लिखने के प्रति था। अपना काम खत्म करके वह पुस्तकों की दुकान पर पहुंच जाता था और किताबें पढ़ता था। पुस्तक-विक्रेता की कार्यप्रणाली देखता और उसे समझने की कोशिश करता।

उसका मानना था कि कोई भी कार्य छोटा या बड़ा नहीं होता। समय आने पर 'बड़े' आदमी को 'छोटा' और 'छोटे' को 'बड़ा' कार्य करना पड़ सकता है। इसलिए वह किसी भी कार्य को करने में संकोच नहीं करता था। मेज साफ करना, झाड़ू लगाना, आग जलाना, किसी व्यक्ति को पानी पिलाना-जैसे छोटे-मोटे कार्य वह स्वयं की पहल पर करता था। वह महत्त्वाकांक्षी था और हमेशा ऊंचा उठने के विषय में सोचता रहता था।

उसने अपना समय कभी व्यर्थ की बातों में जाया नहीं किया। यद्यपि उसके निवास के समीप ही एक थिएटर था, जिसमें नाटकों का मंचन किया जाता था। कलाकारों से भी उसका परिचय था। वह चाहता, तो मुफ्त में नाटकों से अपना मनोरंजन कर सकता था, लेकिन उसने ऐसा कभी नहीं किया। वह समय के दुरुपयोग के खिलाफ था।

बाद में चपरासी की अपनी नौकरी को उसने छोड़ दिया और एक समाचार पत्र के कार्यालय में काम करने लगा। उसने यह संकल्प किया कि एक-न-एक दिन वह इस पत्र का मालिक बनेगा। उसके जीवन में ऐसा अवसर आया और उसने मौका न गंवाते हुए उस समाचारपत्र को खरीद लिया।

इस तरह दृढ़ संकल्पी और निरालस व्यक्ति अपनी लगन से उचित मौके की तलाश में रहता है और समय आने पर अपनी महत्त्वाकांक्षा पूरी करता है।

हास्य-पत्रिका 'हास्य वसंत' में सुप्रसिद्ध हास्यकवि डॉ. अशोक चक्रधर के हास्य-व्यंग्य सम्राट काका हाथरसी पर प्रकाशित एक संस्मरण 'इतने आसान नहीं हैं काका!' का उल्लेख करना यहां समीचीन होगा, जिसमें काका की अन्य विशेषताओं के अतिरिक्त उनकी अवसर पकड़ने की खूबी का उल्लेख किया गया है-"...जिसने चंद रुपयों के लिए मुनीमगीरी कराई थी। जिसने 'साइन बोर्ड' बनवाकर अंदर की कार्य-क्षमताओं को खोजा था। जिसने संघर्षशील मां, बड़े भाई की मदद करने के लिए क्या-क्या किया जा सकता है, इस प्रश्न के विविध हल सोचने को बाध्य किया।.

कहीं देखा कि 'साइन बोर्ड' लिखने से ज्यादा पैसा मिल सकता है, कोशिश की कि हम भी कर सकते हैं। पहली बार 'साइन बोर्ड' बनाया, तो वह उससे ज्यादा अच्छा बन गया, जिसका धंधा चल रहा था। काका

के अंदर का चित्रकार जाग उठा और रंग-ब्रुश के जरिए कमाई करने लगा। नया-नया ग्रामोफोन आया तभी! सोचा, स्थान-स्थान पर ग्रामोफोन बजाकर पैसा कमाया जा सकता है, तो खोल ली 'ग्रामोफोन रिकॉर्ड्स' की दुकान 'गर्ग एण्ड कम्पनी'। काफी दिन तक चलाई। फिर कोई नया कारोबार सूझा। कोई क्या? संगीत की दिशा में प्रविष्ट हुए। 'संगीत कार्यालय' बनाया। ...वे कार्य-खोज की इस दिशा में सदैव बेहतर करते रहे। जैसे-जैसे बोध हुआ कि वे एक चित्रकार भी बन सकते हैं या उनके अंदर रेखाओं को जीवंत करने वाला एक कलाकार छिपा हुआ है, वे 'साइन बोर्ड' पर पौराणिक कथाओं के चित्र बनाने लगे।"

कितना भी परिश्रम क्यों न करना पड़े, उद्योगी व्यक्ति अपनी क्षमताएं सिद्ध करने का मौका नहीं चूकते। वे हर हाल में स्वयं को दूसरों से बेहतर सिद्ध करते हैं।

यदि हम अपने जीवन में सफलता प्राप्त करना चाहते हैं, तो हम अवसर मिलने पर उन्हें गंवाए नहीं, स्वयं पहल करके अवसर खोजें; क्योंकि उचित अवसर बार-बार दस्तक नहीं देते।

●●●

3

स्वावलंबी बनिए, परजीवी नहीं

स्वावलंबन का अर्थ होता है-(स्व+अवलंबन!) अर्थात अपना सहारा लेना! **जो व्यक्ति हर कार्य अपने बलबूते पर करता है, सहायता के लिए किसी दूसरे का मुंह नहीं ताकता, वह स्वावलंबी होता है। उसे अपने बाजुओं पर भरोसा होता है। वह अपनी शक्तियों को पहचानता है और उनका उचित समय पर प्रयोग कर सफलता अर्जित करता है।**

अंग्रेजी की एक लोक-कथा **'The Ant and a Grasshopper'** के विषय में आइए आपको बताते हैं। एक चींटी थी और एक था टिड्डा! चींटी दिन-रात मेहनत करके अपने लिए एक-एक कण जुटाती। वह कर्म में विश्वास करती थी। टिड्डा आलसी था। वह दिन भर पड़ा-पड़ा सोता रहता था। जब उसे भूख लगती, तब वह चींटी द्वारा इकट्ठा किए गए अन्न को खा जाता। वह आकार में चींटी से बड़ा था, इसलिए चींटी उसका कुछ बिगाड़ नहीं पाती थी। वह चींटी के बौनेपन पर हंसता और खूब मौज मारता। इस कथा में चींटी स्वावलंबी है और टिड्डा परजीवी।

इस संसार में भी चींटी और टिड्डे जैसे लोग हैं। कुछ लोग दूसरों की मेहनत पर अपना हक जमाते हैं और बिना कुछ किए हुए ही सारे सुख भोगते हैं।

एक अन्य उदाहरण से हम इसे समझाते हैं। कोयल और कौआ-दोनों काले होते हैं। वसंत ऋतु आने पर ही दोनों की पहचान हो सकती है। कोयल मीठा बोलती है और कौआ कड़ुवा! लेकिन कोयल बहुत चालाक होती है। जब वह अपने अंडे देती है, तो चुपके से उन्हें कौए के घोंसले में रख आती है। कौआ उन अंडों को अपने अंडे समझकर उनकी देखभाल करता है, उनकी रक्षा करता है। कौआ उन अंडों की रक्षा करने में अपना समय, शक्ति और श्रम व्यय करता है और कोयल पूरी तरह निश्चिंत होकर कौए की मूर्खता का मजाक उड़ाती है। वास्तव में चींटी और कौए जैसे प्राणी टिड्डे और कोयल की दृष्टि में मूर्ख ही कहलाते हैं।

स्वावलंबी व्यक्ति खुद्दार होता है। वह उधार ली हुई चीजों पर भरोसा नहीं करता। एक प्राचीन कहावत है-**'अपनी स्त्री, अपना धन और अपना हथियार-अपने ही हाथ में अच्छे लगते हैं।'** दूसरे के हाथ में जाने पर इनके वापस न आने का खतरा बना रहता है।

एक बार की बात है। एक व्यक्ति अपनी बंदूक लेकर जा रहा था। रास्ते में उसे एक आदमी मिला, जिसने उसे अपनी बंदूक दिखाने के लिए कहा। व्यक्ति ने बंदूक उसके हाथ में दे दी। बंदूक हाथ में आने पर उस व्यक्ति ने बंदूक वाले व्यक्ति को मार दिया।

स्वावलंबी व्यक्ति अपने हथियार पर भरोसा करके उसे किसी को नहीं सौंपता है और न ही किसी से कुछ मांगता है। वह अपनी मेहनत, शक्ति और सतत कर्म पर विश्वास करता है। हमारे बाबा ने हमको स्वावलंबन का पाठ इस प्रकार सिखाया था- **"तू दूसरों के कुंओं की ओर क्यों ताकता है? तुझमें वह शक्ति है कि जहां लात मारेगा, वहीं पानी निकलेगा।"**

स्वावलंबी व्यक्ति में इतनी ताकत होती है कि वह जहां प्रयास करेगा, वहीं सफलता मिलेगी, उसकी ठोकर से बड़े-बड़े पर्वत हिल जाया करते हैं।

एक व्यक्ति था। उसने जब पक्षियों को आसमान में उड़ते हुए देखा, तो सोचा कि मैं भी इन्हीं की तरह उड़ूंगा। उसने मोम के पंख बनाए और उन्हें पहनकर उड़ने लगा। उड़ते-उड़ते वह समुद्र के ऊपर आ गया। सूर्य अपनी पूरी प्रचण्डता से चमक रहा था। उसके मोम के पंख सूर्य की तेज गर्मी से पिघल गए और वह समुद्र में जा गिरा।

वास्तव में मोम के पंखों से उड़ान भरने वाला व्यक्ति समुद्र में ही गिरता है। स्वावलंबी व्यक्ति मोम के कृत्रिम पंख बनाकर उड़ान नहीं भरता। वह तो अपनी अकूत शक्ति को पंखों की तरह प्रयोग करके सफलता की ऊंची उड़ान भरता है। वह आत्मनिर्भर होता है। सहायता के लिए किसी के सामने हाथ पसारना या भिखारियों की तरह गिड़गिड़ाना उसे पसंद नहीं। उसे अपने पुरुषार्थ पर भरोसा होता है; क्योंकि वह पुरुषार्थ का महत्त्व जानता है। उसका 'स्व' पूर्ण जाग्रत अवस्था में होता है। इसीलिए वह 'पर' का परित्याग करता है। उसकी दृष्टि में 'परजीवी' होने से तो मर जाना बेहतर है।

वेदों में पुरुषार्थ करने की बात कही गई है। इससे हमें स्वावलंबी बनने में मदद मिलती है-

कृतं में दक्षिणे हस्ते जयो मे सव्य आहितः।

गोजिद भूया समश्वजिद् धनंजयो हिरण्यजित्॥

(मेरे दाएं हाथ में पुरुषार्थ है और मेरे बाएं हाथ में विजय है। मैं गाय, अश्व, धन और सुवर्ण को जीतने वाला होऊं)

जिसने स्वावलंबन को अपने जीवन में उतार लिया, उसको विजय मिलेगी ही। अपने पुरुषार्थ से ही वह समस्त प्रकार की सौभाग्यलक्ष्मी को प्राप्त करेगा।

जीवन में स्वावलंबन प्राप्त करने के लिए हमें अपने-आप के महत्त्व को पहचानना है। मन में हीन भावना विकसित नहीं होने देनी है। व्यक्ति की स्थिति डांवांडोल इसलिए रहती है; क्योंकि वह स्वयं को कमतर आंकता है। वह दूसरों से अपनी तुलना करता है। वह कस्तूरी मृग की तरह कस्तूरी की गंध को न पाकर इधर-उधर भटकता है, जबकि कस्तूरी उसकी नाभि में ही होती है। वह संसार में भटकते हुए उस प्राणी की तरह है, जो यह भूल गया है कि वह ईश्वर का चिन्मय अंश है। वह अपनी पहचान भूल गया है। जब वह स्वयं को पहचान जाएगा, वह स्वयं पर भरोसा कर ही अपने कार्य संपादित करेगा। वह **'सेल्फ मेड मैन'** होगा-स्वयं द्वारा निर्मित व्यक्तित्व।

आप स्वावलंबन के मामले में सिखों का उदाहरण ले सकते हैं। आपने सिखों को कभी भीख मांगते नहीं देखा होगा। वे गजब के स्वावलंबी होते हैं। अपने बाजुओं पर भरोसा करते हैं। दिन-रात कड़ी मेहनत करते हैं और जीवन के सभी सुख भोगते हैं। सिख के विषय में कहा जाता है कि यदि उसको ऊसर जमीन में भी बैठा दिया जाए, तो वह अपनी कड़ी मेहनत से उसको भी हरा-भरा कर देगा। वहां जंगल में मंगल कर देगा। **सिखों के दसवें गुरु श्री गुरु गोविन्द सिंह जी** ने उनके विषय में यूं ही नहीं कहा था-

"सवा लाख तें एक लड़ाऊं, चिड़ियन तें मैं बाज लड़ाऊं"।

सिखों के पुरुषार्थ को देखकर ही उन्होंने ऐसा कहा था। **स्वावलंबी व्यक्ति में अतुलनीय साहस और पराक्रम स्वयं आ जाता है। वह किसी से भयभीत नहीं होता। किसी भी परिस्थिति से नहीं डरता। वह आस्थावान होता है। कठिन से कठिन परिस्थितियों में उसकी आस्था का दीप नहीं बुझता। वह ईश्वर और उनकी शक्तियों पर अटूट श्रद्धा और विश्वास रखता है। विपत्ति आने पर वह उनका डटकर मुकाबला करता है और असफल हो जाने पर दूसरों को दोष नहीं देता; बल्कि अपनी गलतियों को ढूंढ़कर, उन्हें सुधार कर, दो गुने उत्साह के साथ फिर से प्रयास करने में जुट जाता है। वह बार-बार असफल होने पर भी अपने प्रयास जारी रखता है।**

कृष्ण जन्माष्टमी पर दही की मटकी तोड़ने की प्रतियोगिता होती है। लोहे के एक ऊंचे खंभे के ऊपर मटकी लटका दी जाती है। उत्साही युवक लट्ठे पर चढ़कर उस मटकी तक पहुंचने का प्रयास करते हैं। ऊपर से तेल की धार लगातार गिराई जाती है। युवक बार-बार फिसलते हैं, बार-बार चढ़ने का प्रयास करते हैं और कोई विरला ही उस मटकी को फोड़ने में सफल होता है। उसे हजारों रुपयों का इनाम मिलता है।

स्वावलंबी व्यक्ति अपने लक्ष्य की ओर बढ़ने में अपने प्रयास निरंतर

जारी रखता है और अंततः सफल होता है। वह फिसलन भरी परिस्थितियों से घबराता नहीं है। अपने प्रयास बीच में ही नहीं छोड़ देता। वह अपने कार्य को पूरा करके ही दम लेता है। वह आशावान रहकर अपने कार्य करता है। आशा उसके जीवन में प्रकाश का संचार करती है और निराशा का घटाटोप उसके पास तक नहीं आ पाता।

एक बार एक शोधकर्ता ने अपनी महत्त्वपूर्ण शोधकृति लिखी। उस समय बिजली नहीं होने के कारण वह मोमबत्ती जलाकर काम कर रहे थे। अचानक उन्हें किसी कार्यवश बाहर जाना पड़ा। वे मोमबत्ती जली छोड़कर चले गए। उन्होंने सोचा कि कुछ ही देर में वापस आ जाऊँगा। उनको आने में देर हो गई। संतुलन बिगड़ने के कारण न जाने कैसे मोमबत्ती उन कागजों पर गिर पड़ी और उनके वापस आने तक सारे कागज जलकर खाक हो गए। वापस आने पर उनको बहुत दुःख हुआ, लेकिन उन्होंने हार नहीं मानी। अपने मन को एकाग्र किया और दोबारा अपनी शोधकृति लिखने में जुट गए। अपने आशावाद और अपनी अदम्य जिजीविषा के सहारे वे उसको पुनः लिखने में सफल हुए। उनकी यह कृति पहले से भी अच्छी बन पड़ी। अपने स्वावलंबन की शक्ति के कारण ही वे ऐसा कर सके। यदि वे हताश हो जाते और हाथ-पर-हाथ रखकर बैठ जाते, तो किसी भी सूरत में यह महत्त्वपूर्ण कार्य पूरा नहीं हो सकता था।

सिकंदर महान स्वावलंबी था। वह सिर्फ अपने-आप पर भरोसा करता था, इसीलिए उसके दरबारी व सैनिक हर समय चौकन्ने रहते थे। वह अपने सभी सैनिकों को भी स्वावलंबन का पाठ पढ़ाता था। जबकि एक रियासत के राजा अपने दरबारियों व अन्य कर्मचारियों पर बहुत विश्वास करते थे। एक बार युद्ध होने पर महान योद्धा होने पर भी वे अपने शत्रु से हार गए; क्योंकि उनके 'विश्वास पात्रों' ने तोपों में गोलों की जगह बाजरे के दाने भर दिए थे। छत्रपति शिवाजी ने अफजल खां को इसलिए मार दिया; क्योंकि उन्हें सिर्फ अपने-आप पर भरोसा था।

यदि हम दूसरों के सहारे रहेंगे, तो धोखा होने की संभावना अधिक रहेगी। दूसरों के कंधों पर बंदूक रखकर उसे चलाने का प्रयास मत करिए। स्वावलंबी व्यक्ति ऐसा कदापि नहीं करता।

यदि हम दूसरों के सहारे रहेंगे, तो धोखा होने की संभावना अधिक रहेगी। दूसरों के कंधों पर बंदूक रखकर उसे चलाने का प्रयास मत करिए।

स्वावलंबी व्यक्ति के चेहरे पर एक अलग तेज होता है। उस पर आत्मविश्वास की चमक होती है, जो उसको साधारण व्यक्तियों की भीड़ से पृथक करती है। वह लकीर-का-फकीर नहीं होता। वह अपने चरण-चिह्नों से अपना रास्ता स्वयं बनाता है।

बने-बनाए रास्ते पर उसे चलना पसंद नहीं। वह अगुआ होता है, जिसका अनुसरण अन्य लोग करते हैं-

मैं अकेला ही चला था जानिबे मंजिल मगर,
लोग मिलते गए और कारवां बनता गया।

इतिहास की किताबों में हम लोग पढ़ते आए हैं कि एक अकेले व्यक्ति ने ही इतिहास के पन्नों में अपना नाम दर्ज कराया है। कैसेट किंग गुलशन कुमार ने अपने जीवन के शुरुआती दिनों में जूस की दुकान लगाई, बाद में फिल्मी गानों की छोटी-छोटी कैसेटें बनाकर बेचीं। धीरे-धीरे अपनी म्यूजिक कंपनी खोलकर 'कैसेट उद्योग' में क्रांति ला दी। ये उनके स्वावलंबन का परिणाम था। भारतीय फिल्म उद्योग के पितामह पृथ्वीराज कपूर ने अपने सुपुत्र राजकपूर को कभी अपने नाम का इस्तेमाल नहीं करने दिया। उन्होंने कहा कि जो भी बनो, अपने बलबूते बनो, बैसाखियों से आगे बढ़े, तो तुम्हें जीवन भर आत्मतुष्टि नहीं मिल पाएगी। हमने देखा कि वे स्वावलंबन के बल पर भारतीय सिनेजगत में '**लिविंग लेजेंड**' कहलाए।

कभी-कभी किसी भी व्यक्ति की प्रेरणा मीठी झिड़की, तिरस्कार व आलोचना भी स्वावलंबन बनने में सहायक होती है।

स्वावलंबी व्यक्ति के जीवन में अस्त-व्यस्तता नहीं दिखाई देती है। उसका हर कार्य सुनियोजित, सुव्यवस्थित व सुविचारित होता है। किसी कार्य को करने से पहले वह उस पर सम्यक् विचार करता है, उसके बाद उसका व्यवस्थित नियोजन करता है। वह किसी भी कार्य के प्रति वचनबद्ध होता है और उसका प्राणपण से पालन करता है। उसका विवेक संकट के क्षणों में उसका मार्गदर्शन करता है। अपने जीवन में कठोर अनुशासन ही उसकी पूंजी होती है। उसका जीवन सादा होता है, लेकिन वैचारिक धरातल उच्च श्रेणी का होता है। दूसरों के प्रति सदाशयता दिखाना और सबसे प्रेम करना उसके विशेष गुण होते हैं। वह किसी भी व्यक्ति को गलत सलाह नहीं देता; बल्कि अपने कार्यों से उन्हें स्वावलंबन का पाठ पढ़ाता है।

पक्षियों के छोटे-छोटे बच्चों की तरह वह अपने संपर्क में आने वाले व्यक्तियों को अपने पर तौलकर उड़ना सिखाता है और फिर उन्हें खुले आसमान में मुक्त विचरण के लिए छोड़ देता है।

हमें 'परजीविता' छोड़कर स्वावलंबी बनने का प्रयास करना चाहिए। यही सफलता का अचूक मंत्र है। ●●●

4

समय को साधिए

इस संसार में हर गतिविधि समय पर आधारित है। प्रकृति का हर क्रियाकलाप सुनियोजित-सुव्यवस्थित है और काल के अनुसार ही चलता है। यही कारण है कि उसकी हर गति में संगीत है, आनंद है। दिन होता है, सूर्य निकलता है, पक्षी चहचहाते हैं, प्राणवायु बहती है, नदियां-झरने कलकल करते हैं। दिन चढ़ने के साथ हर क्रियाकलाप अपने चरम पर होता है। सांझ होती है, हर वस्तु की गति में मंदन आने लगता है और रात सबको अपने आगोश में सुला लेती है। पहाड़, समुद्र आदि सब समय के आगे नतमस्तक हैं। कभी जाड़ा, कभी गर्मी, कभी बरसात, कभी सूखा, कभी आंधी-तूफान-सब समय की ताल पर नाचते हुए-से लगते हैं। समय ने अपने चक्र से सबको बांध रखा है। वही सबको घुमा रहा है और हम बिना किसी गिले-शिकवे के उसके अनुसार घूमे जा रहे हैं। इसलिए जो व्यक्ति समय का महत्त्व समझ लेता है, वह अपने जीवन में हर हाल में सफल होता है।

एक बार समय बीता, तो वह दोबारा वापस नहीं आता। घड़ी के 'पेन्डुलम' को पकड़कर हम समय को नहीं रोक सकते। समय के साथ-साथ हमें ही अपनी गति बढ़ानी होगी, तभी समय की तेज धारा का मुकाबला कर पाएंगे। जो समय के साथ नहीं चलता, उसे समय ठोकर मार देता है। एक अंग्रेजी कहावत है-

एक बार समय बीता, तो वह दोबारा वापस नहीं आता। घड़ी के 'पेन्डुलम' को पकड़कर हम समय को नहीं रोक सकते।

Time and Tide wait for none

(समय और ज्वार किसी की प्रतीक्षा नहीं करते)

समुद्र में ज्वार आते समय यदि मछुआरे समुद्र में मछलियां पकड़ने नहीं उतरेंगे, तो ज्वार उनके इंतजार में बैठा नहीं रहेगा। इसलिए हमें मौका हाथ लगते ही तुरंत क्रियाशील होना होगा, अन्यथा बाद में हाथ मलने के सिवा हम कुछ नहीं कर सकते।

समय बड़ा बलवान होता है। वह अपनी निगाह से किसी को नहीं बख्शता। जो उसका आदर नहीं करते, उसके महत्त्व को नकारते हैं, उन्हें वह बड़ी निर्ममता से दंड देता है। इतिहास गवाह है, बड़े-बड़े राजवंश और उनके

राजप्रासाद, जो अपने ऐश्वर्य पर किसी समय फूले नहीं समाते थे, इतराते थे, समय-चक्र में पिस गए। आज उनका नामोनिशां भी बाकी नहीं है।

समय बदलते देर नहीं लगती। आज जहां खण्डहर हैं, कल वहां चहल-पहल होगी। ये गगनचुंबी इमारतें, जो इठलाकर अपनी भव्यता का बखान कर रही हैं, कल खण्डहर में बदल जाएंगी।

जिन लोगों ने समय का महत्त्व समझा, वे इतिहास में अमर हो गए और अपने जीवन के सबसे सफल व्यक्ति कहलाए।

इसलिए जीवन में यदि सफलता प्राप्त करनी है, तो समय-प्रबंधन (टाइम मैनेजमैंट) सीखना बहुत जरूरी है। सफलता प्राप्त करने के लिए हमारा एक निश्चित उद्देश्य और उसको प्राप्त करने के लिए समय का सदुपयोग हमारे मार्ग में आने वाली बाधाओं पर विजय दिला सकता है। इसके लिए 'एक समय में एक काम' पर केंद्रित होना पड़ेगा और उस कार्य में अपनी पूरी शक्ति झोंकनी पड़ेगी। आज इस काम को करके; उसको बीच में ही छोड़कर दूसरा कार्य शुरू करने में कोई बुद्धिमानी नहीं है। विचलित मन वाले व्यक्ति की सफलता संदिग्ध ही रहती है।

आवश्यक नहीं है कि हर योग्यता आपमें हो, लेकिन समय-नियोजन और लगातार अभ्यास से आप उस कार्यविशेष में दक्षता प्राप्त कर सकते हैं।

मेरा एक परिचित है-रामकुमार। पहले जब कोई उसके साथ बातचीत करने में एक-आध अंग्रेजी शब्दों का इस्तेमाल कर देता था, तो उसकी हालत देखने लायक हो जाती थी; क्योंकि उसको शुरू से ही अंग्रेजी बड़ी हौवा लगती थी, इसलिए वह उसको सीखने में सफल नहीं हो पाया। बाद में उसने अध्यापन कार्य शुरू किया, लेकिन वह सामान्य विषय ही पढ़ा पाता था। जब उसने ये देखा कि आजकल अंग्रेजी का 'क्रेज' है और अंग्रेजी तथा विज्ञान-गणित के ट्यूशन करने वाले अध्यापक अच्छा-खासा पैसा कमा रहे हैं, तो उसने अपनी कमजोरी पर विजय प्राप्त करने की ठानी। उसने एक बुजुर्ग अंग्रेजी के 'रिटायर्ड' अध्यापक के यहां जाकर ट्यूशन पढ़ना शुरू किया। विद्यालय जाना, अपनी ट्यूशन पढ़ाना, खुद ट्यूशन पढ़ने जाना और रात में अंग्रेजी का अभ्यास करना। एक-डेढ़ साल में ही ये हालात हो गए कि वह हाईस्कूल तक के बच्चों को अंग्रेजी की ट्यूशन कुशलतापूर्वक पढ़ाने लगा।

गृहस्थ होते हुए भी उसने अंग्रेजी सीखने के लिए समय-प्रबंधन इस प्रकार किया कि आज वह अच्छा-खासा पैसा कमा रहा है। उसे सफलता मिली क्योंकि उसने समय का महत्त्व समझकर उसका सदुपयोग किया। उसे खोजा, उसे मिला-

जिन खोजा तिन पाइयां गहरे पानी पैठ,
मैं बपुरी ढूंढन गई रही किनारे बैठ।

यदि वह समय का रोना लेकर बैठ जाता कि गृहस्थी चलाऊं, विद्यालय जाऊं, ट्यूशन पढ़ाऊं या अंग्रेजी सीखूं, तो वह सफलता प्राप्त नहीं कर सकता था।

इसलिए एक काम पकड़िए और उस पर सारी ताकत झोंकते हुए अपने समय का सदुपयोग करिए, आपकी सफलता असंदिग्ध होगी। अंग्रेजी में कहा भी है-

Work while you work,
Play while you play.
That's the way,
To be happy and gay.

(यदि काम कर रहे हैं; तो काम ही करें। खेल रहे हैं; तो केवल खेलें। प्रसन्न रहने का ये सबसे अच्छा तरीका है।)

कुछ लोग रोना रोते हैं कि हमारे पास अमुक कार्य के लिए समय ही नहीं है। कैसे करें, जिन्दगी एक मशीन की तरह हो गई है, समय है कहां? उनके पास किसी परिचित के आ जाने पर गपशप के लिए खूब समय है। देर रात टी.वी. के 'प्रोग्राम' देखने के लिए समय है, लंबी बहस के लिए समय है, टेलीफोन पर घंटों बात करने के लिए समय है। पड़ोसी के घर में क्या हो रहा है-उसके घर में कौन आया, कौन गया? इन फिजूल बातों के लिए समय है, लेकिन अन्य महत्त्वपूर्ण कार्यों जैसे कि पूजा-पाठ के लिए थोड़ा-सा भी समय नहीं है, जो कि जीवन का आवश्यक अंग है। मैंने अपने जीवन में ऐसे-ऐसे लोग देखे हैं, जिन्होंने समय-प्रबंधन के सहारे अपना जीवन शान से जिया और 'रिटायर्ड' होने के बाद भी अपने समय का सदुपयोग कर सक्रिय और खुशहाल जीवन जी रहे हैं। 'रिटायर्ड' होने के बाद बजाय अपनी वृद्धावस्था को दोष देकर पड़े-पड़े खाट तोड़ने के; वे हर पल का भरपूर लुत्फ उठा रहे हैं। प्रातःकाल सैर को जाना है, लौटकर चाय पीते हुए अखबार पढ़ना है, छोटे-मोटे काम निपटाकर नहाना है, पूजा-पाठ करना है, फिर नाश्ता, फिर काम, दोपहर का खाना, थोड़ा विश्राम, फिर सत्संग....। उनका हर काम समय से होता है। इससे उनका शरीर रोगों का घर नहीं बना और उन्होंने लाचारी का जीवन जीने से इन्कार कर दिया।

डॉ. ए.पी.जे. अब्दुल कलाम, धीरूभाई अंबानी, अजीम प्रेमजी, राहुल बजाज, इंदिरा नूई, अमिताभ बच्चन, जल पुरुष राजेन्द्र सिंह, सुंदरलाल बहुगुणा, बाबा आम्टे, मेघा पाटकर-न जाने कितने ऐसे महापुरुष हैं, जिन्होंने समय-नियोजन

करके बुलंदियों को छुआ और सफलतम व्यक्तित्व कहलाए। इस क्रम में मैं धीरूभाई अंबानी का उदाहरण विशेष रूप से देना चाहूंगा, जिन्होंने अत्यंत गरीब होते हुए समय के महत्त्व को पहचान कर शून्य से शिखर तक की यात्रा की। अब उनके सुयोग्य पुत्र मुकेश अंबानी दुनिया के सबसे अमीर व्यक्ति बनने की राह पर कदम बढ़ा रहे हैं।

'समय की महत्ता' के विषय में कहा जा सकता है-

समय पर जो कदम बढ़ाता है,
समय आने पे मुस्कराता है।
समय के साथ जो नहीं चलते,
समय उनकी हंसी उड़ाता है।।

वास्तव में जो समय का महत्त्व समझता है, समय भी उनका आदर करता है; उनका साथ देता है। जो समय के साथ नहीं चलते, स्वयं में परिवर्तन नहीं लाते, समय उनको ठोकर मारकर 'ट्रैक' से बाहर कर देता है।

वास्तव में जो समय का महत्त्व समझता है, समय भी उनका आदर करता है; उनका साथ देता है।

हमें अंग्रेजों से सीख लेनी चाहिए। एक परम संत ने एक बार कहा था-**"अंग्रेजों में दो बातें प्रशंसा के योग्य हैं। एक उनकी राष्ट्रभक्ति और दूसरी समय का महत्त्व पहचानना। यदि ये बातें भारतीय लोगों में आ जाएं, तो वे विश्व में सिरमौर हो सकते हैं।"**

वास्तव में हम बड़ी बेदर्दी से अपने समय को नष्ट करते हैं। लोग हमारे टाइम को 'इंडियन टाइम' कहकर हमारी हंसी उड़ाते हैं। यदि कहीं भारतीय कार्यक्रम का आयोजन हो, तो अक्सर लोग कहते मिल जाएंगे-**"भई एक घंटे बाद जाना, ये 'इंडियन टाइम' है, एक घंटा आगे चलता है।"**

एक अंग्रेज अधिकारी ने एक भारतीय को दोपहर 12 बजे मिलने का समय दिया था। भारतीय अपने निश्चित समय से आधा घंटा देरी से पहुंचा, तो उस अधिकारी के पी.ए. ने उसे यह कहकर वापस भेज दिया कि उसके मिलने का समय खत्म हो गया है, अब साहब दूसरे सज्जन के साथ व्यस्त हैं। वे आपसे नहीं मिल सकते। उसने लाख दलीलें और सफाई दी, लेकिन उस अंग्रेज पी.ए. ने उसकी एक न सुनी और इस तरह उन सज्जन को वापस लौटना पड़ा। उन्होंने समय से सीख न लेते हुए अपनी लेटलतीफी में फिर भी सुधार नहीं किया।

समय को बेवजह नष्ट करने की प्रवृत्ति मनुष्य को बर्बादी के कगार पर ले जाती है। व्यक्ति यह नहीं जानता कि उसके पास गिनी-चुनी सांसें

हैं। इस संसार में आने से पहले भगवान ने उसे समय-सीमा में बांध दिया है। किसी को 90 वर्ष की आयु दी है, तो किसी को 40 वर्ष की। समय सबके लिए वही है-24 घंटे। हम इस समय का अपनी निश्चित आयु-सीमा में कैसे प्रयोग करें, ये हम पर निर्भर करता है। पल-पल घड़ी की सुइयां खिसकती जा रही हैं और हमारी उम्र हथेली में आए हुए पानी की तरह रिसती जा रही है। फिर भी हम बेपरवाह हैं-

"बजता है घड़ियाल,
तो देता है मुनादी।
लगता है खालिक ने,
उम्र की एक पल और घटा दी॥"

हम हाथ में बढ़िया-से-बढ़िया घड़ी बांधते हैं, समय का ध्यान रखने के लिए अथवा प्रदर्शन करने के लिए? ऐसी कीमती घड़ियां पहनने से क्या फायदा, यदि आप समय की महत्ता न समझकर उसके अनुसार न चल सकें, स्वयं को समय के अनुसार न ढाल सकें।

एक अंग्रेजी कहावत है-

"Time is a precious treasure."

समय एक बहुमूल्य खजाना है। हमें इसे सुरक्षित रखना है। साथ ही उसका उपयोग (उपभोग नहीं) करके उस पर ब्याज-दर-ब्याज कमानी है, ताकि मूलधन; मिश्रधन (मूलधन+चक्रवृद्धि ब्याज) में परिवर्तित हो सके। ये कार्य वही व्यक्ति करने में सक्षम होगा, जो समय की नब्ज को पहचान जाएगा।

हमारे पूर्व राष्ट्रपति डॉ. ए.पी.जे. अब्दुल कलाम के उदाहरण से इस बात को भली-भांति समझा जा सकता है। उन्होंने भारतवर्ष के बहुमुखी विकास के लिए एक समय-प्रबंधन योजना बनाई है-'मिशन 2020' उनकी यह कृति समय रूपी बाज के पंखों को हाथों से पकड़ने की कोशिश है। उन्होंने वर्तमान की बात न करके, आज से 12 वर्ष बाद हम कैसे कामयाब हो सकते हैं, इसका खाका खींचा है। उन्होंने समय की नब्ज को पहचानकर भारतवर्ष के विकास की रणनीति बनाई है। जो व्यक्ति अपने समय से आगे चलते हैं, वे ही समय की रेत पर अपने चिह्न छोड़ जाते हैं और पीढ़ियां उनका अनुसरण करती हैं।

द्वितीय विश्वयुद्ध को लगभग छह दशक बीत चुके हैं। तीसरा विश्वयुद्ध होना ही है। विश्व के विकसित देश इसके लिए वर्षों से तैयारी कर रहे हैं। उन्होंने पृथ्वी तो क्या, अंतरिक्ष में भी अपने ठिकाने बना लिए हैं। अर्ध-विकसित और विकासशील देश भी इस दौड़ में शामिल हैं। वे भी परमाणु-ऊर्जा के माध्यम से विनाशकारी हथियार बनाने में जुटे हैं। यदि वे समय से अपनी रक्षा-तैयारियां

न करें, तो विकास की दौड़ में पिछड़ जाएंगे। तीसरा विश्वयुद्ध न जाने कब होगा? लेकिन विश्व के विभिन्न राष्ट्र इसके लिए पूरी तरह तैयार हैं। जापान, वियतनाम, अफगानिस्तान, ईराक जैसे राष्ट्रों में इन विनाशकारी हथियारों का प्रदर्शन हो चुका है। ये विश्व-राष्ट्रों की अपने समय से आगे चलने-देखने की रणनीति का ही परिणाम है।

महान वैज्ञानिक अल्बर्ट आइंसटाइन तो एक कदम और आगे बढ़ गए। उनकी दूरदृष्टि इतनी तीव्र थी कि उन्होंने घोषणा की-**"तीसरा विश्वयुद्ध पत्थर के हथियारों से लड़ा जाएगा।"** वे अपने समय से सदियों आगे देख रहे थे।

इन दिनों हर जगह भीषण जल-संकट है। जल के असीमित शोषण और पर्यावरण-असंतुलन के कारण जलस्रोत सूख रहे हैं। समय से आगे देखने वाले कुछ लोग अभी से घोषणा कर रहे हैं-**"अगले विश्वयुद्ध का कारण जल-विवाद होगा।"**

कहा जाता है कि जिस साधक की कुण्डलिनी जाग्रत हो जाती है, वह त्रिकालदर्शी हो जाता है। इन महापुरुषों की भी अतीन्द्रिय शक्ति इन्हें अपने समय से आगे देखने की अंत:प्रेरणा देती है।

जो अपने समय से आगे नहीं देखता, वह विकास नहीं कर सकता। समय उसका दरवाजा खटखटाता है, लेकिन वह सोए रहने के कारण उसकी आहट महसूस नहीं कर पाता। उसकी अयोग्यता के कारण उससे अमूल्य खजाना छिन जाता है। समय वह अमूल्य पारस पत्थर हैं, जिसे हम अपनी नासमझी के कारण साधारण पत्थर समझकर फेंक देते हैं।

एक बार एक व्यक्ति को कहीं से पत्थर का एक टुकड़ा मिल गया। अंधेरा था। वह जंगल से लकड़ी काटकर ला रहा था। उसके हाथ में कुल्हाडी थी और लकड़ियों का गट्ठर था। उसने उस पत्थर को नदी में फेंक दिया। सुबह जब वह सोकर उठा, तो उसने देखा कि उसकी कुल्हाड़ी का लोहे वाला भाग सोने का हो गया है। वह तुरंत नदी की तरफ भागा और नदी में उस पत्थर को खोजने लगा, लेकिन वह नहीं मिला। वह अपना सिर पीटकर रोने लगा-**"हाय-हाय! मुझे पारस पत्थर मिला और मैंने अपनी नादानी से उसे खो दिया।"**

जो व्यक्ति समय की कीमत नहीं पहचानता, वह उसे खो देता है।

हम जब किसी प्रतियोगी परीक्षा, नौकरी के लिए दिए जाने वाले साक्षात्कार या अन्य परीक्षाओं में असफल हो जाते हैं, तो आत्मनिरीक्षण करने अथवा अपनी गलती स्वीकारने के स्थान पर दूसरों पर दोषारोपण करते हैं। चयनित व्यक्तियों के बारे में हमारी धारणा होती है कि उसने किसी नेता या बड़े अधिकारी से

सिफारिश करवाई होगी। उसे रिश्वत दी होगी अन्यथा वह इतना होशियार तो नहीं था! आपने खुद को नहीं देखा कि साधारण सामयिक प्रश्नों के उत्तर भी आप नहीं दे सके थे। आप पुलिस इंस्पेक्टर बनने के लिए परीक्षा देने गए हैं और आपको ये तक नहीं पता कि वर्तमान में दिल्ली का पुलिस आयुक्त कौन है? आपने न अपनी कीमत समझी, न परीक्षा की और न समय की! फिर आप सफलता की उम्मीद कैसे कर सकते हैं?

एक बार एक छात्रा को बी.ए. में सर्वोच्च अंक प्राप्त करने पर विश्वविद्यालय का स्वर्ण पदक दिया गया। जब वह अपना पुरस्कार लेने पहुंची, तो कुलपति महोदय की नजर अचानक उसके हाथों पर गई, जो आटे में सने थे। कुलपति ने पुरस्कार देने के बाद अचानक उसके हाथों को पकड़कर उन्हें वहां उपस्थित लोगों को दिखाए। लोग उस छात्रा के हाथों को देखकर दंग रह गए। उन्होंने कहा–**"इस छात्रा को सम्मानित करके मैं आज स्वयं को गौरवान्वित महसूस कर रहा हूं, जिसने समय की कीमत पहचानी और परीक्षा में सर्वोच्च अंक प्राप्त किए।"**

कुलपति द्वारा बाद में पूछने पर पता लगा कि उस छात्रा की मां अक्सर बीमार रहती है। वह सुबह जल्दी उठकर घर का सभी काम करके विद्यालय जाती है, लौटकर मां की सेवा–सुश्रूषा करती है और रात को मिट्टी के तेल की 'लैंप' से पढ़ाई करती है। पढ़ाई के दौरान उसे अक्सर अपनी बीमार मां की सेवा के लिए उठना पड़ता है। वह मात्र चार घंटे ही सो पाती है, लेकिन उसकी चर्या में कोई बदलाव नहीं होता। उसने अपने समय को इस प्रकार प्रबंधित कर रखा है कि उसे तो हर हाल में सफल होना ही है।

दूसरी ओर एक छात्र है, जो दो बार से आई.ए.एस. और पी.सी.एस. जैसी प्रतिष्ठित प्रतियोगी परीक्षाएं दे रहा है, लेकिन 'प्रिलिम' तक में उसके 'पासिंग मार्क्स' नहीं आए। जब उससे पूछा गया कि वह न्यूनतम अंक क्यों प्राप्त नहीं कर पा रहा है, तो उसका जवाब है–**"दरअसल पापा को सनक सवार है कि मैं आई.ए.एस.–पी.सी.एस. की परीक्षाओं में बैठूं। इससे मुझे उनकी तरफ से सारी सुख–सुविधाएं मिल रही हैं; जिनका मैं भरपूर मजा ले रहा हूं। दूसरी बात, इन परीक्षाओं में बैठने से लोगों में 'रेप्यूटेशन' बढ़ती है। बस्स! इतनी–सी बात है। पास होऊं न होऊं मेरी बला से!"**

यह छात्र समय का महत्त्व नहीं समझ रहा है। वह जिंदगी का मजा लेने के लिए अपने पिता और समाज को धोखा दे रहा है। उसे यह नहीं पता, वह खुद को धोखा दे रहा है। एक दिन यही समय उसको धोखा देगा। या तो भविष्य में ये महाशय जूतियां चटकाएंगे अथवा किसी संस्थान में लिपिक की नौकरी करेंगे।

प्रसिद्ध अंग्रेज नाटककार विलियम शेक्सपियर ने अपनी आत्मस्वीकृति में एक जगह लिखा है–**"पहले मैंने समय को बर्बाद किया और अब समय मुझे बर्बाद कर रहा है।"**

ये उस महान नाटककार की आत्मस्वीकृति है, जिसके बारे में ये कहा जाता है कि शेक्सपियर पर इतनी किताबें लिखी गई हैं, यदि उन्हें लंदन की सड़कों पर बिछा दिया जाए, तो वहां की सड़कें छोटी पड़ जाएंगी।

उन्होंने पूर्व में समय नष्ट किया होगा, किंतु उन्होंने बाद में समय की कीमत पहचानी और महान रचनाकार बने। लोग कहेंगे कि **"नौ सौ चूहे खाय, बिल्ली हज को चली"** बिल्ली हज को चल तो दी, लेकिन तुम तो अभी भी वहीं-के-वहीं अटके हुए चूहे खा रहे हो।

भगवान ने हम सभी को समय रूपी खजाना दिया है, ये हम पर निर्भर करता है कि हम इसे अपव्यय कर फूंक दें अथवा इसका सदुपयोग करते हुए आगे आने वाली पीढ़ियों के लिए इस खजाने में बढ़ोत्तरी कर उसे संचित कर दें।

गांधीजी अपने समय के एक-एक क्षण का सदुपयोग 'कंजूस के धन' की तरह करते थे और इसमें उन्हें कोताही कतई स्वीकार्य नहीं थी। सन् 1971 के भारत-पाक युद्ध के नायक स्व. जनरल मानेकशां का बांग्लादेश की स्थापना में महत्त्वपूर्ण योगदान है। वह समय के बहुत पाबंद थे, तभी तो उम्र के इस पड़ाव पर भी वे शारीरिक और मानसिक रूप से पूर्ण सक्रिय थे।

सी.बी.आई. के पूर्व निदेशक जोगिन्दर सिंह समय के बहुत पाबंद हैं, तभी तो वह रात की किसी भी पार्टी के मेजबान से यह कहने की हिम्मत कर सकते हैं–**"मुझे जल्दी जाना है, क्योंकि मैं 10:30 तक सो जाता हूं।"** मेजबान उनसे कोई शिकायत नहीं करता; क्योंकि वह जानता है कि उनका समय बहुत कीमती है।

समय का पाबंद व्यक्ति निर्भीक और निर्द्वन्द्व होता है। वह आंखें चुराकर बात को घुमा-फिराकर नहीं बल्कि दूसरे की आंखों-में-आंखें डालकर किसी भी बात को नकारने या स्वीकारने की हिम्मत रखता है।

समय की कीमत जानने वाला व्यक्ति अपने साथ दूसरों के प्रति भी ईमानदार होता है। वह सच को स्वीकारने और कहने का अदम्य साहस रखता है। उसमें गजब का आत्मविश्वास होता है, जो उसके हर क्रियाकलाप से झलकता है।

समय की कीमत जानने वाला व्यक्ति अपने साथ दूसरों के प्रति भी ईमानदार होता है। वह सच को स्वीकारने और कहने का अदम्य साहस रखता है।

हमारे एक परिचित हैं। उनका सुबह और रात को पूजा करने का नित्य का नियम है और इसके लिए उनका समय निश्चित है। पहले जब लोग उस समय उनके घर चले आते थे, तब उन्हें पूजा के विषय में बताया जाता था, तो वे बहुत बुरा मानते थे और नाराज होकर वापस लौटते थे। लोगों ने बाद में उसी समय कई बार आकर उनकी परीक्षा ली, क्योंकि उन्हें शक था कि ये व्यक्ति हमसे मिलना नहीं चाहता। बाद में जब उनका शक दूर हुआ, तो अब वे उस समय नहीं आते।

आपके समय-पालन से सुविधाभोगी लोग पहले तो परेशान होंगे, रुष्ट होंगे, आलोचना करेंगे, बाद में सच्चाई परखने के बाद आपका सम्मान करना शुरू कर देंगे।

इसलिए समय को अपना मित्र बनाएं। आप मित्रता का लाभ तभी ले सकते हैं, जब आप अपने मित्र का मूल्य जानें। इसलिए हमें समय को अपने सुख-दुःख का साथी बनाना है। आप समय का सदुपयोग कर सकते हैं, बशर्ते आप अपनी अच्छी और बुरी आदतों पर दृष्टिपात करें। आपको पता चलेगा कि आपमें अच्छी आदतों की अपेक्षा बुरी आदतें अधिक हैं। आपको करना सिर्फ इतना है कि आप उनमें आमूलचूल परिवर्तन करें।

सबसे पहले तो आप सुबह जल्दी उठना शुरू कर दीजिए-सूर्योदय से पूर्व! पहले तो आपको थोड़ी परेशानी होगी, फिर धीरे-धीरे जल्दी उठने की आदत पड़ जाएगी। प्राणवायु सूर्योदय से पूर्व ही चलती है, जो जीवनदायिनी है। आप निश्चित रूप से सोचेंगे, मैं पहले जल्दी सोकर क्यों नहीं उठा? इतना अच्छा लगता है, सुबह जल्दी उठने पर! आपने तो अपनी देर से उठने की बुरी आदत के कारण कभी चिड़ियों को चहचहाते नहीं सुना, सूर्योदय का सुहावना दृश्य नहीं देखा। जब आप इन दृश्यों को देखेंगे, तो आप एक नई ऊर्जा से भर जाएंगे।

आप समय पर नित्य कर्म से निवृत्त होंगे; स्नान, पूजा-पाठ कर अखबार पढ़ेंगे, चाय-नाश्ता करेंगे। ऑफिस जाने से पहले अपने एक-दो जरूरी काम भी निपटा लेंगे और समय पर ऑफिस भी पहुंचेंगे। ऑफिस से लौटने पर भी आपका हर कार्य समय-सारिणी के अनुसार होगा। चूंकि आप सुबह जल्दी उठेंगे, इसलिए पूरे दिन की थकावट के बाद आपको गहरी नींद आएगी; अनिद्रा-रोग नहीं सताएगा और आप पुनः दूसरे दिन के लिए नई स्फूर्ति व अपार ऊर्जा से भरे होंगे।

आपको किसी काम को करने की हड़बड़ी नहीं होगी। आपके पास हर कार्य के लिए पर्याप्त समय होगा। ये दिनचर्या आपमें क्रांतिकारी परिवर्तन कर देगी, जिसकी आपने कल्पना भी नहीं की होगी।

पहले होता ये था-आप सुबह 8 बजे सोकर उठते थे। फिर जल्दी-जल्दी शौचादि कार्यों से निवृत्त होकर, नहाकर, चाय-नाश्ता करके अपना लंच लेकर दरवाजे की तरफ भागते थे। आपकी नजर हर समय घड़ी पर रहती थी। ज्यों-ज्यों घड़ी की सुइयां आगे बढ़ती थीं, आपके दिल की धड़कनें तेज हो जाती थीं, आपका ब्लड प्रेशर बढ़ जाता था।

आपका यदि अपना वाहन है, तो आप उसे सड़क पर ऐसे दौड़ाते थे, मानो हवाई जहाज चला रहे हों। कई बार आपका एक्सीडेंट होते-होते बचा था। कई बार आपने 'रेड-लाइट' का उल्लंघन करके जुर्माना भरा था और 'ट्रैफिक जाम' की स्थिति में देर से ऑफिस पर पहुंचकर 'बॉस' की डांट खाई थी।

यदि आपका निजी वाहन नहीं था, तो प्राइवेट टैक्सी लेकर ऑफिस जाते समय उसके ड्राइवर को वाहन सरपट दौड़ाने को कहते थे। पल-पल अपनी कलाई घड़ी को देखते हुए बार-बार झुंझलाते थे, लेकिन कर कुछ नहीं पाते थे। सिटी बस से जाते समय भी आपका यही हाल होता था। आप मानसिक अवसाद के शिकार होते रहते थे।

सिर्फ एक बुरी आदत बदलने से आपने देखा, आपका हर काम नियत समय पर सम्पन्न हो रहा है। आप व्यायाम करने, टेबिल टेनिस, बैडमिंटन खेलने, बच्चों का होमवर्क कराने और टी.वी पर अपने मनपसंद कार्यक्रम देखने का भी समय आसानी से निकाल लेते हैं।

यदि आप अपने कार्यों की समय-सारिणी बना लें, तो बेहतर है। इससे आपको कार्य करने में आसानी रहेगी। दस-पांच मिनट आगे-पीछे कोई मायने नहीं रखता, इतना तो 'एडजस्टमेंट' आप कर ही लेंगे।

जब आप हर कार्य समय पर करने लगेंगे, तो व्यर्थ चिंता, अवसाद, नकारात्मक विचार व उतावलापन आदि से मुक्ति पा लेंगे। आपमें शांति, संयम, धैर्य, संतोष जैसे दैवीय गुण आ जाएंगे। बस आपको नियत समय पर कार्य करते समय इतना ध्यान रखना है कि आप तो किसी कार्य के निमित्त मात्र हैं। हर कार्य तो भगवान करा रहे हैं। फिर किस बात की चिंता?

बस अपना काम ईमानदारी से करते रहिए, फल की चिंता छोड़ दीजिए और ये सोचिए कि इस कार्य को करने पर मेरा अधिकतम कितना बुरा हो सकता है? उसके लिए अपने-आपको मानसिक रूप से तैयार करिए। आपको किसी सफलता का न सुख होगा और न असफलता का दुःख!

संस्कृत स्रोतों की फलश्रुति में अक्सर कहा जाता है-

यं यं चिन्तयते कामम्, तं तं प्राप्नोति निश्चितम

(जिस-जिस काम का आप चिंतन करेंगे, वो आपको निश्चित प्राप्त होगा)

यदि आप अपने समय का सदुपयोग करते हुए पूर्ण निष्ठा, समर्पण और ईमानदारी से काम कर रहे हैं, तो फिर किस बात का दुःख, कष्ट व चिंता! मनोविज्ञान कहता है-**"गलत विचारेंगे, तो गलत ही होगा। अच्छा सोचेंगे, अच्छा होगा।"**

समय-प्रबंधन के साथ यदि आप आत्मावलोकन या आत्मविश्लेषण की आदत डाल लेंगे, तो आप भविष्य में उन्हें नहीं दोहराएंगे। इस तरह आप निश्चित रूप से सफल व्यक्ति की पंक्ति में स्थान पा लेंगे।

●●●

5

किसने कहा, आप हीन हैं?

हीन भावना ऐसा धीमा ज़हर है, जिसको खाकर व्यक्ति पल-पल मौत की ओर बढ़ता जाता है। वह संज्ञाशून्य होकर अपनी शक्तियों को विस्मृत कर बैठता है। वह मनोरोगी हो जाता है। वह सोचता है, हर व्यक्ति उसकी खिल्ली उड़ा रहा है। मुझे कोई पसंद नहीं करता। सब मेरे ही पीछे पड़े रहते हैं; मेरी आलोचना करते रहते हैं। इस तरह वह धीरे-धीरे हीनता की मौत मरने लगता है।

हीन भावना कई प्रकार से व्यक्ति में घर करती है। यदि व्यक्ति बदसूरत है, उसके पास धन की कमी है, बेरोजगार है, अविवाहित है, क़दम-क़दम पर असफलता का सामना कर रहा है, तो वह निश्चित रूप से हीन भावना का शिकार हो जाएगा।

एक व्यक्ति बेरोजग़ार है। स्वाभाविक है, उसके पास धन की कमी होगी। वह जहां-जहां जाता है, हर जगह उसका तिरस्कार होता है, उसको अपमानित किया जाता है। कुछ लोग उसके प्रति सहानुभूति दिखाते हैं और उसको 'बेचारा' घोषित कर देते हैं। लोगों की हर बात में व्यंग्य का पुट होता है। कोई उसे इज्जत नहीं देता। उसके माता-पिता भी अपने बा-रोजगार पुत्र की तुलना में उसको कम महत्त्व देते हैं। उसकी बात-बात में मीन-मेख निकालते हैं। यदि वह शादीशुदा है, तो उसकी पत्नी भी उसको अपमानित करती है। उसके यार-दोस्त, रिश्ते-नातेदार उससे किनारा कर लेते हैं। उसमें हीन भावना पैदा हो जाती है और वह किसी को मुंह दिखाने के काबिल नहीं रहता। वह सोचता है, संसार में कोई अपना नहीं। उसमें उत्साह की कमी हो जाती है, उसका चेहरा म्लान हो जाता है, वह कुंठित हो जाती है।

एक व्यक्ति बदसूरत है। जब भी कोई व्यक्ति उसे देखता है, धीरे से मुस्कराने लगता है। उसे, उस व्यक्ति पर क्रोध आता है, लेकिन वह मज़बूर है, कुछ नहीं कर सकता। वह मन-ही-मन कुढ़ता है, कलपता है और खुद को 'हीन' समझने लगता है। एकांत में जब वह दर्पण में देखता है, तो उसको भी अपने ही अंग अच्छे नहीं लगते हैं। वह संसार से पलायन करना चाहता है। सोचता है, वहां के लोग ऐसे नहीं होंगे। लेकिन बाद में उसे महसूस होता है कि हर जगह एक जैसे ही लोग हैं।

"शादी एक ऐसा फल है, जिसने खाया, वह पछताया और जिसने न खाया, वह भी पछताया" इसलिए लोगों का मत है, इस फल को खाकर ही पछताना चाहिए। एक व्यक्ति की किन्हीं व्यक्तिगत कारणों से शादी नहीं हो पाती, तो समाज उस पर तरह-तरह के लांछन लगाकर उसका मजाक उड़ाता है। लोग उसे घर में प्रवेश देने में संकोच करते हैं। वह अविवाहित व्यक्ति हीनता का शिकार हो जाता है।

किसी के पास धन कम है, किसी की पत्नी खूबसूरत नहीं है, बच्चे 'कॉन्वेंट' में नहीं पढ़ रहे, ऊंचे लोगों तक उसकी पहुंच नहीं... न जाने ऐसे कितने कारण हैं, जिनसे व्यक्ति खुद को संसार का सबसे दीन-हीन व्यक्ति महसूस करता है। वास्तव में हीनता की कोई सीमा नहीं।

पंचतंत्र में एक कथा आती है। एक बार सभी खरगोशों ने परस्पर विचार किया कि संसार में हमसे ज्यादा हीन और दुर्बल प्राणी कोई नहीं है। हम छोटे से हैं और आसानी से आदमी और अन्य जीव हमें अपना 'शिकार' बना लेते हैं। उन्होंने आत्महत्या करने की ठानी। वे समूह में एक तालाब की ओर गए। तालाब में डूब मरने की उनकी योजना थी। तालाब के किनारे कुछ मेंढक बैठे हुए थे। जब उन्होंने खरगोशों को तालाब पर आते हुए देखा, तो वे डरकर तालाब में कूद पड़े।

उन्हें देखकर खरगोशों ने आत्महत्या का विचार त्याग दिया। उन्होंने सोचा कि हमसे भी हीन प्राणी इस संसार में मौजूद हैं।

वास्तव में हीनता सापेक्ष है। संसार में कोई व्यक्ति हीन नहीं। जब वह दूसरों से अपनी तुलना करता है, तब उसे हीनता-बोध होता है। हर व्यक्ति में गुण होते हैं। एक व्यक्ति में जो गुण है, वह आवश्यक नहीं दूसरे में हों, इसलिए अपने को कमतर आंकना अच्छा नहीं। सुई का अपना महत्त्व है और तलवार का अपना! यदि सुई; तलवार से खुद को हीन महसूस करने लगे, तो सही नहीं है-

रहिमन देख बडेन को लघु न दीजिए डार।
जहां काम आवै सुई कहा करे तलवार।।

Ralph Waldo Emerson नामक एक अंग्रेजी कवि की कविता है-**'The Mountain And The Squirrel'** जिसमें उन्होंने एक गिलहरी और पर्वत की लड़ाई दिखाई है। उन्होंने बाद में दोनों का ही महत्त्व प्रतिपादित किया है-

"The Mountain And The Squirrel
Had a quarrel.
you're not so small as I
Neither can you crack a nut"

पर्वत को अपने बड़े आकार पर बड़ा अहंकार है। गिलहरी पर्वत से कहती है, छोटी-छोटी चीजों से ही बड़ी चीजें बनती हैं-जैसे दिन, महीने, साल आदि से मौसम बनते हैं। ये बात सही है कि तुम्हारा आकार बहुत बड़ा है, लेकिन तुम मेरे जैसे छोटे आकार के नहीं हो। ये संच है कि तुम पर जंगल उगते हैं, लेकिन तुम मेरी तरह एक अखरोट नहीं तोड़ सकते। गिलहरी ने अपने तर्कों से पर्वत को निरुत्तर कर दिया और उसका अहंकार चूर-चूर हो गया।

गिलहरी ने किसी भी स्तर पर खुद को हीन नहीं माना और अपने को पर्वत के समान ही उपयोगी सिद्ध किया।

एक बार एक नाविक अपनी नाव में एक संत को ले जा रहा था। अचानक संत ने उससे पूछा-"**क्या कुछ पूजा-पाठ करते हो?**" नाविक हाथ जोड़कर बोला-"**बाबा! रोजी-रोटी कमाने से इतनी फुर्सत नहीं मिलती कि मैं पूजा-पाठ कर सकूं! मैं तो बस भगवान के हाथ जोड़ लेता हूं।**" संत ने अपने अहंकार में उसका उपहास उड़ाते हुए कहा-"**तब तो तुम्हारा सारा जीवन बेकार चला गया।**"

नाव में छेद हो जाने के कारण अचानक उसमें तेजी से पानी भरने लगा। नाविक ने संत से पूछा-"**बाबा! तैरना जानते हो? नाव में पानी भर रहा है।**" उन्होंने कहा-"न!" "**तब तो तुम्हारा जीवन बेकार चला गया**", कहकर वह नदी में कूद गया।

नाविक में हीन भावना नहीं थी कि वह एक छोटा-मोटा आदमी है और ये इतने बड़े संत! लेकिन वे संत उसे नीचा दिखाने पर तुले हुए थे। अंत में उनको खुद नीचा देखना पड़ा।

संसार में आप जो भी कार्य कर रहे हैं; उसमें पूरी दक्षता हासिल करें और सिद्ध करें कि आप किसी से हीन नहीं हैं।

संसार में आप जो भी कार्य कर रहे हैं; उसमें पूरी दक्षता हासिल करें और सिद्ध करें कि आप किसी से हीन नहीं हैं।

ऋग्वेद के दसवें मंडल में एक ऋचा आती है-

शृण्वंतु विश्वे अमृतस्य पुत्राः

(विश्व के सभी अमृत-पुत्र इसे सुन लें)

अर्थात विश्व के सभी व्यक्ति अमृत पुत्र हैं। जब सभी में अमृत है, तो वे विष के स्रोत कैसे हो सकते हैं? हीन भावना विष है और कोई भी व्यक्ति हीन नहीं है। वह विषपायी तो हो सकता है, लेकिन विष-स्रोत नहीं हो सकता।

हममें कमी सिर्फ ये है कि हम अपने में अतर्निहित शक्तियों को भुला बैठें हैं। आप किस बात से हीन हैं-भगवान ने आपको मनुष्य बनाया। देखने के लिए दो आंखें, सुनने के लिए दो कान, कार्य करने के लिए दो हाथ, चलने-फिरने के लिए दो पैर दिए हैं, फिर भी आप हीन हैं!

एक संत के पास एक युवक गया और उनसे कहने लगा-"**बाबा! मैं संसार का बड़ा दीन-हीन प्राणी हूं। जहां हाथ डालता हूं, वहां का सोना भी मिट्टी हो जाता है। मैं बड़ा परेशान हूं। सोचता हूं, आत्महत्या कर लूं।**"

संत बोले-"**मैं तुझे सोना पाने का रहस्य बताता हूं। ऐसा कर, अपनी एक आंख, एक कान, एक हाथ और एक पैर मुझे दे दे। मैं इसी समय तुझे चार लाख रुपए दूंगा।" संत की इस बात पर वह बोला-"बाबा! ऐसा कैसे हो सकता है? मैं आपको अपने ये कीमती अंग नहीं दे सकता।"**

संत बोले-"मूर्ख! लाखों की दौलत अपने साथ लिए फिर रहा है और फिर भी कहता है कि मैं दीन-हीन हूं। जा और कर्म कर! तेरी हीनता मिट जाएगी।"

वास्तव में अपने-आपको हम विस्मृत किए हुए हैं। हमने कर्म का महत्त्व समझा ही नहीं, इसलिए हीन हैं। यदि बेरोजगार हैं, तो दीनता कैसी! जी-तोड़ मेहनत करिए, सफलता का मुंह एक दिन अवश्य देखेंगे।

यदि बदसूरत हैं, तो क्या हुआ? अपनी वाणी में मिठास घोलिए, अपने सत्कर्मों से दूसरों के चहेते बनिए। एक दिन वे आपके प्रशंसक हो जाएंगे। दर्पण देखने से क्या होगा? अपने दर्पण खुद बनिए। इससे दूसरों को प्रेरणा मिलेगी।

एक घरेलू महिला थी। वह अधिक सुंदर नहीं थी। इससे उसमें हीन भावना गहरे तक घर कर गई। वह घर से बाहर निकलने में संकोच करती। दूसरों से मिलना-जुलना उसने बंद कर दिया। एक दिन अचानक उसके हाथ एक पुस्तक लग गई, जिसे पूरा पढ़ने के बाद वह विश्वास करने लगी कि वह भी सुंदर है। उसने तभी से अपने मन से हीन भावना निकाल फेंकी। उसके बातचीत करने का ढंग, व्यवहार, चाल-ढाल सब बदल गई और वह सुंदर बन गई!

वास्तव में सुंदरता तन की नहीं, मन की होती है। जिसका मन सुंदर होगा, वही सुंदरता की श्रेणी में आता है अन्यथा **'विष रस भरा कनक घट जैसे'** वाली उक्ति चरितार्थ होगी। लेकिन लोग बाह्य आवरण देखते हैं, किसी के अंदर झांकने का प्रयास नहीं करते।

ऐसे विकलांग व्यक्ति भी इस संसार में हैं, यदि वे हीन भावना को अपने ऊपर हावी होने देते, तो एक दिन आत्महत्या कर लेते, लेकिन उन्होंने हीन भावना पर विजय प्राप्त कर एक नए जीवन की शुरुआत की। एक व्यक्ति है, जिसके दोनों हाथ एक दुर्घटना में कट गए। सभी ने उसके प्रति सहानुभूति दिखाते हुए उसे 'बेचारा' घोषित कर दिया, लेकिन उसने हार नहीं मानी। उसने अपनी छिपी हुई प्रतिभा को उजागर किया। मुंह में ब्रुश दबाकर ऐसे-ऐसे नायाब चित्र बनाए कि सिद्धहस्त चित्रकार भी उसकी प्रशंसा करने से स्वयं को नहीं रोक पाए।

एक लड़के के जन्म से ही दोनों हाथ खराब थे। उसने जीवन से हार नहीं मानी। अपने पैरों से कलम पकड़कर उसने सामान्य परीक्षार्थियों की तरह परीक्षा दीं और उनमें सफल हुआ। उसने एम.कॉम तक शिक्षा पाई। आज वह उत्तर प्रदेश सरकार की कैंटीन में मैनेजर है। उसकी एक सुंदर पत्नी और बच्चे हैं।

यदि आपमें किसी भी प्रकार की कोई कमी है, तो हीनताग्रस्त होने के स्थान पर आप अपने जीवन की दिशा मोड़िए, अपनी शक्तियों को पहचानकर उनका भरपूर उपयोग कीजिए। आप स्वयं-सिद्ध कहलाएंगे और उपहास उड़ाने वाली दुनिया ही आपको एक दिन मान्यता देगी।

प्रसिद्ध गीतकार-संगीतकार रवीन्द्र जैन निपट अंधे हैं, लेकिन उन्होंने अपने अंधत्व से स्वयं को हीन महसूस करने की बजाय अपने में अंतर्निहित प्रतिभा को उभारा और गला-काट प्रतिस्पर्द्धा वाले फिल्मी-जगत में प्रतिष्ठित हुए। गीत-संगीत के क्षेत्र में उनका कोई सानी नहीं। वे एक अद्वितीय कलाकार हैं।

ऋषि अष्टावक्र का शरीर आठ जगह से टूटा हुआ था। वे बड़ी मुश्किल से चल पाते थे, लेकिन वे परम विद्वान और तपस्वी थे। उन्होंने 'अष्टावक्र गीता' की रचना की, जो एक आदर्श हिंदू-ग्रंथ है। यदि वे चलने में अशक्त होने के कारण हाथ-पर-हाथ रखे बैठे रहते, तो वे अपने जीवन में कुछ नहीं कर पाते।

कहने का तात्पर्य है कि हमें हीनता त्यागकर पूरे आत्मविश्वास के साथ कर्मक्षेत्र में कूद पड़ना चाहिए और अपने हर पल का सदुपयोग करते हुए सफलता की दिशा में कदम बढ़ाने चाहिए।

●●●

6

क्रोध सफलता की कैंची है

हमारे प्राचीन ग्रंथों में मानव-जीवन के षड्विकारों का उल्लेख मिलता है। ये हैं-काम, क्रोध, मद, लोभ, मोह और मात्सर्य। इनमें क्रोध को दूसरा स्थान दिया गया है। इन विकारों को मनुष्य का शत्रु माना गया है, जो उसे नरक की ओर ले जाते हैं। षड्विकारों की उत्पत्ति मन से बताई गई है।

मन ही मनुष्यों के भवसागर-बंधन और मोक्ष का कारण है। यदि हमने इस पर काबू पा लिया, तो हम संसार को जीतने की क्षमता रखते हैं। 'रामचरितमानस' में मंदोदरी अपने पति रावण को समझाते हुए कहती है-

काम, क्रोध, मद, लोभ सब, नाथ नरक के पंथ

(हे नाथ! काम, क्रोध आदि विकार, नरक के पंथ हैं। यदि कोई मनुष्य कामी-क्रोधी, लोभी-मदी है, तो वह अवश्य ही नरकगामी होगा।)

व्यक्ति में जब क्रोधावेग होता है, तो उसका रक्तचाप बढ़ जाता है। सामान्य की अपेक्षा उसकी ज्यादा नस-नाड़ियों को काम करना पड़ता है। उसके हाव-भाव बदल जाते हैं। उसका चेहरा विकृत हो जाता है। उसके जबड़े भिंच जाते हैं, हाथ की मुट्ठियां तन जाती हैं और उसके हृदय की धड़कन बढ़ जाती है। उसके पूरे शरीर में खिंचाव आ जाता है। कभी-कभी तो उसका शरीर ऐंठने लगता है।

स्पष्ट है क्रोध मनुष्य में विकृति पैदा करता है। वह हमारे ऊर्जा के स्तर को घटाता है और हमारी शक्तियों का क्षय करता है। हमारे आभा मंडल का संकुचन करता है।

जिस समय आपको क्रोध आ रहा हो, उस समय आइने में अपना चेहरा देखिए। जिस समय आप प्रसन्न हों, उस समय भी आइने के सामने खड़े हो जाइए। आपको स्वयं ही अपने चेहरे में-अंतर महसूस होगा।

क्रोध करने वाला व्यक्ति सबसे पहले अपना नुकसान करता है। इससे दूसरों को भी हानि होती है।

एक बार भारत-पकिस्तान का क्रिकेट-मैच टी.वी. पर चल रहा था। कांटे की टक्कर थी। हार-जीत में थोड़ा-सा ही अंतर था। एक सज्जन चाय की चुस्कियां लेते हुए मैच का आनंद उठा रहे थे। भारतीय टीम खेल रही थी। उसे

एक ओवर में दस रन बनाने थे। सज्जन खासे उत्तेजित थे। जब भारतीय टीम अपेक्षित रन नहीं बना पाई, तो मैच की समाप्ति पर उन्होंने चाय का गिलास टी. वी. स्क्रीन पर दे मारा। टी.वी. टूट गया और वे सोफे में धंस गए। उनके क्रोध का खामियाजा किसने भुगता? स्वयं उन्होंने ही! यदि वे चाहते, तो क्रोध करते हुए बाहर भी जा सकते थे और अपने पलंग पर आंख बंद कर लेटते हुए अफसोस कर सकते थे। उन्होंने अपना नुकसान भी किया और लोगों की नजरों में मूर्ख साबित हुए।

एक दूसरे सज्जन साइकिल से कहीं जा रहे थे। विपरीत दिशा से आने वाले एक स्कूटर ने उनके टक्कर मार दी। हालांकि मामूली-सी खरोंच थी। वे ठहरे अव्वल दर्जे के गुस्सेबाज! क्रोध में आकर कह दिया, **"देखकर नहीं चला सकता। अंधा है क्या? स्कूटर ऐसे चला रहा है, जैसे तेरे बाप की सड़क हो।"** बाप का नाम सुनते ही वह व्यक्ति आग-बबूला हो गया। उसने आव-देखा-न-ताव, एक घूंसा उनके मुंह पर दे मारा और तेजी से स्कूटर दौड़ाते हुए भाग गया। साइकिल के साथ उनका जबड़ा भी टूट गया। मारे गए गुलफाम बेचारे गुस्सा दिखाय के! किसी का क्या बिगड़ा! अपना ही नुकसान करा बैठे!

क्रोध करने वाला व्यक्ति बाद में पछताता है और क्षमायाचना करता फिरता है। पहले-पहल क्रोध में वह अपनी जुबान पर काबू नहीं रख पाता और अनाप-शनाप बोलने लगता है। वह ऐसी बातें भी बोल जाता है, जिन्हें उसे गुप्त रखना चाहिए था। बाद में यही बातें उसका नुकसान करती हैं। लोग उनका नाजायज फायदा उठाने की कोशिश करते हैं।

क्रोध में व्यक्ति अपने द्वारा दूसरों के प्रति किए गए अहसानों का भी बखान करता है, जो किसी भी दृष्टि से उचित नहीं है। उसे **'नेकी कर दरिया में डाल'** वाली उक्ति को अपने जीवन में उतारना चाहिए। वह गालियां भी देता है, जो सामाजिक दृष्टि से उचित नहीं है। क्रोध करने वाला व्यक्ति खुद को सही और दूसरों को गलत समझता है।

कहते हैं न, **'कमान से निकला तीर और जबान से निकली बात कभी लौटकर वापस नहीं आती।'** आप चाहे बाद में कितनी भी माफी मांगें। जो आपने बोल दिया; अपने क्रोध के क्षणों में, वो बाद में असर तो दिखाएगा ही! आपके क्रोध से दूसरे को जो घाव लगेंगे, उनकी भरपाई कैसे हो पाएगी?

क्रोधी व्यक्ति के चरित्र का लोग नाजायज फायदा भी उठाते हैं। एक व्यक्ति की छवि जब क्रोधी व्यक्ति की बन जाती है, तो लोग उसकी तरफ से दूसरों से गलत बातें भिड़ा देते हैं और दूसरे लोग उन बातों पर सहज विश्वास कर लेते हैं कि वह तो क्रोधी है, उसने तो ऐसा कहा ही होगा!

क्रोध सफलता की कैंची है। क्रोध असफलता के द्वार खोलता है। यदि अपने जीवन में व्यक्ति को सफल होना है, तो उसे अपने क्रोध पर काबू करना सीखना ही होगा।

इसलिए क्रोधी व्यक्ति को संयम से काम लेना चाहिए और अपनी जुबान पर काबू रखना चाहिए, अन्यथा इसका खामियाजा भुगतने के लिए तैयार रहना चाहिए।

क्रोध सफलता की कैंची है। क्रोध असफलता के द्वार खोलता है। यदि अपने जीवन में व्यक्ति को सफल होना है, तो उसे अपने क्रोध पर काबू करना सीखना ही होगा।

यह प्राकृतिक नियम है कि प्रत्येक व्यक्ति इस संसार में आकर अपने लिए सुख-सुविधाएं जुटाने का प्रयास करता है। अपने आलस्य, प्रमाद, निकम्मेपन, अधैर्य व अकर्मण्यता के कारण जब वे वस्तुएं उसे प्राप्त नहीं होतीं, तो वह उन्हें प्राप्त करने का 'शॉर्ट कट' तलाशता है। वह चिड़चिड़ा हो जाता है, बात-बात पर उत्तेजित हो जाता है, क्रोध करने लगता है। जब वह अपने से ज्यादा पैसे वालों की तरफ देखता है, तो उसे लगता है कि ये तो ज़िन्दगी के मजे लूट रहे हैं। इनके पास क्या कमी है? यदि ये थोड़ा-सा हम जैसे लोगों के लिए दे देंगे, तो इनके पास क्या कमी हो जाएगी?

मैंने एक व्यक्ति को पैसे वालों के विषय में कहते सुना-**"गिजाई (एक विशेष प्रकार का कीड़ा, जिसकी बहुत-सी टांगें होती हैं और जो वर्षा ऋतु में निकलता है) की अगर एक टांग टूट जाएगी तो वो लंगड़ी थोड़े ही हो जाएगी।)** वह धनी व्यक्तियों के प्रति बहुत ईर्ष्या व क्रोध करता था। एक बार तो उसने अपने क्रोध को अमलीजामा पहनाने के लिए उसके लड़के के अपहरण की योजना तक बना डाली, ताकि उनसे मनचाही रकम वसूल सके।

जिस तरफ देखिए आजकल, हर जगह बुरा हाल है। बाप पैसों पर कुंडली मारे बैठा है। जाने कितने साल और जिएगा, मरता ही नहीं...! लड़के को क्रोधावेश हो गया और उसने अपने ही बाप की फावड़े से हत्या कर दी। अपहरण, लूट, डकैती, राहजनी, रोड होल्ड अप-सब निठल्ले क्रोध के परिणाम हैं। ऐसे क्रोध क्षणिक नहीं सुनियोजित होते हैं।

हम अपने दुःख से दुःखी नहीं हैं, दूसरों के सुख से दुःखी हैं। दूसरे की प्रगति देखकर जले-भुने जा रहे हैं। यदि दूसरे का बच्चा प्रथम आ गया और आपका नहीं आया, तो बजाय अपने बच्चे को प्रेरित करने के; हम क्रोध में सारी मर्दानगी अपने बच्चे पर ही दिखा देते हैं। फलस्वरूप स्वयं तो कुंठित होते ही हैं, बच्चे की प्रगति पर भी 'ब्रेक' लगाने की कोशिश कर रहे हैं।

दफ्तर में बॉस ने डांट लगा दी। वहां तो चुप रह गए, उस समय कर भी क्या सकते थे? घर पर थके-हारे कुंठित-से आए, आते ही पत्नी और बच्चों पर सारा गुबार उतार दिया और निढ़ाल पड़कर लेट गए।

स्त्री दिन भर घर में अकेली रही। गुमसुम, शांत, एकाकी! बच्चों के आने पर उन्होंने जरा भी शोर मचाया, पीट दिया। पतिदेव आए, आते ही उनको काम बता दिया, बच्चों की शिकायत करना शुरू कर दिया, उससे दोनों ओर से गुस्से का गुबार फूट पड़ा।

आजकल बच्चों में क्रोध की तीव्रता अधिक देखने को मिलती है। पहले के लोग अपेक्षाकृत अधिक शांत थे। उनमें पर्याप्त धैर्य भी था। देसी खाद का भोजन करते थे, देसी घी खाते थे। सादा खाते थे, सादा रहते थे। आजकल के बच्चे हिंसक हो रहे हैं। समय-पूर्व जवान हुए ये नौनिहाल बचपन की आंख खुलते ही स्कूल भेज दिए जाते हैं। पहले बच्चे घर पर खेलकूद कर बड़े होते थे। छह साल की उम्र में उन्हें स्कूल भेजा जाता था, आज तो बच्चा दो-ढाई साल का हुआ नहीं कि 'रिकॉर्ड' तोड़ने स्कूल भेज दिया जाता है। उसका बचपन उससे जबरन छीन लिया जाता है। 'बस दो मिनट' की संस्कृति वाला भोजन बच्चा ले रहा है। चाउमीन, बर्गर, पिज्जा, स्नैक्स, सॉफ्ट ड्रिंक्स, चिप्स, रासायनिक खादों का भोजन और मिलावटी तेल उनको बर्बाद कर रहे हैं। उनमें उग्रता आ रही है। मां-बाप बच्चों से डरते हैं। अपनी मांगें मनवाना उन्हें खूब आता है। चीखो-चिल्लाओ, घर में तोड़फोड़ करो कि सब राजी हो जाएंगे। वजह-बेवजह, वक्त-बेवक्त क्रोध का प्रदर्शन करना उनकी आदत में शुमार हो गया है।

पूर्व के समय में मां-बाप बच्चों को मितव्ययी होना सिखाते थे। वे सिखाते थे कि सीमित साधनों में उन्हें संघर्ष करते हुए सफलता प्राप्त करनी है। आजकल के बच्चों की हर इच्छा पूरी हो रही है। जब वे युवावस्था में कदम रखते हैं, तो उनको फिजूलखर्ची की आदत पड़ चुकी होती है। जब उनकी असीमित इच्छाएं किसी कारण से पूरी नहीं हो पाती हैं, तो वे पहले तो कुंठित होते हैं, फिर विद्रोह कर देते हैं। जब वे इसमें भी सफल नहीं हो पाते, तो अपने मार्ग से भटक जाते हैं और अपना क्रोध विध्वंसक या अन्य असामाजिक गतिविधियों को अपनाकर व्यक्त करते हैं। उनमें पलायनवादी प्रवृत्ति घर कर जाती हैं। वे नशे के आदी हो जाते हैं और जीवन में पूर्णतः असफल सिद्ध होते हैं।

यदि किसी भी स्तर पर व्यक्ति में हीन भावना हो, तो भी वह क्रोधी हो जाता है। वह दूसरों के समक्ष स्वयं को सिद्ध नहीं कर पाता। वह असफल व्यक्तियों की श्रेणी में गिना जाता है, चाहे वह कितना भी योग्य क्यों न हो।

दूसरों की उन्नति देखकर भी बहुत-से लोग उसे पचा नहीं पाते। वे उससे मन-ही-मन ईर्ष्या करते हैं, उनके आचार-विचार, हाव-भाव और मुख-मुद्रा इसका बयान कर देती है। वे उस व्यक्ति की पीठ-पीछे अपने मन की भड़ास निकालते हैं। उस समय उनका क्रोध देखने लायक होता है।

जब कोई व्यक्ति आपको महत्त्व नहीं देता है, तब भी आपको क्रोध आ जाता है और उस व्यक्ति के बारे में आप अनाप-शनाप बकने लगते हैं।

किसी के द्वारा आपकी आलोचना करने या अपमान करने पर भी आप क्रोधित हो जाते हैं और उचित मौका मिलने पर उसको सबक सिखाने की ठान लेते हैं।

जब कोई व्यक्ति किसी असामाजिक कार्य में लिप्त मिलता है, तब भी हम क्रोधित हो जाते हैं और ऐसे व्यक्ति की आलोचना करते हैं। एक व्यक्ति की हर बात में आलोचना करने की आदत थी। एक बार किसी व्यक्ति की लड़की किसी गैर-जातीय युवक के साथ घर से चली गई। आलोचना करने वाला व्यक्ति बहुत क्रोधित हुआ। उसने कहा, **"यदि मेरी लड़की ऐसा कर लेती, तो मैं उसे जान से मार देता।"** संयोगवश उसकी छोटी लड़की ने भी ऐसा कदम उठा लिया। उस व्यक्ति ने उसकी तलाश कर जल्दी से उसकी शादी कर दी। चाहे हम स्वयं असामाजिक कार्यों में लिप्त हों, यदि दूसरा व्यक्ति ऐसा करता है, तो हम क्रोध में आकर उसकी आलोचना करने लगते हैं।

कोई गलती आपने नहीं की, लेकिन आपको ही दोषी मानकर आपको लांछित-प्रताड़ित किया जा रहा है, तो आपको क्रोध आना स्वाभाविक है। आपके बार-बार सफाई देने पर भी आपको दोषी माना जाता है; क्योंकि दूसरों की नजर में जो ज्यादा सफाई दे, समझो वही दोषी है-**'काना सो कनावड़ा'**। कुछ मामलों में यह देखा गया है कि निर्दोष व्यक्ति ने पिटाई के डर से या अन्य किसी कारण से 'अपना अपराध कबूल' कर लिया। लेकिन वह अंदर-ही-अंदर क्रोध से भरा रहता है।

जब कोई व्यक्ति आपको मूर्ख बनाकर अपना स्वार्थ सिद्ध कर लेता है, तो आपको बहुत क्रोध आता है और वह व्यक्ति आपकी नजरों में गिर जाता है।

आपके आलस्य या प्रमाद के कारण जब आप कोई कार्य समय पर नहीं कर पाते हैं; तो आप क्रोधित होकर अपना गुस्सा दूसरों पर उतारते हैं।

जब कोई व्यक्ति आपका सरेआम अनादर कर देता है, तब भी आपको क्रोध आता है। यदि आप लड़ने-झगड़ने की स्थिति में हैं, तो आप अपना गुस्सा उस पर उतारते हैं। यदि दूसरा व्यक्ति किसी भी स्तर पर बलशाली है, तो आपको क्रोध तो आता है, परन्तु आप उसे पी जाते हैं।

आपको लोग गलत समझते हैं या किसी भी प्रकार की गलतफहमी हो जाने पर भी आपको क्रोध आता है।

क्रोध के कारण किसी भी स्तर पर अधिकतर असफलता ही हाथ लगती है। ऐसा नहीं है कि क्रोधी व्यक्ति सफल न हो, लेकिन सफलता के बावजूद वह अपने क्रोध के कारण हर समय आंदोलित रहता है।

क्रोधी व्यक्ति सदैव मानसिक रूप से तनावग्रस्त रहता है। वह स्वयं के दोष तो देखता नहीं और न बात की तह में जाने की कोशिश करता है, दूसरों पर अपनी गलतियों का दोषारोपण करने लगता है। कभी-कभी बिना वजह ही वह तनावग्रस्त हो जाता है। फलां आदमी मेरी बुराई करता है। आज वह मुझे देखकर अचानक मुस्करा उठा था। कैसे उस व्यक्ति की भौंहों में मुझे देखकर बल पड़ गए थे। वह व्यक्ति आज मुझसे कन्नी काटकर निकला जा रहा था आदि बेसिर-पैर की बातों से उसे तनाव हो जाता है। वह कभी-कभी शिखर पर होते हुए भी स्वयं को अकेला महसूस करता है। अकेला महसूस करने के कारण वह भयग्रस्त हो जाता है। उसे लगने लगता है, सब उसके विरुद्ध हैं और उसके खिलाफ एक षड्यंत्र चल रहा है। वह स्वयं को अभिमन्यु की तरह चक्रव्यूह में घिरा पाता है और उसे इससे निकलने का कोई रास्ता नहीं सूझता।

क्रोधी व्यक्ति को जब क्रोध आएगा, तो या तो अपने होंठ चबाएगा या नाखून कुतरेगा। जो व्यक्ति ऐसा करते हैं, उनकी निर्णय लेने की क्षमता प्रभावित होती है। वह सही समय पर उचित निर्णय नहीं ले पाते और गलतियां कर बैठते हैं।

क्रोधी व्यक्ति उद्विग्न रहता है। वह अक्सर मानसिक अवसाद का शिकार हो जाता है। उसे अनिद्रा की बीमारी, रक्तचाप और हृदय रोग जैसी बीमारियां घेर लेती हैं। वह सोते में जोर-जोर से खर्राटे भरता है।

क्रोधी व्यक्ति क्रोध आने पर किसी भी व्यक्ति के प्रति कुछ भी बोलने लगता है, इसलिए उसके हजार 'गुप्त शत्रु' बन जाते हैं। कोई भी व्यक्ति उसको पसंद नहीं करता। वह व्यक्ति, जिसके प्रति उसने अपशब्दों का प्रयोग किया है, उससे बदला लेने की फिराक में रहता है। वह पीठ-पीछे उसकी बुराई करता है। हर व्यक्ति उसके व्यवहार से उससे कन्नी काटता है।

आखिर मनुष्य के जीवन और उसकी ऊर्जा के अक्षय भंडार के प्रबल शत्रु क्रोध से छुटकारा प्राप्त करने का उपाय क्या है? संसार में ऐसा कोई कारण नहीं, जिसका कोई निदान न हो।

जो व्यक्ति जीवन में राग-द्वेष से परे रहता है, उसको क्रोध नहीं आता। वह समभाव में जीवन व्यतीत करता है। किसी के प्रति हम 'राग' रखेंगे, ज्यादा प्रेम रखेंगे, तो उससे हमारी अपेक्षाएं बढ़ जाएंगी। उस व्यक्ति के अपेक्षाओं पर खरे न उतरने पर हमें दुःख होगा, क्रोध आएगा। **"अरे मैंने उसको इतना किया और उसने मेरी सच्चाई-शराफत का ये सिला दिया।"** अगर आप किसी से द्वेष

करते हैं, वैर भाव रखते हैं, तो उसके प्रति आपको स्वांभाविक क्रोध आएगा। इससे आप हर समय परेशान रहेंगे। किसी के प्रति मोह बाद में क्रोध का कारण बनता है। संसार में कोई किसी का नहीं है। याज्ञवल्क्य मुनि अपनी पत्नी मैत्रेयी को उपदेश देते हुए कहते हैं-

'आत्मनस्तु वै कामाय सर्वम् प्रियम् भवति'

(अपनी कामना के लिए सभी प्रिय होते हैं)

इसलिए मोह रहित जीवन व्यतीत करेंगे, तो किसी के प्रति क्रोध नहीं आएगा।

जो व्यक्ति संतोष से जीवन व्यतीत करेगा, उसको किसी के प्रति क्रोध नहीं आएगा।

जितना प्रभु ने दिया है, हमारी योग्यता से ज्यादा दिया है। जो व्यक्ति यह बात ध्यान रखेगा, उसे असफल होने पर भी कभी क्रोध नहीं आएगा। इसका मतलब ये नहीं कि महत्त्वाकांक्षी मत बनो। महत्त्वाकांक्षा उन्नति के लिए अच्छी है, लेकिन संतोष करना सीखो।

कितनी भी कठिन परिस्थिति क्यों न आ जाए, धैर्य मत खोओ। धैर्य मनुष्य का सबसे बड़ा मित्र है।

धैर्य का संबल ग्रहण करने पर बड़े-से-बड़ा संकट टल जाता है। महापुरुषों के उदाहरण हमें बताते हैं कि उन्होंने संकट के समय धैर्य से काम लिया और सफलता प्राप्त की। यदि वे संकट आने पर क्रोध करते, तो उनका विवेक नष्ट हो जाता ओर वे परेशानी में घिर जाते। धैर्य से क्रोध पर काबू पाया जा सकता है।

अपनी सोच को सकारात्मक बनाइए। सकारात्मक दृष्टिकोण से क्रोध नहीं आता है। यदि आप में क्षमा-दान देने का गुण विकसित हो गया, तो आपको क्रोध कभी भी नहीं सताएगा। वह व्यक्ति छोटा होते हुए भी बड़ा है, जिसमें यह दैवीय गुण है। उसमें बड़प्पन है। **"आप मन में सोचिए, लोग हैं, तो गलती करेंगे ही। गलती करना उनके स्वभाव में शामिल है। मैं बेवजह क्यो परेशान होऊं?"** इससे एक-न-एक दिन लोगों को अपनी भूल का अहसास होगा और वे अपने-आप पर निश्चित शर्मिंदा होंगे।

मां-बच्चे जैसे निःस्वार्थ प्रेम-सम्बन्ध रखिए। किसी के प्रति स्वार्थ मत पालिए। संकट आने पर किसी भी व्यक्ति की निःस्वार्थ सेवा करने के लिए तैयार रहिए। उससे बदले में किसी चीज की अपेक्षा मत रखिए। सोचिए कि भगवान ने आपको इसी के निमित्त पृथ्वी पर भेजा है। लोग पहले तो आपको मूर्ख, पागल, बेवकूफ कहेंगे, फिर धीरे-धीरे आपको मान्यता देने लगेंगे।

"प्रभु जो कर रहे हैं, मेरे भले के लिए कर रहे हैं। मैं प्रभु का हूं, प्रभु मेरे हैं।" ये भाव जिस दिन आपके मन में गहरे पैठ गया, उस दिन आपको षड्विकार परेशान नहीं करेंगे। आप देखेंगे कि आपके जीवन में शांति आती जा रही है। आपकी एकाग्रता बढ़ती जा रही है। आपमें आश्चर्यजनक परिवर्तन आते जा रहे हैं और आप साक्षी भाव से उन्हें देख रहे हैं और परमानंद प्राप्त कर रहे हैं।

क्रोध पर काबू पाने के लिए अन्य उपाय भी हैं-

आपको क्रोध आए, तो तुरन्त एक-से-लेकर-साठ तक गिनती गिनना शुरू कर दीजिए। आपका क्रोध धीरे-धीरे कम होता जाएगा अथवा एक गिलास ठंडा पानी पीजिए। जोर-जोर से सांस लीजिए अथवा शवासन कीजिए। चंद्र स्वर (बायां स्वर) चलाने से भी क्रोध को नियंत्रित किया जा सकता है।

ऐसा नहीं है कि क्रोध करना हर समय नुकसानदायक है। मान लिया, आपने संकल्प लिया हुआ है कि मैं अपने जीवन में विकारों पर नियंत्रण रखूंगा। आप उस नियम का दृढ़ता से पालन भी कर रहे हैं। आप कहीं जा रहे हैं। आपकी ही आंखों के सामने एक घटना घटती है। कुछ गुंडे एक स्त्री का शीलभंग (बलात्कार) करने की कोशिश कर रहे हैं। वह बार-बार मदद के लिए गुहार लगा रही है। आपको सामने देखकर आपसे सहायता की याचना कर रही है। आप चुप हैं; क्योंकि आपने तो संकल्प लिया हुआ है कि आप क्रोध नहीं करेंगे। आप चुपचाप वहां से चल देते हैं। वह स्त्री आपके सामने गिड़गिड़ाती रह जाती है। क्या आपका संकल्प पूरा हुआ? नहीं, किसी कीमत पर नहीं! आपको उस समय क्रोध न करने का अपना संकल्प तोड़ते हुए उस स्त्री की सहायता करनी चाहिए थी, चाहे उसमें आपकी जान ही क्यों न चली जाती।

हमें अपने क्रोध को सकारात्मकता की ओर ले जाना है, न कि विध्वंसक बनकर अपना और समाज का नुकसान करना है। इसके लिए आप अपना 'ब्लॉग' शुरू कर सकते हैं, जिस पर अपनी किसी मुद्दे पर राय जाहिर कर सकें। विभिन्न चैनलों पर होने वाले बहसपरक कार्यक्रमों में प्रतिभागी बन सकते हैं। किसी विषय पर लोगों को बहस के लिए आमंत्रित कर सकते हैं। समाचार पत्र-पत्रिकाओं में 'रीडर्स फोरम' के माध्यम से भी सरकार अथवा अन्य संस्थाओं/व्यक्तियों के गलत कार्यों के प्रति अपना क्रोध व्यक्त कर सकते हैं।

इस प्रकार क्रोध पर नियंत्रण करके हम अपने जीवन को सफल एवं सुखी बना सकते हैं।

●●●

7

जिम्मेदारी निभाना सीखिए

अपने एक प्रसिद्ध नाटक 'The Merchant of Venice' में अंग्रेजी नाटककार विलियम शेक्सपियर ने लिखा है-"World's a stage" (यह संसार एक रंगमंच है)।

भगवान ने सभी प्राणियों को एक विशेष निमित्त इस संसार में भेजा है। यह संसार एक रंगमंच है। इसके निर्देशक भगवान हैं और हम सब इस नाटक के पात्र हैं। वे हमें जैसा निर्देशित करते हैं, वैसा ही अभिनय हमें करना पड़ता है।

हमें संसार में एक ही स्थान पर विभिन्न पात्रों का किरदार निभाना पड़ता है। कभी हमें एक पति के रूप में, कभी एक पत्नी के रूप में, माता-पिता, पुत्र-पुत्री, भाई-बहिन, मित्र इत्यादि के रूप में अपनी जिम्मेदारी उठानी पड़ती है और हम ये जिम्मेदारी अच्छी तरह वहन करते हैं।

कल्पना कीजिए एक गृहस्थ, जो अपना परिवार पाल रहा है; सोचने लगे कि ये तो उस पर बोझ आ पड़ा। इससे अच्छा तो संन्यासी जीवन है-न कोई जिम्मेदारी, न कोई बोझ-मांगा और पेट भर लिया। वह गृहस्थ अपने परिवार को बीच मझधार में छोड़कर संन्यासी हो जाता है। वह स्वयं तो कथित रूप से सुखी हो गया, लेकिन उसका परिवार इससे अपार कष्ट में आ गया। क्या आप इसे उचित कहेंगे? क्या वह व्यक्ति अपनी जिम्मेदारियों से मुंह नहीं मोड़ रहा। क्या वह समाज की नजरों में अपराधी होने के साथ अपनी नजरों में नहीं गिर गया?

मैं एक महिला का उदाहरण देना चाहूंगा। वह एक साधारण घरेलू महिला थी। सन् 1971 में उसके पति को मात्र 300/- रु. तनख्वाह मिलती थी। चार बच्चे, उनकी पढ़ाई-लिखाई व घर के अन्य खर्च! वह घर का सारा काम-काज करती, बच्चों की जिम्मेदारी निभाती। घर में रूखी-सूखी खाकर, कढ़ाई-सिलाई करके, भैंस पालकर-हर जिममेदारी को बखूबी अंजाम देती। उसके बच्चे यद्यपि साधारण कपड़े पहनते थे, लेकिन रहते साफ-सुथरे थे। घर में पूरी साफ-सफाई रहती। उसकी लड़कियां उम्र में छोटी होने के बावजूद घर के कामकाज में हाथ बंटातीं। सब उसकी प्रशंसा करते और ये चाहते थे कि उनके बच्चे भी वैसे ही बनें। उसने हर बात में अपनी जिम्मेदारी समझी और हर हाल में खुश रही।

दूसरी ओर एक धनाढ्य महिला, जिसकी सेवा में नौकर-चाकर लगे रहते, आलस्य की प्रतिमूर्ति थी। वह आंख उठाकर भी नहीं देखती थी कि उसके

बच्चे क्या कर रहे हैं? नौकर-चाकर क्या खा-पी रहे हैं? यदि एक दिन महरी नहीं आई, तो चौके में बर्तनों पर पूरे दिन मक्खियां भिनभिनाती रहेंगी। घर में कूड़ा-ही-कूड़ा नजर आएगा, लेकिन वह अपने हाथ से एक चम्मच नहीं मांज सकती, झाड़ू नहीं लगा सकती, एक फली तक नहीं फोड़ सकती। फलस्वरूप उसके बच्चे बिगड़ गए और सब पीठ-पीछे उसकी आलोचना करते।

दोनों महिलाओं में बुनियादी फर्क केवल अपनी जिम्मेदारी समझकर उसको निभाने का है। जो महिला सम्पन्न होते हुए भी अपनी जिम्मेदारियों से मुंह चुरा रही है, वह सबकी आलोचना की पात्र है। जो महिला गरीब होते हुए भी अपने सीमित साधनों का सदुपयोग कर रही है और भरपूर मेहनत करते हुए अपनी जिम्मेदारी निभा रही है, अपने बच्चों को अच्छे संस्कार दे रही है, वह सबकी नजरों में ऊंची उठ चुकी है।

अभी हाल ही में कांग्रेस-सांसद राहुल गांधी ने महाराष्ट्र के यवतमाल की एक महिला कलावती का उल्लेख संसद में विश्वासमत के दौरान दिए गए अपने भाषण में किया, उसने नौ बच्चों के होते हुए भी अपने पति के आत्महत्या करने पर भी हिम्मत नहीं हारी और अपनी नौ एकड़ जमीन में फसल करके, भैंसे पालकर अपना व अपने बच्चों का जीवन सुधारा। यह आदर्श महिला सम्मान की हकदार है, जो अपनी जिम्मेदारी समझ रही है और उसे निभा रही है।

हमें चाहे कितनी भी परेशानियां क्यों न आएं, कितने भी संघर्ष क्यों न करने पड़ें, अपनी जिम्मेदारियों से मुंह नहीं मोड़ना चाहिए। जो अपनी जिम्मेदारी निभाता है, वही जीवन में सफल होता है। जिम्मेदारी निभाते समय संकट आना लाजिमी है, लेकिन उनका डटकर मुकाबला करना चाहिए। पलायन करना आसान है, लेकिन उत्तरदायित्व निभाना कठिन है। अपनी जिम्मेदारियों से मुंह मोड़ने वाला व्यक्ति कायर है। क्या आप अपनी जिम्मेदारियों से मुंह मोड़कर कायर कहलाना पसंद करेंगे?

एक बार स्वामी विवेकानंद अपनी भारत-यात्रा के दौरान वाराणसी गए थे। वहां पर कुछ बंदरों ने उनका मार्ग अवरुद्ध कर दिया। वे उन पर झपटने लगे, उनका पीछा कर उनको काटने लगे, डराने लगे। स्वामीजी भयभीत होकर भागने लगे। तभी वहां कुछ प्रत्यक्षदर्शी लोगों ने उन्हें समझाया-**"ये बंदर घुड़की हैं। इनका सामना करो। पत्थर लेकर दौड़कर इनके पीछे भागो, ये स्वयं भाग जाएंगे।** स्वामी जी ने वैसा ही किया और बंदर भाग गए।

यदि स्वामी विवेकानंद इस परिस्थिति से डरकर भागने लगते, तो बंदर उनके शरीर पर आक्रमण करके उनको नुकसान पहुंचा सकते थे। उन्होंने मुकाबला किया और विजय प्राप्त की।

जिम्मेदारी निभाने के मार्ग में आने वाली विपरीत प्रकार की परिस्थितियां भी 'बंदर घुड़की' के समान हैं। यदि इन पर पलटवार किया जाए, तो ये विलुप्त हो जाती हैं। आवश्यकता है, साहस जुटाने की और उनसे मुकाबला करने की।

जिस व्यक्ति में आत्मविश्लेषण की शक्ति विकसित हो जाती है, वह अपनी गलतियों को पहचानकर उन्हें सुधारता है और अपनी जिम्मेदारियों को भली-भांति अंजाम देता है।

प्रतिदिन आत्मविश्लेषण की आदत डालकर हम अपनी जिम्मेदारी भली-भांति निभाने की दिशा में आगे बढ़ सकते हैं। अपनी जिम्मेदारी खुद तय कीजिए और उसके प्रति अपनी जवाब्रदेही भी तय कीजिए, आप देखेंगे कि आपको अपने हर कार्य में आनंद आ रहा है। जो व्यक्ति किसी के प्रति जवाबदेह नहीं है, वह बिना नाथ का बैल है। अपना अंकुश स्वयं के लिए इस्तेमाल कीजिए अर्थात भटकाव छोड़कर स्वयं को आत्मनियंत्रित करिए, आप देखेंगे कि बड़ी-से-बड़ी जिम्मेदारी को भी आप हंसते-हंसते निभाने में कामयाब हो रहे हैं।

केंद्रीकरण की प्रवृत्ति त्यागिए। कार्यों को विकेंद्रीकृत करना सीखिए।

मान लीजिए, आप पर कोई बहुत बड़ी जिम्मेदारी आ गई। आपको अवसाद हो गया कि ये कार्य कैसे पूरा होगा? पूरा होगा भी अथवा नहीं। बहुत-से व्यक्ति सारी जिम्मेदारी स्वयं ही निभाने में यकीन रखते हैं। वे काम के बोझ तले दब से जाते हैं और ठीक प्रकार कार्य सम्पन्न नहीं कर पाते, क्योंकि उनमें केंद्रीकरण की प्रवृत्ति होती है। यदि वे विश्वास पात्र लोगों में काम को विकेंद्रीकृत कर दें, तो तय समय में उनका कार्य पूरा हो जाएगा और वे भली-भांति अपनी जिम्मेदारी निभा सकेंगे।

विकेंद्रीकरण बड़ी जिम्मेदारियों को भली-भांति निभाने की दिशा में उठाया गया समाधान है।

जिम्मेदारी निभाने वाले व्यक्ति में दैवीय गुण विकसित हो जाते हैं। वह सबके आदर का पात्र हो जाता है। आपने सुना होगा, जब-जब देवतागण अपनी शक्ति के मद में चूर होकर राग-रंग में डूब जाते हैं, तब-तब वे आसुरी शक्तियों से परास्त होते हैं। वे श्रीहीन हो जैाते हैं। इसी प्रकार जब-जब असुरगण साहस-पराक्रम शक्ति से अपनी जिम्मेदारी निभाते हैं, तब-तब देवतागण उनको परास्त नहीं कर पाते। यही हाल हम सबका है, जब हम अपनी जिम्मेदारियों से मुंह मोड़ने लगते हैं; हम पर आसुरी शक्तियां हावी हो जाती हैं और समस्त दैवीय

तत्त्व हमसे किनारा करने लगते हैं। हम श्रीहीन हो जाते हैं। सौभाग्य लक्ष्मी हमसे रूठ जाती है।

आत्मविश्वास की शक्ति क्षीण होने पर ही हम जिम्मेदारियों से मुंह मोड़ते हैं और जीवन में असफल होते हैं। आत्मविश्वास वह खुराक है, जिससे हम एक जिम्मेदार व्यक्ति बनकर जीवन में सफल होते हैं और प्रतिष्ठा पाते हैं।

आपने मद्र देश के राजा अश्वपति की पुत्री सावित्री की कहानी तो सुनी होगी! जब वे स्वयं अपने वर की खोज में वनों में भटक रही थी, तब उन्होंने सत्यवान नामक युवक का वर के रूप में चयन किया। बाद में नारदजी ने यह बताया कि यह युवक तो अल्पायु है, फिर भी अपने निश्चय से नहीं डिगीं। जब सत्यवान की मृत्यु का दिन समीप आया, तो वे यमराज का पीछा करते-करते यमलोक पहुंच गईं और अपने पातिव्रत धर्म की जिम्मेदारी निभाते हुए उनके प्राण वापस ले आईं। अपने कर्त्तव्य के मार्ग में अपार कष्ट आने पर भी वे डिगी नहीं और समूचे संसार में सती के रूप में सम्मानित हुईं। अपने आत्मविश्वास के बल पर उन्होंने अपनी जिम्मेदारी निभाई और मृत्यु के देवता यम के कठोर नियमों को भी बदलवा दिया।

जिम्मेदारी निभाते समय पहल करना सीखें; दूसरे आपका साथ स्वयं देने लगेंगे।

जिम्मेदारी निभाते समय पहल करना सीखें; दूसरे आपका साथ स्वयं देने लगेंगे। किसी का मुंह नहीं ताकें। परजीवी न बनें। जिम्मेदारी निभाने के क्रम में बढ़-चढ़कर हिस्सा लें।

एक लड़का अपने परिवार में अकेला था, उसकी छोटी बहन की शादी थी। उसकी दो बहनें और थीं। वह भाई होने के नाते अपनी जिम्मेदारियों को निभा रहा था। शादी के समय उसके दो बड़े बहनोई (जीजा) आए। उनमें से एक उच्चाधिकारी थे। उन्होंने आते ही जैसी भी जिम्मेदारी वे निभा सकते थे; निभाना शुरू कर दिया, जबकि उसके दूसरे बहनोई चुपचाप सब देखते रहे। उनमें घर का दामाद होने का बोध था, जबकि पहले वाले दामाद ने अहंकार शून्य होकर समयोचित कार्य अपनी जिम्मेदारी समझकर निभाए। उनकी सर्वत्र प्रशंसा हुई। उनकी देखा-देखी दूसरे लोगों ने उनके हाथ से काम लेकर स्वयं करना शुरू कर दिया। वास्तव में घर के दामाद होने के नाते वे 'मान्यवर' थे, लेकिन उन्होंने घर के लड़के को अकेला देखकर पहल की और अपनी जिम्मेदारी समझी।

एक जिम्मेदार व्यक्ति बनने के लिए अपनी सहनशक्ति बढ़ाइए। एक जिम्मेदार व्यक्ति अपार कष्ट आने पर भी अपना दुःखड़ा किसी से नहीं रोता। न स्वयं परेशान होता है और न दूसरों को परेशान करता है। वह स्वयं उनको झेलता है और उनसे निजात पाने का प्रयास करता है। अपने आंसुओं को पीकर वह विषपायी हो जाता है। किसी को दुःखड़ा सुनाने से समस्या का हल तो मिलेगा नहीं, लोग आपकी खिल्ली उड़ाएंगे। इसलिए अपने अंदर लड़ने की शक्ति विकसित करिए, एक जिम्मेदार व्यक्ति बनने के सारे गुण आपमें विकसित होने लगेंगे। संयम रखिए, सहनशक्ति बढ़ाइए।

प्रकृति के हर कण की तरफ ध्यान दीजिए, उनसे सीखिए कि वह अपनी जिम्मेदारी कैसे निभा रहा है। उससे प्रेरणा लीजिए। प्रकृति को अपने जीवन में उतारिए, आप देश के एक जिम्मेदार नागरिक बन जाएंगे और सफलता की दिशा में निरन्तर कदम बढ़ाते जाएंगे।

●●●

8

आशा जीवन का प्राण है

ओ जीवन के थके पखेरू, बढ़े चलो हिम्मत मत हारो
पंखों में भविष्य बंदी है, मत अतीत की ओर निहारो।
चिंता क्या धरती यदि छूटी, उड़ने को आकाश बहुत है,
जाने क्यों तुमसे मिलने की आशा कम, विश्वास बहुत है।

– कविवर बलबीर सिंह 'रंग'

(इस गीत के माध्यम से रंगजी अपने जीवन से निराश एक पक्षी (प्रतीक, वास्तव में मनुष्य के लिए संबोधित) से कहते हैं कि उसे हिम्मत हारे बिना निरंतर चलते रहना है। भूतकाल में जो हुआ, उसे भूल जा! तेरे पंखों में तेरा भविष्य छिपा हुआ है। यदि तेरी धरती छूट गई, तो क्या हुआ, तेरे उड़ने को तो अनंत आकाश अपनी बांहें फैलाए खड़ा हुआ है।)

बात बलिया (उ. प्र.) जिले की है। एक विद्वान् सज्जन अपने जीवन से निराश होकर आत्महत्या करने जा रहे थे। एक चाट वाले के खोमचे के नीचे उन्हें एक कागज पड़ा हुआ दिखाई दिया। उनकी आदत थी कि वह जमीन पर पड़े हुए कागज के हर टुकड़े को उठाकर पढ़ते अवश्य थे। उन्हें इससे नई-नई जानकारियाँ मिलती थीं। अपनी आदत के अनुसार जब उन्होंने उस कागज को उठाया, तो उसमें उपरोक्त पंक्तियां छपी हुई थीं। उन्होंने बार-बार ध्यान से इन पंक्तियों को पढ़ा और आत्महत्या का विचार त्याग दिया।

बाद में उन्होंने अपने एक लेख में लिखा कि मैंने अंग्रेजी साहित्य भी खूब पढ़ा है, लेकिन इतना बड़ा आशावाद (Optimism) मैंने हिंदी साहित्य तो क्या अंग्रेजी साहित्य में भी नहीं देखा।

वास्तव में समस्त संसार आशा में ही जी रहा है-जीवन की आशा में! आशा और निराशा मन की दो प्रवृत्तियां हैं। जब परिस्थितियां हमारे अनुकूल प्रतीत होती हैं, तो हमारी किसी भी चीज के प्रति आशा जग जाती है और विपरीत अवस्था में हम निराश (Pessimist) हो जाते हैं। आशा और निराशा परिस्थिति सापेक्ष हैं। आशा सकारात्मक होती है और निराशा नकारात्मक।

प्रलय के अंत में जब इक्ष्वाकु वंश के राजा मनु अकेले रह जाते हैं और एकटक होकर महाप्रलय के फलस्वरूप हर ओर फैले हुए जल के असीम

विस्तार को देखते हैं, तो निराश हो जाते हैं। वे अनिश्चय की स्थिति में आंखों में आंसू भरे हुए अपनी नियति के विषय में विचार करते हैं। उसी समय श्रद्धा का आगमन होता है। वह अपनी अमोघ वाणी से उनके मन में आशा का संचार करती हैं। वह कहती हैं कि बस इतने भर से तुम जीवन का दांव हार बैठे! तुम्हें तो इस सृष्टि को विस्तार देना है। मनु, श्रद्धा के अचूक शब्द-बाणों से बिद्ध होकर अपनी कापुरुषता के खोल से बाहर आते हैं और उनमें जीवन के प्रति आशा जगती है। श्रद्धा से उनका विवाह होता है और बाद में उनके घर उनके पुत्र 'मानव' का जन्म होता है।

यदि मनु के जीवन में श्रद्धा नहीं आई होती, तो वे निराशा में आत्मघात भी कर सकते थे।

हम सब जानते हैं कि मृत्यु अटल है फिर भी हम किसी अनजानी आशा के वशीभूत होकर जिए जाते हैं।

एक व्यक्ति का विवाह होता है। अपनी गृहस्थी की शुरुआत वह एक नयी आशा के साथ करता है। उसके बच्चे होते हैं। वह उन्हें बड़ी आशा से पढ़ाता-लिखाता है। सोचता है, बच्चा बड़ा होगा, बड़े होने पर इसकी नौकरी लगेगी, फिर इसका विवाह होगा। ये हमारे बुढ़ापे की लाठी बनेगा...हर कदम पर आशा। बाद में जब उसकी इच्छाएं पूरी नहीं होतीं, लड़का उसके प्रति उपेक्षा-भाव अपनाता है, तो वह निराश हो जाता है। **"क्या इसी दिन के लिए हमने इसे पढ़ाया-लिखाया, पाल-पोसकर बड़ा किया, शादी की कि यह हमारे साथ ऐसा बर्ताव करेगा? हमें बुढ़ापे में दर-दर की ठोकरें खाने को मजबूर होना पड़ेगा। इससे अच्छा तो भगवान हमें मौत दे दे।"**

मात्र शब्दों से मौत की इच्छा व्यक्त कर रहे हैं। वास्तव में चाह रहे हैं, हमारे नाती की शादी हो जाएं। नाती की शादी हो गई। अब इस आशा में जिए जा रहे हैं कि उसके बच्चा (पंती) हो जाए, तो हम **'सोने की नसैनी'** चढ़ जाएं।

वेदों में भी ऋषि कहते हैं-

'कुर्वन्नेवेह कर्माणि जीवेद शरदः शतम्'

(हे प्रभु! मैं कर्म करते हुए सौ शरद देखूं अर्थात सौ वर्ष जीवित रहूं।)

वेद की इस ऋचा में भी सौ वर्ष जीने की इच्छा व्यक्त की गई है। ऋषि को आशा है कि प्रभु उनकी प्रार्थना अवश्य स्वीकार करेंगे।

अमावस्या की अंधेरी रात है। एक राहगीर चला जा रहा है-अंधे की तरह! उसे रास्ता नहीं सूझ रहा। मूसलाधार बारिश के आसार हैं। अचानक आकाश में बिजली चमकती है। बिजली की हल्की-सी चमक ने यात्री को रास्ता सुझा

दिया। उसकी आशा बलवती हो गई है कि अब मैं लंबा सफर तय कर लूंगा। बिजली दुबारा जरूर चमकेगी, तब राह और आसान हो जाएगी!

एक दूसरा यात्री है। रात हो गई है, रास्ता भटक गया है। उसे पता नहीं, वह किधर जा रहा है? वह एक पगडंडी पकड़े हुए है। अचानक उसे दूर कहीं एक दीपक टिमटिमाता नजर आता है। वह इस आशा से आगे बढ़ता जाता है कि कोई गांव जरूर होगा और पास जाने पर उसकी आशा विश्वास में बदल जाती है। उसे मार्ग मिल जाता है।

लोग इस आशा में अपने दु:ख सहन कर लेते हैं कि कभी तो सुख आएगा। वे देखते हैं कि दु:ख का काला अध्याय समाप्त हो गया और धीरे-धीरे सुख आ रहा है। जब रात पृथ्वी को अपने आगोश में ले लेती है, तो व्यक्ति इस आशा के साथ सो जाता है कि सुबह जरूर होगी। अगले दिन मैं ये काम करूंगा... वो. ..! वह फिर अपने काम में जुट जाता है एक नई आशा के साथ!

आशा सकारात्मकता की ओर ले जाती है। वह व्यक्ति के जीवन में नई ऊर्जा भरकर उसे अपने कर्त्तव्य को करने की प्रेरणा देती है। आशावादी व्यक्ति अपने काम को दोगुने उत्साह से करता है। वह जानता है कि वह सफल होगा। चूंकि उसकी आशा समय के साथ बलवती होती जाती है, इसलिए बाद में वही विश्वास का रूप धारण कर लेती है और सफलता उसके कदम चूमती है।

आप जरा सोचिए! भगवान ने मुंह बनाया है, तो क्या खाने के लिए निवाला नहीं देगा? बच्चा जब पैदा होता है, उससे पहले ही भगवान मां के स्तनों में दूध उतार देता है। जब उसने हाथ बनाए हैं, तो काम भी वही देगा। पैर बनाए हैं, तो चलने के लिए रास्ता भी वही दिखाएगा। यही है आशावाद! आशावाद की पराकाष्ठा देखिए, लोगों का कहना है कि **'भगवान जगाता सबको खाली पेट है, लेकिन खाली पेट किसी को नहीं सुलाता।'**

संसार में आज तक कोई ऐसा ताला नहीं है, जिसकी चाभी नहीं बनी हो। संसार में ऐसी कोई समस्या नहीं है, जिसका हल किसी को न सूझा हो! तो फिर घबराने की क्या आवश्यकता है? निराशावाद को अपना अनचाहा मेहमान बनाने से क्या फायदा?

आशावादी व्यक्ति के चेहरे पर हमेशा रौनक रहती है। उसे प्रकृति के कण-कण में संगीत सुनाई देता है। वह हर हाल में प्रसन्न रहता है।

हमारे सामने अंग्रेजी के दो प्रसिद्ध कवि जॉन मिल्टन (John Milton) और पी.बी. शैली (P.B. Shelly) के उदाहरण हैं।

जॉन मिल्टन मात्र 44 वर्ष की अल्पायु में ही अंधे हो गए थे। जीवन की शुरुआत से तो वे अंधे थे नहीं, जिससे वे अंधत्व के अभ्यस्त हो जाते। अंधा होने पर भी उनमें निराशा नहीं आई और न ही वे विचलित हुए। उन्होंने इस परिस्थिति का डटकर सामना किया। उन्होंने भगवान से कोई शिकायत भी नहीं की। उन्होंने सोचा, भगवान ने शायद मुझे अंधा इसलिए क़र दिया, कि ताकि मैं अंतर्मुखी (Ejoratic) होकर और अच्छा काम कर सकूं।

दूसरी तरफ पी.बी. शैली नामक महान कवि है। उन्हें जीवन में विषम परिस्थितियों का सामना करना पड़ा। परिस्थितियों का मुकाबला तो हर व्यक्ति अपने तरीकों से करता ही है, उन्होंने भी किया, लेकिन निराशावादिता उनमें इस कदर धर कर गई कि उन्होंने अपनी कविताओं के माध्यम से उसे व्यक्त करना शुरू कर दिया।

अंग्रेजी की एक कविता है। एक बार एक राजा बीमार पड़ता है। उसकी बीमारी समय के साथ-साथ बढ़ती चली जाती है। राज्य के अनेक वैद्यों-हकीमों को बुलाया जाता है। वे उसकी बीमारी को पहचान तक नहीं पाते, उसका निदान करना तो दूर की बात रही! उन सबको फांसी पर चढ़ा दिया जाता है। अंत में एक वैद्य आता है। वह निदान सुझाता है, यदि राजा किसी खुशहाल व्यक्ति की कमीज़ पहन लें, तो ठीक हो सकते हैं।

पूरे राज्य में संदेशवाहकों को भेजा जाता है-खुशहाल व्यक्ति की खोज में। लेकिन दुर्भाग्यवश पूरे राज्य में ऐसा कोई व्यक्ति नहीं मिलता। एक दिन एक संदेशवाहक को एक ऐसा व्यक्ति मिलता है, जो नंगे बदन किसी दूसरे के खेत में हल चला रहा था। उसके चेहरे पर तेज था और वह कोई गीत गुनगुना रहा था। संदेशवाहक उसे देखकर रुका और बोला कि राजा बहुत बीमार हैं और उन्हें आपकी कमीज की आवश्यकता है। वह व्यक्ति शर्मिंदा होने के बजाय मुस्कराकर बोला कि मेरे पास तो कोई कमीज ही नहीं है! संदेशवाहक ने आश्चर्यचकित होते हुए कहा कि ऐसा कैसे हो सकता है! फिर भी आप इतने प्रसन्नचित्त कैसे रहते हैं? उसने हंसते हुए कहा कि मैं जीवन के प्रति आशावन हूं और यही मेरी प्रसन्नता का कारण है।

जीवन के प्रति आशावान व्यक्ति को तो हर हाल में खुश रहना ही है। जब राजा ने संदेशवाहक के मुंह से उस व्यक्ति के विषय में सुना, तो वह स्वयं उससे मिलने गया और इसके बाद उसकी बीमारी जाती रही।

व्यक्ति के आशापूर्ण विचार ही जीवन की सबसे बड़ी शक्ति है। ये संजीवनी बूटी के समान कार्य करते हैं; जिनसे उखड़ी हुई सांसों को निरंतर ऊर्जा मिलती है।

> **व्यक्ति के आशापूर्ण विचार ही जीवन की सबसे बड़ी शक्ति है। ये संजीवनी बूटी के समान कार्य करते हैं; जिनसे उखड़ी हुई सांसों को निरंतर ऊर्जा मिलती है।**

अलेक्जेंडर ने अपने विचार व्यक्त करते समय आशा के सम्बन्ध में कहा था-"**आशा मनुष्य की सबसे बड़ी संपदा है। यदि व्यक्ति उसे खो बैठता है, तो उसकी जीवन-नैया डूबने लगती है; क्योंकि उसके बिना जीवन में अभाव, अंधकार और संकट के अतिरिक्त कुछ नहीं सूझता। आशा ही घोर अभाव, विषमताओं और संकट के बीच भी जीवन-निर्माण के तत्त्वों की खोज करती है तथा आभासित अभिशाप को भी वरदान में बदलने का चमत्कार प्रस्तुत करती है।**"

अपने आविष्कारों से विश्व को रोशनी देने वाले महान वैज्ञानिक टॉमस अल्वा एडीसन से हम सीख ले सकते हैं। उनकी प्रयोगशाला एक 'रेलवे वैगन' में थी, जमीन पर फॉस्फोरस गिरने पर आग पकड़ लेने के कारण वह पूरी तरह जल गई। आग में सारे उपकरण और आविष्कारों से संबंधित कागजात जलकर नष्ट हो गए। धन की बर्बादी हुई, सो अलग! किंतु आशा के साक्षात् प्रतिरूप एडीसन ने उस समय कहा था-"**ऐसे हादसों का हमारे जीवन में बहुत महत्त्व है। इनमें हमारी भूलें जलकर नष्ट हो जाती हैं। हमें इसके लिए भगवान का कृतज्ञ होना चाहिए कि अब हम नए सिरे से जीवन को शुरू कर सकते हैं।**"

आशावादी विषय परिस्थितियों में भी अनुकूल अवसर खोज लेता है, जबकि निराशावादी, अपने नकारात्मक दृष्टिकोण के रहते अनुकूल अवसरों में भी प्रतिकूलता देखता है।

अंधी और गूंगी-बहरी हेलन केलर ने अपने कार्यों से समूचे विश्व के समक्ष एक आदर्श प्रस्तुत किया। वह अपने जीवन से निराश नहीं हुई और हिम्मत न हारते हुए दूसरों के लिए नजीर बन गई। वह लिखती है-"**मैं भगवान में विश्वास करती हूं और विश्वास करती हूं इंसान में; आत्मशक्ति में। मैं मानती हूं-स्वयं को और दूसरों को साहस बंधाना मेरा परम कर्त्तव्य है। मैं मानती हूं, भगवान के रचे इस विश्व के बारे में एक भी अपशब्द हमारे मुंह से नहीं निकलना चाहिए। किसी को सृष्टि के बारे में शिकायत करने का अधिकार नहीं; क्योंकि प्रभु ने इसे सुंदर बनाया है और हजारों लोगों ने इसे सुंदर बनाए रखने का प्रयत्न किया है।**"

अधिकांशतया लोग अपनी असफलता और जीवन में आए अवरोधों के कारण हिम्मत हार बैठते हैं और नकारात्मक भावों को जीवन में हावी कर लेते

हैं। वे अपने दुर्भाग्य और कष्टों के लिए भगवान को दोष देते हैं; अपने भाग्य को दोष देते हैं अथवा इसके लिए दूसरों को उत्तरदायी मानने लगते हैं, किंतु जब उनमें सकारात्मकता प्रवेश करने लगती है, तो उनके जीवन में आशा की किरणें फूटने लगती हैं, उत्साह आने लगता है और उन्हें आनंद की अनुभूति होने लगती है।

केवल आस्था की शक्ति से निराशा की स्थिति से आसानी से उबरा जा सकता है। आस्था से व्यक्ति दृढ़ता, लगन और एकमन होकर अपने कर्त्तव्य-पथ पर अग्रसर होता है।

केवल आस्था की शक्ति से निराशा की स्थिति से आसानी से उबरा जा सकता है। आस्था से व्यक्ति दृढ़ता, लगन और एकमन होकर अपने कर्त्तव्य-पथ पर अग्रसर होता है।

गुजरात में भगवान विट्ठल की बहुत मान्यता है। एक पंडितजी भगवान विट्ठल को भोग लगाकर ही प्रसाद ग्रहण करते थे। एक बार अचानक उनको यात्रा पर जाना पड़ा। वे अपने पुत्र से कह गए कि भगवान का भोग लगाकर ही कुछ खाना-पीना! उनके जाने के बाद पुत्र ने भोजन की थाली भगवान के समक्ष रख दी, कहा-"**विट्ठलनाथ भोग लगाओ**" भगवान ने भोग नहीं लगाया। उसे आशा थी कि भगवान स्वयं आकर भोजन करेंगे। शाम हो गई, भगवान नहीं आए उसकी आशा शाम तक निराशा में परिवर्तित हो गई। उसने कहा-"**भगवान आओ, मुझे बहुत जोर से भूख लगी है। यदि आप नहीं आए, तो मैं प्राण त्याग दूंगा।**" उसकी श्रद्धा और विश्वास के कारण भगवान आए और उसके साथ भोजन किया।

उसके पिता ने वापस लौटने पर जब उससे पूछा कि विट्ठल का भोग लगाया, तो उस बालक ने कहा-"**हां! वे पहले मुझे भोजन खिलाते थे और बाद में स्वयं खाते थे।**" उसके पिता को सहसा विश्वास नहीं हुआ। उन्होंने परीक्षा करने के लिए उस बच्चे के हाथ से उस दिन भोग लगवाया, किंतु उस दिन विट्ठल नहीं आए। बालक रो-रोकर विट्ठल को पुकारने लगा। उसे विट्ठल पर पूर्ण आशा व आस्था थी कि वे अवश्य आएंगे। विट्ठल आए और भोजन किया तथा उसे भी खिलाया। उसके पिता छिपकर यह दृश्य देख रहे थे। उन्होंने अपने बच्चे को प्यार से गले लगा लिया।

अमेरिका के राष्ट्रपति अब्राहम लिंकन की दृढ़ आस्था ने उन्हें कई बार अपने विरोधियों पर विजय पाने में कामयाबी दिलाई। उनमें आशा कूट-कूट कर भरी थी। वे जीवन के प्रति आस्थावान थे। वे दास-प्रथा के कट्टर विरोधी थे। वे सभी मनुष्यों को समान समझते थे और उनमें भेदभाव नहीं करते थे। जब उन्होंने 'सीनेट' में दास-प्रथा के उन्मूलन का प्रस्ताव रखा, तो सभी जमींदार और

'इलीट' लोग उनके प्रबल शत्रु बन गए। उन्होंने बहस के दौरान लिंकन की नीतियों का जमकर विरोध किया। उस समय ऐसा प्रतीत होता था कि लिंकन को अपमानित होकर राष्ट्रपति पद गंवाना पड़ेगा, लेकिन उन्हें आशा थी कि आखिरकार सच्चाई की ही जीत होगी और इसी आशा के बल पर वे उन सभी लोगों से भिड़ गए और इस प्रस्ताव के विरोधियों को मुंह की खानी पड़ी।

आशावादी व्यावहारिक रुख अपनाते हुए अपने जीवन की छोटी-छोटी सफलताओं से क्रमशः आगे बढ़ता है, अपनी कार्यकुशलता और शक्ति को क्रमशः विकसित करता जाता है। उसकी यह पद्धति, जीवन में रचनात्मकता की अजस्र स्रोत बनकर उसे आगे बढ़ाती है।

निराशावादी जहां एक दरवाजा बंद देखते ही प्रयास छोड़ देता है वहीं आशावादी दूसरे खुले दरवाजे की तरफ देखता है। निराशावादी जहां सतत हारता जाता है, वहीं आशावादी सामयिक विफलताओं के बावजूद भी एक विजेता बनकर उभरता है।

जब हम अपने जीवन के अर्थ एवं सुख की खोज के लिए बाहरी व्यक्ति, वस्तु और परिस्थितियों पर निर्भर करते हैं, निराशावादी भाव जीवन में प्रभावी तत्त्व बन जाते हैं और जब दृष्टि अपने जीवन के मूल स्रोत की ओर मुड़ने लगती है, तो निराशा का कुहासा धीरे-धीरे छंटने लगता है।

महाराणा प्रताप इतने कुशल योद्धा और सेनापति थे कि युद्धभूमि में अपने सैनिकों का नेतृत्व करने के लिए जब वे आते थे, तो सैनिक खुशी से 'जय भवानी, जय भवानी' का उद्‍घोष करने लगते थे। यही स्थिति वीर छत्रपति शिवाजी के साथ थी। कम सेना होने के बावजूद अपनी नेतृत्व-क्षमता की कुशलता के कारण उन्होंने बहुत-से बड़े युद्ध आसानी से जीत लिए थे। उनमें आशा, उत्साह व आस्था का संगम हर समय हिलोरें मारता था। वे अपने शत्रुओं पर विजय पाकर ही लौटते थे।

समूचे विश्व में भूकंप आते हैं और भारी तबाही मचाते हैं। मौतों और चीत्कारों के बीच बचाव-कार्य चलते हैं। विश्व के हर कोने से सहायता-राशि आती हैं। लोग मौतों और मलबे से उबरकर पुनः अपना जीवन शुरू करते हैं-एक नई आशा, एक नए विश्वास के साथ! जापान और अमेरिका भूकंप की त्रासदी से भली-भांति परिचित हैं। अकेले जापान में एक हजार भूकंप प्रतिदिन आते हैं। याद कीजिए उनके जीवट को! भूकंप का पूर्वानुमान लगाने वाली कोई तकनीक इनके पास नहीं है। हर जगह अनिश्चितता है, फिर भी ये लोग अपने जीवन से निराश नहीं हैं और उत्तरोत्तर विकास-पथ पर बढ़े जा रहे हैं। 'सुनामी' ने इतनी

तबाही मचाई, लेकिन प्रभावित क्षेत्र एक नयी आशा के सहारे फिर से खड़े हो गए। यही आशावाद हम सभी का प्राण है, जिसमें 'बीती बिसारकर हम आगे की सुध लेते हैं'। संस्कृत के नीतिवचन में एक स्थान पर निराशा को पाप बताया गया है-

निराशायाः समं पापं मानवस्य न विद्यते।
तां समूलं समुत्साय ह्याशावाद परोभव॥

(निराशा पापरूपिणी है, इसलिए उसको समूल नष्टकर आशावादी बनना चाहिए।)

आशा पुण्य है और निराशा पाप! जीवन में कदम-कदम पर शंकालु होना निराश मानसिकता के लक्षण हैं। आशावान व्यक्ति अपनी आस्तिकता के कारण हर चीज में अच्छाई देखता है। आशावान व्यक्ति सोचता है-

लगी है लौ किनारे से कभी तो लहर आएगी!

नाव में बैठा हुआ व्यक्ति हर समय किनारे के विषय में चिंतन करता है कि कभी तो ऐसी लहर आएगी, जो मुझे किनारे तक पहुंचा देगी।

जबकि निराश व्यक्ति कहेगा-

किस्मत में लिखे हैं जो धोखे, तो लहर क्या कर पाएगी?

आशावादी का आत्मविश्वास उसके सर चढ़कर बोलता है। वह श्रद्धा और विश्वास रखता है परम सत्ता पर, प्रकृति पर और अपने-आप पर! कठिन से कठिन परिस्थितियों में उसका आत्मविश्वास डगमगाता नहीं; आशा से ही वह अपने जीवन में सफलता प्राप्त करता है। निराशा के नागपाश को काटने की उसमें अद्भुत क्षमता होती है। वह चुनौतियों को स्वीकारता है। संसार में कौन-सा ऐसा व्यक्ति है, जिसके समक्ष संघर्ष और समस्याएं नहीं आई हों, लेकिन निराशावादी व्यक्ति उनके सामने असंख्य कारण बताकर, अपनी मजबूरियां गिनाकर घुटने टेक देता है। आशावादी व्यक्ति उनका डटकर मुकाबला करता है और सोचता है, जो होगा अच्छा ही होगा!

वह संकल्प का धनी होता है। मन में संकल्प करके उससे जी न चुराना और उसको पूरा करने का प्रयास करने में ही वह अपने जीवन की सार्थकता देखता है।

वह सतत कर्मशील बनकर उसके फल की चिंता नहीं करता। अच्छा करने का अच्छा ही परिणाम होगा, इसीलिए वह हमेशा अच्छा करने के लिए ही प्रयत्नशील रहता है।

वह आत्मनिरीक्षण, आत्मसुधार एवं आत्मनिर्भरता के बल पर ही आशा के अंतर्निहित स्रोत की तरफ बढ़ता चला जाता है और अपने बाहरी जीवन में भी अंतर्सम्बन्धित ठोस उपलब्धियां प्राप्त करता है।

निराश व्यक्ति में हर समय मानसिक उद्वेलन रहता है। उसमें हीन भावना, चिड़चिड़ाहट-झुंझलाहट और मायूसी हर समय विद्यमान रहती है। उसमें स्फूर्ति का अभाव होता है। वह हर समय थका-मांदा और बुझा-बुझा-सा रहता है। आशावान अपने आसपास की हर गतिविधि के प्रति सजग रहता है। उसके हर क्रियाकलाप में स्फूर्ति के दर्शन होते हैं। थककर बैठ जाना उसकी दिनचर्या में शामिल नहीं; इसलिए वह अहर्निश क्रियाशील रहता है।

समूचे विश्व में जितने भी ऋषि-मुनि, महापुरुष-मनीषी हुए हैं; उन्होंने अपनी तपश्चर्या और कर्म से स्वयं को मानवेतर बना लिया और देश-देशान्तर में प्रतिष्ठित हुए।

महात्मा गांधी ने देश की स्वतंत्रता की खातिर अपने सिर पर मैले के असहनीय बोझ को भी सहन किया और हिंदू-मुस्लिम एकता के प्रति आशावान रहते हुए अपनी जान न्यौछावर कर दी। सुकरात कुरूप थे, लेकिन वे गली-गली घूमकर लोगों से प्रश्न-प्रतिप्रश्न करते हुए उनके जीवन में नवाशा का संचार करते रहते थे। मीराबाई ने ज़हर का प्याला केवल इस आधार पर पी लिया कि भगंवान कृष्ण के होते हुए उनका कोई कुछ नहीं बिगाड़ सकता। ईसा मसीह को 'क्रूस' पर लटका दिया गया, लेकिन उन्होंने दुष्ट व्यक्तियों के सुधरने की आशा नहीं छोड़ी। पिछली सदी के महान दार्शनिक 'ओशो' को कुछ लोगों द्वारा 'स्लो पॉइजन' दे दिया गया। आजीवन उनको, उनके सिद्धांतों-व्याख्याओं को गलत समझा गया। लेकिन मृत्युपर्यन्त उन्होंने यह आशा नहीं छोड़ी कि एक दिन उनका सही मूल्यांकन होगा।

राष्ट्रकवि मैथिलीशरण गुप्त ने लिखा है-

नर हो न निराश करो मन को
कुछ काम करो, कुछ काम करो
जग में रहकर कुछ नाम करो
यह जन्म हुआ किस अर्थ अहो!

हमें मानव जीवन मिला है, तो निराश होने से क्या फायदा? अपने भाग्य पर भरोसा न करते हुए हमें कर्मक्षेत्र में उतर जाना चाहिए और निराशा त्यागकर अपनी सफलता के प्रति आशावान बनना चाहिए। अपनी शक्ति और सामर्थ्य पर भरोसा

करते हुए निराशा के भूत को भगा देना चाहिए। हर परिस्थिति का सामना एक 'वीर' की तरह करना चाहिए। यदि रणभूमि में पीठ दिखाकर भागेंगे, तो कायर कहलाएंगे और पीढ़ियां हमारी कापुरुषता पर हंसेगी।

युद्ध में हर सैनिक इस आशा के साथ भाग लेता है कि वह विजयश्री हासिल करके ही लौटेगा। यह परिस्थितियों पर निर्भर करता है कि उसका परिणाम क्या निकलता है? लेकिन वह अपने देश के लिए जान लगा देता है।

कारगिल के युद्ध में क्या हुआ? आपने सुना होगा कि पाकिस्तानी सैनिक ऊंची पहाड़ियों पर हथियारबंद होकर मोर्चा खोले हुए थे और भारतीय सैनिक तलहटी में थे। यदि भारतीय सैनिक ऊपर चढ़ते, तो दुश्मन के उन्नत हथियारों से शहीद होते। लेकिन अदम्य साहस का परिचय देते हुए उन्होंने नीचे से मोर्चा खोला, ऊपर चढ़े और दुश्मनों को मार भगाया। वे इस आशा के साथ युद्ध लड़े कि हम निश्चित रूप से विजयी होंगे और वे हुए। उन्होंने विश्व के समक्ष कामयाबी के झंडे गाड़ते हए्‌ अपने युद्ध-कौशल का परिचय दिया।

भारत की आशावादिता की पराकाष्ठा देखिए। सन् 1965 व 1971 के युद्ध में पाकिस्तान को हमने हराया। पाकिस्तान ने इसके बाद अपना खुफिया तंत्र (आई.एस.आई.) मजबूत किया और आतंकवाद को पोषित किया। पहले सिखों को बरगलाया और अब कश्मीर की स्वतंत्रता की आड़ में वह न जाने कितनी बार हम पर हमला कर चुका है। हर आतंकवादी वारदात में उसका नाम आता है। यहां तक कि वह हमारी संसद पर हमला करवाने से भी बाज नहीं आया, लेकिन हम हर बार सब जानते-बूझते हुए वार्ता की मेज पर उससे बातचीत करते हैं इस आशा के साथ कि एक दिन तो वह सुधरेगा और अपना पड़ोसी-धर्म निभाएगा।

आशा और निराशा में मन बहुत बड़ी भूमिका निभाता है। यदि हम मन को साध लें और हर समय शुभ सोचना शुरू कर दें, तो अशुभ निराशावादी विचारों से छुटकारा मिल सकता है। तब हमारे मन में सफलता प्राप्त करने की उत्कट आशा पनपेगी और हम पूरे मन से उसे प्राप्त करने के लिए प्रयत्न करेंगे। अपनी महत्त्वाकांक्षाओं और कल्पनाओं को यथार्थ का धरातल दें। आवश्यक नहीं, आशावान रहने पर सफलता आपका वरण करे ही! आपको असफलता का सामना भी करना पड़ सकता है, लेकिन सफलता के प्रति आशावान रहते हुए आपको एक दिन अपनी मंजिल मिल ही जाएगी। इसलिए आशा का दामन कभी न छोड़ें।

●●●

9

आलस्य आपका शत्रु है

आलस्य मनुष्य का ऐसा गुप्त शत्रु है, जो उसको अवनति के मार्ग पर ले जाता है और उसकी समस्त शक्तियों को निष्क्रिय करके उसे मृतप्राय कर देता है। किसी विद्वान ने कहा है-**"यदि किसी 'सजीव शव' को देखना हो, तो एक आलसी व्यक्ति को देख लीजिए।"**

एक आलसी व्यक्ति की पहचान इस बात से हो जाती है कि वह हर कार्य में जान-बूझकर देरी करेगा। किसी भी कार्य को अनिश्चित काल के लिए टालता चला जाएगा। उसका कोई भी कार्य समय पर पूरा नहीं होगा। उसे किसी भी कार्य को करने की जल्दी नहीं होगी। वह अपने समय का सदुपयोग नहीं करेगा।

आलस्य; किसी भी व्यक्ति में दो कारणों से घर करता है। यदि किसी भी व्यक्ति के शरीर में कोई रोग हो, तो वह व्यक्ति निष्क्रिय और आरामतलब हो जाएगा। उसका किसी भी कार्य को करने का जी नहीं चाहेगा। वह हर समय पड़े-पड़े सुस्ताता रहेगा। यदि वह कामकाजी है, तो ऊंघता, रोता-झींकता कार्य करेगा। कार्य को अनिश्चित समयावधि में पूरा नहीं करेगा। दूसरा आलसी व्यक्ति वह है, जिसके शरीर में कोई रोग तो नहीं है, लेकिन जिसकी टालमटोल वाली प्रवृत्ति उसे इस श्रेणी में शामिल करती है। कुछ काल के बाद वह भी अपने आलस्य के कारण रोगी बन जाता है। पहले तो वह जानबूझकर किसी काम को टालता जाता है। बाद में यह उसकी स्थायी प्रवृत्ति या आदत बन जाती है, जो बाद में छुड़ाए नहीं छूटती।

संस्कृत साहित्य में एक कथा आती है। एक गांव में दो मित्र थे। उनमें से एक मित्र प्रातःकाल ब्रह्म मुहूर्त में जागकर दैनिक क्रियाओं से निवृत्त हो, पशुओं को दाना-पानी देकर अपने खेतों में काम करने निकल जाता था। उसके खेतों में फसलें लहलहाती थीं, खूब पैदावार होती थी, जिससे अच्छी आमदनी हो जाती थी। वह हर तरह से स्वस्थ, समृद्ध और खुशहाल था। दूसरी ओर दूसरा मित्र सूर्योदय के बाद जागता था। अपना हर कार्य देर से करता था। खेतों की ओर देर से जाता था। उसके खेतों में पैदावार अच्छी नहीं होती थी। उसका स्वास्थ्य भी ठीक नहीं था। वह हर समय अपनी गरीबी का रोना रोता रहता था।

एक दिन वह अपने मित्र के पास आया और अपनी गरीबी तथा रोगों का जिक्र छेड़ दिया। उसके मित्र ने कहा कि इसका कारण केवल तुम ही हो। तुम्हारे आलस्य ने तुम्हें रोगी तथा गरीब बना दिया है। यदि तुम संकल्प के साथ अपनी दिनचर्या में परिवर्तन कर आलस्यरहित होकर कर्म करो, तो तुम धनी और स्वस्थ हो सकते हो।

आलसी व्यक्ति ने अपने मित्र की सलाह के अनुसार अपनी दिनचर्या बदली और सफलता उसके चरण चूमने लगी। वह नीरोग और धनवान बन गया।

उसने अपने गुप्त शत्रु 'आलस्य' को अपने जीवन में आमूलचूल परिवर्तन लाकर परास्त कर दिया। कहा गया है-

आलस्य हि मनुष्याणां शरीरस्थः महारिपुः
नास्त्युद्यमसमो बन्धुः कृत्वा यं नावसीदति।

(मनुष्यों के शरीर में निवास करने वाला आलस्य ही महाशत्रु है। उद्यम के समान मनुष्य का कोई भाई नहीं है, जिसके करने से मनुष्य दुखी नहीं होता।)

वास्तव में जो मनुष्य अपने आलस्य रूपी शत्रु का विनाश करके उद्यम का आश्रय लेता है। उद्यम उसका सहोदर भाई की तरह पग-पग पर साथ निभाता है। वह व्यक्ति हर प्रकार से सुखी, स्वस्थ, समृद्ध व सक्रिय जीवन बिताता है।

प्रत्येक व्यक्ति में ऊर्जा प्रवाहित होती है और उसका अपना निश्चित स्तर होता है। एक सक्रिय व्यक्ति में ऊर्जा का स्तर उत्तरोत्तर बढ़ता चला जाता है; जबकि आलसी व्यक्ति में ऊर्जा का स्तर निरन्तर घटने लगता है और कभी-कभी शून्य तक जा पहुंचता है। आपने देखा होगा, निरन्तर सक्रिय जीवन जीने वाले व्यक्ति के शरीर में फुर्ती, चेहरे पर ओज-मुस्कराहट, आंखों में चमक और वाणी में आत्मविश्वास झलकता है, जबकि आलसी व्यक्ति का अंग-प्रत्यंग निष्क्रिय व बुझा-बुझा-सा रहता है।

आलसी व्यक्ति से उसकी सौभाग्यलक्ष्मी रूठ जाती है। वह व्यक्ति अपने पुरुषार्थ को तिलांजलि दे देता है। सौभाग्यलक्ष्मी उद्यमी व्यक्ति का ही साथ देती है।

प्राचीनकाल में एक बहुत बड़ा व्यापारी था। वह अपने पुरुषार्थ के बल पर अपार धन-संपदा और ऐश्वर्य का स्वामी था। एक दिन उसने एक विचित्र स्वप्न देखा, **जिसमें लक्ष्मी जी उससे कह रही थीं कि मैं तुझे छोड़कर जा रही हूं। व्यापारी ने कहा-"ठीक है।"** लक्ष्मी जी ने उसे एक वरदान मांगने को कहा। व्यापारी बोला-**"यदि आप मुझ पर प्रसन्न हैं, तो यह वर दीजिए कि मैं निरन्तर अपना पुरुषार्थ करता रहूं।"** लक्ष्मी जी ने 'तथास्तु' कह दिया।

व्यापारी अपने पुरुषार्थ से पहले जैसा ही सुखी-समृद्ध बना रहा। लक्ष्मी जी ने एक दिन पुनः स्वप्न देकर कहा-**"मैं तेरे पास पुनः वापस आ गई हूं; क्योंकि पुरुषार्थी व्यक्ति से मैं अधिक दिनों तक दूर नहीं रह सकती।"**

किसी कवि ने ठीक ही कहा है-

जो अपनी मेहनत पे यकीं रखता है।
भाग्य उसके पीछे-पीछे चलता है।
उनका क्या जो आलसी-निठल्ले हैं।
वे तो बस भाग्य के पुछल्ले हैं।

आलसी मनुष्य काम करने के स्थान पर अपनी सारी शक्ति उसके परिणामों व दुष्परिणामों की कल्पना में ही व्यतीत कर देता है। इस तरह उसके बनते हुए काम भी बिगड़ जाते हैं।

एक बार एक भौंरा कमल में पराग-कण का रसपान करते-करते बन्द हो गया। वह चाहता, तो सूर्यास्त से पहले उसमें से निकल सकता था, लेकिन उसने अपनी ओर से कोई चेष्टा नहीं की। कोश में बन्द हो जाने पर वह सोचने लगा कि रात व्यतीत होगी, सुप्रभात होगा, सूर्योदय होगा, कमलों की पंक्तियां हंसेंगी। वह यह विचार कर ही रहा था कि एक हाथी ने वह कमल-नाल उखाड़ दिया, जिसमें वह बन्द था-

रात्रिगमिष्यति भविष्यति सुप्रभातम्,
भास्वानुदेष्यति हसिष्यति पंकजालिः।
इत्थं विचिन्त्यति कोशगते द्विरेफे,
हाहन्त! हाहन्त! नलिनी गज उज्जहार॥

आलसी व्यक्ति काम बिगड़ने पर बाद में अपने भाग्य और परिस्थितियों को दोष देता फिरता है।

आलसी व्यक्ति काम बिगड़ने पर बाद में अपने भाग्य और परिस्थितियों को दोष देता फिरता है।

एक विद्यार्थी है। मन में संकल्प करेगा कि आज से मैं प्रातःकाल पाँच बजे उठकर पढूंगा। वह पूरे दिन की चर्या बनाएगा, घड़ी में अलार्म लगा देगा, भगवान का चित्र लगाकर उस पर अगरबत्ती लगाएगा। फिर सो जाएगा। घड़ी का अलार्म निश्चित समय पर बजेगा। उसकी आंख खुल जाएगी, वह अलार्म को पीता रहेगा और आखिर में उसको बंद कर देगा; यह सोचकर कि कल से शुरुआत करूंगा। सोचेगा, अगर एक दिन लेट हो गया, तो क्या फर्क पड़ेगा! इस तरह वह शुरुआत नहीं कर पाएगा। बाद में परीक्षा आने पर वह सारी-सारी रात जगकर पढ़ाई करेगा। इससे उसके स्वास्थ्य पर

विपरीत प्रभाव पड़ेगा और वह कुछ याद भी नहीं रख पाएगा। परिणाम यह होगा कि वह परीक्षा में असफल हो जाएगा। अपने भाग्य को कोसने के साथ वह सफल विद्यार्थियों से ईर्ष्या करेगा। उसकी यह असफलता उसके आलस्य के कारण होगी।

आलसी व्यक्ति अपने कार्य के विषय में जैसी धारणा बना लेता है, परिस्थितियां भी उसी परिमाण में उस पर हावी होती चली जाती हैं। मैं एक ऐसे साधक को जानता हूं, जिनका नित्य का दोनों समय-प्रात: व सायंकाल पूजा करने का नियम है। गर्मी-सर्दी के दिनों में जब अधिक सर्दी अथवा गर्मी पड़ रही होती है, तो उनके मन में स्वत: आता है-आज सर्दी बहुत है। इतना सोचते ही उनको कंपकंपी छूटने लगती है और वे यह सोचकर कि एक दिन पूजा न करने से क्या बिगड़ जाएगा; रजाई में दुबककर सो जाते हैं। इस तरह दूसरा...तीसरा...चौथा दिन गुजर जाता है और उनका पूजा करने का अटूट नियम भंग हो जाता है, फिर वह बहुत मुश्किल से पटरी पर आ पाता है। मात्र कुछ पल के आलस्य ने उनके शरीर में ठंड से कंपन पैदा कर दिया और वे परिस्थितियों के दास हो गए। उनकी पूजा भंग हो गई।

आलस्य एक ऐसा रोग है, जो मृत्यु के साथ ही जाता है। कहते हैं, दमा; दम के साथ जाता है, डायबिटीज नामक रोग कम या अधिक होता रहता है, लेकिन पूरी तरह नहीं जाता। यही हाल आलस्य का है। यदि प्राणायाम आदि करके खानपान पर नियंत्रण रखा जाए, तो ये असह्य बीमारियां भी ठीक हो सकती हैं, उसी तरह अपनी दिनचर्या में परिवर्तन कर सतत कर्म किया जाए, तो आलस्य को भी दूर भगाया जा सकता है।

आलस्य एक जोंक है, जो एक बार शरीर से चिपट गई, तो खून पी-पीकर आपको निढाल कर देगी। यह ऐसी कांतर है, जो चिपकने के बाद शरीर पर अपने पंजे गड़ा देगी, धीरे-धीरे खून पीएगी और यदि तुम इसे अपने शरीर से अलग करना चाहो, तो ये टूट जाएगी, लेकिन पूरी तरह अलग नहीं होगी। आलस्य हमारे शरीर का समय, ऊर्जा व शक्ति रूपी कीमती खून चूसता है और हमें मृत्युतुल्य कष्ट देता है। आलस्य एक ऐसा सम्मोहन है, यदि आप इसके वशीभूत हो गए, तो यह आपको अपने अनुसार चलाएगा और आपकी शक्ति इसके 'काले तंतुओं' में उलझकर नष्ट हो जाएगी। यह उच्चाटन है, वशीकरण है, मारण है।

आपने महाकवि कालिदास की वह कथा तो सुनी होगी, जिसमें अपने जीवन के पूर्वार्द्ध में वे वृक्ष की जिस डाल पर बैठे थे, उसी को काट रहे थे। ऐसा

कहा जाता है कि उस समय उनकी गणना मूर्खों की श्रेणी में होती थी। उन्हें यह पता ही नहीं था कि इस डाल के काटने पर वे स्वयं ही नीचे आ गिरेंगे। आलसी व्यक्ति भी मात्र अपने आलस्य के कारण अपनी जड़ें खुद काटता है।

मैं एक ऐसे कलाकार को जानता हूं, जो कुछ वर्षों पूर्व संघर्षशील नवयुवक था, लेकिन आज एक कामयाब व्यक्तित्व है। उसकी हर जगह प्रशंसा होती है। आज उसके पास सब-कुछ है-अच्छा-खासा बैंक-बैलेंस, चार-पांच फ्लैट, कार, सभ्य-सुसंस्कृत सुंदर पत्नी! ये चीजें उसको यूं ही प्राप्त नहीं हो गईं। इसके पीछे उसका निरालस सतत सक्रिय जीवन है। उस कलाकार के शब्दों में-**"हमें यदि बुखार आया, तो ये नहीं पड़े रहे बेड पर! 'लूज मोशन' हुए और टांगें टूटने लगीं, तो काम बंद कर दिया। हम तो भाई मेरे दवाई लेकर फिर काम में जुट जाते हैं। 104°C बुखार तक में मैंने काम किया है। तुमने यदि आलस्य दिखाया, तो दूसरा बाजी मार ले जाएगा। मेरे जैसे 2000 कलाकार इस लाइन में हैं। सावधानी हटी, दुर्घटना घटी!"**

वास्तव में इस कलाकार जैसा निरालस व्यक्तित्व चाहिए, तभी जीवन में बुलंदियों पर पहुंचा जा सकता है।

"सतत सक्रियता एक तपस्या है, पुण्य है और इससे मनवांछित फल की प्राप्ति हो सकती है, जबकि आलस्य एक पाप है।" एक विद्वान् ने ठीक ही लिखा है।

आलस्य दिखाने वाला व्यक्ति पापी है और उद्यमी पुण्यात्मा! आलसी व्यक्ति के पाप का घड़ा बूंद-बूंद भरकर जब फूटता है, तो उसके हाथ मिट्टी के घड़े के बेजान टुकड़ों के सिवा कुछ भी हाथ नहीं आता। उद्यमी व्यक्ति अपने कर्मों से अपने साथ समाज का भी भला करता है। वह दूसरों के लिए उत्प्रेरक का कार्य करता है।

आलसी उस तालाब की तरह है, जिसका पानी सीमा में बंधकर रुक गया है और उसमें सड़ांध और काई पैदा हो गई है, जबकि उद्यमी उस सदानीरा (नदी) की तरह है, जो सतत प्रवहमान है और अपने निर्मल जल से लोगों की थकान मिटाती है। उसमें गति है, ऊर्जा है, स्फूर्ति है और उसके कण-कण में स्पंदन है।

एक मशीन है। यदि आप उसको चलाएंगे नहीं, उसके कलपुर्जों में 'ग्रीसिंग' नहीं करेंगे, तो वह काम करना बंद कर देगी। उस पर धूल-मिट्टी जम जाएंगी और उसे कबाड़ के भाव बेचना पड़ेगा। कितनी भी कीमती और खूबसूरत गाड़ी आपके पास क्यों न हो, आप उसे एक जगह खड़ा कर दीजिए। आप देखेंगे कि

कुछ ही दिनों में उसकी चमक फीकी पड़ जाएगी और कुछ महीनों बाद उसको ठीक कराने के लिए मिस्त्री की सेवाएं लेनी पड़ेंगी। यही हाल हमारे शरीर का है, यदि हम आलस्य के वशीभूत होकर इससे कार्य नहीं करेंगे, तो कुछ समय इसके अंग-प्रत्यंगों में जकड़न आ जाएगी और हम गठिया, स्पोन्डलाइटिस, रक्तचाप, मधुमेह जैसी बीमारियों की चपेट में आ जाएंगे। शरीर की जकड़न से तो फिर भी निजात मिल सकती है। योगासन, व्यायाम, सुबह की सैर आदि से इन्हें ठीक किया जा सकता है। लेकिन आलस्य की जकड़न बहुत मुश्किल से दूर होती है।

आलसी व्यक्ति 'मेन्टली पेरालाइज्ड' होता है। उसकी मानसिक जकड़न का इलाज किसी 'थैरेपी' में नहीं है। वह स्वयं का डॉक्टर है। उसके शरीर में ही अमूल्य दवाओं का भण्डार मौजूद है, जिनसे वह 'नीरोग' हो सकता है।

उसकी जकड़न का एकमात्र हल है-सतत सक्रियता। यदि उसके दृष्टिकोण में सकारात्मकता और आत्मविश्वास भी है, तो उसे अपने लक्ष्य को प्राप्त करने से कोई नहीं डिगा सकता।

सतत कर्म करने वाला व्यक्ति अपने प्रबल शत्रु आलस्य का विनाश कर देता है। वह सत्कर्म करते समय यह नहीं देखता कि इसका परिणाम क्या होगा? नेपोलियन बोनापार्ट, अब्राहम लिंकन, महर्षि अरविंद, महात्मा गांधी, लाल बहादुर शास्त्री जैसे महापुरुषों का जीवन यही संदेश देता है। इन्होंने गीता के सार-भाव **'कर्म में अकर्म और अकर्म में कर्म'** को अपनाया और जीवन में सफलता प्राप्त की। सतत कर्म करने वाला निरालस व्यक्ति सफलता की कामना से परे होता है और अपने कर्मों के प्रति तटस्थ होता है। यह जीवन साधना है। इसको करने से व्यक्ति मानवेतर हो जाता है।

इसलिए आलस्य त्यागकर उद्यम करते हुए इस अमूल्य जीवन का आनंद लीजिए। संसार की सारी निधियां आपके कदमों में आ गिरेंगी।

●●●

10

संकल्प सिद्धि देता है

प्रत्येक मनुष्य अक्षय ऊर्जा का भण्डार है। उसमें अनंत संभावनाएं छिपी हैं। भगवान ने जो भी शक्तियां इस ब्रह्माण्ड में भरी हैं, वे सभी मनुष्य के शरीर में विद्यमान हैं-

यत ब्रह्माण्डे, तत् पिण्डे

समस्या आकर तब खड़ी होती है, जब वह अपने-आपको पहचान नहीं पाता। वह दुःखों से, संघर्षों से, आपदाओं से बहुत जल्दी हार मान जाता है और अपनी प्रगति की गति को मद्धिम कर देता है या उस पर पूर्ण विराम लगा देता है।

ईश्वर का अंश है जीव! फिर भी वह स्वयं को ईश्वर की सत्ता से अलग समझता है। उसमें अभेद न रहकर द्वैतभाव आ जाता है, यही उसकी टूटन, उसकी असफलता का कारण है।

किसी भी कार्य को ढुलमुल तरीके से करोगे, तो वह समय पर भली-भांति सम्पन्न नहीं हो पाएगा। यदि आपके मन में किसी भी कार्य को करने की दृढ़ इच्छा शक्ति (strong will power) नहीं है, तो वह कार्य आप कैसे पूरा कर पाएंगे? दृढ़-संकल्प करने से मुश्किल-से-मुश्किल कार्य भी आसान हो जाता हैं, हस्तामलकवत् हो जाता है। प्रसिद्ध शायर शहरयार ने अपनी एक ग़ज़ल में एक शैर कहा है-

कहिए तो आसमां को ज़मीं पर उतार लाएं,
मुश्किल नहीं है कुछ भी अगर ठान लीजिए।

वास्तव में कोई भी कार्य दुःसाध्य नहीं होता; यदि उसे करने के लिए मन में इश्क हो, इच्छा शक्ति हो! संसार में पूर्ण इच्छाशक्ति से किया हुआ कोई कार्य आज तक असफल नहीं हुआ है। आधे-अधूरे मन (Half-hearted) से किए हुए कार्यों में ही असफलता का मुंह देखना पड़ता है।

मनुष्य के मन में किसी भी कार्य को करने के प्रति दो भाव-रूप आते हैं-सकार और नकार जिन्हें संकल्प और विकल्प भी कहते हैं। ज्यों ही उसके मन के तल में किसी भाव का बुलबुला उठता है, दोनों ही शक्तियां आकर उसके समक्ष खड़ी हो जाती हैं। एक तो उसे उस कार्य को करने की प्रेरणा देती है और दूसरी उस कार्य को करने से रोकती है। यदि उसका मन पक्का हुआ

तो वह कार्य करने का संकल्प कर लेता है। यदि दुविधा हुई, तो विकल्प हावी हो जाता है। विकल्प नकारात्मक सोच का परिणाम है। यदि किसी कार्य के प्रति आशंका, संदेह घर कर गया, तो मनुष्य विकल्पों में ही झूलता रहता और उसे किसी चीज का छोर नहीं मिलता। संकल्प एक होता है, जबकि विकल्प अनेक। विकल्प से सदैव डर, आशंका, संदेह, चिंता, अवसाद, हीन भावना, असुरक्षा आदि की संभावना रहती है, जो किसी भी कार्य को पूरा नहीं होने देती। संकल्प में हमेशा सकारात्मकता होती है।

अंग्रेजी साहित्य के महान नाटककार विलियम शेक्सपियर का एक नाटक है–Macbeth (मैकबेथ) इसका मुख्य पात्र 'मैकबेथ'–नामक एक महान योद्धा है। जब वह राजा नहीं था तब एक बार वह कहीं जा रहा होता है। रास्ते में उसे चुडैलें–डायनें मिलती हैं, जो उसके भविष्य के बारे में कुछ भविष्यवाणियां करती हैं। उनमें से कुछ भविष्यवाणियां कालांतर में सच भी हो जाती हैं। चुड़ैलों ने एक भविष्यवाणी की थी कि वह एक दिन राजा बनेगा।

वर्तमान राजा **Duncan** उसे पुत्रवत् स्नेह करता है। एक बार वह राजा को अपने महल में दावत पर आमंत्रित करता है। रात में अचानक उसे एक खंजर दिखाई देता है। उसकी पत्नी 'लेडी मैकबेथ' उससे कहती है कि ये खंजर इस बात का संकेत है कि तुम राजा की हत्या कर दो और स्वयं राजा बन जाओ, ताकि उन चुड़ैलों की भविष्यवाणी सच हो सके। 'लेडी मेकबेथ' उसे उसकी महत्त्वाकांक्षा के प्रति उकसाती है और इस बीच राजा की हत्या हो जाती है। 'लेडी मैकबेथ' की दृढ़इच्छा शक्ति के कारण राजा की हत्या होती है और 'मैकबेथ' राजा बनता है।

वास्तव में दृढ़ इच्छाशक्ति पुरुष की अपेक्षा स्त्री में अधिक होती है। वह अगर किसी भी कार्य को करने का संकल्प ले ले, तो संसार की कोई ताकत उसका रास्ता नहीं रोक सकती। यदि हममें भी स्त्री जैसी संकल्प शक्ति आ जाए, तो हमें भी हजार अवरोधों के बाद भी सफल होने से कोई नहीं रोक सकता।

संकल्प शक्ति के धनी ऋषि विश्वामित्र का नाम कौन नहीं जानता? वे क्षत्रिय थे। अपनी तपस्या के बल पर उन्होंने ब्राह्मणत्व प्राप्त किया था। उनकी संकल्पशक्ति देखिए कि एक बार उन्होंने राजा त्रिशंकु को सशरीर स्वर्ग भेजने का निर्णय लिया। यद्यपि व्यक्ति मरने के बाद ही अपने कर्मों के आधार पर स्वर्ग या नरक का अधिकारी होता है। लेकिन विश्वामित्र ने एक नया प्रयोग करने का संकल्प लिया।

राजा को उन्होंने पृथ्वी की कक्षा से बाहर प्रक्षेपित कर दिया, लेकिन स्वर्ग वाले राजा को जीवित अवस्था में लेने को तैयार नहीं हुए। इधर पृथ्वी की गुरुत्वाकर्षण शक्ति से राजा त्रिशंकु बाहर हो गए थे, अतः वे पृथ्वी पर भी नहीं लौट सकते थे। वे बीच में ही फंसे रह गए। ऐसी मान्यता है कि वे आज भी अधर में लटक रहे हैं। अपनी संकल्पशक्ति के बल पर विश्वामित्र ने एक असंभव कार्य को भी संभव बना दिया।

कहते हैं शनिलोक किसी ने आज तक नहीं देखा और न ही वहां पहुंचने की हिम्मत कर पाया। एक बार जब राजा दशरथ को पता लगा कि शनि शकट भंजन करने पृथ्वी पर आ रहे हैं। इससे पृथ्वी पर भारी विनाश होगा और हर ओर त्राहि-त्राहि मच जाएगी, उन्होंने संकल्प किया कि मैं शनिलोक पर आक्रमण करने अवश्य जाऊंगा, चाहे इससे पूर्व वहां कोई गया हो अथवा नहीं। वे शनि-लोक की दिशा में आगे बढ़े और अपने दृढ़ संकल्प से वहां पहुंचे। शनिदेव ने उनके संकल्प की सराहना की और वर मांगने को कहा। राजा दशरथ ने शनिदेव से पृथ्वी का शकट-भंजन न करने की प्रार्थना की। अपनी संकल्पशक्ति के बल पर राजा दशरथ ने अभूतपूर्व कार्य किया।

संकल्प का मतलब है-किसी बात के प्रति प्रतिबद्धता! हम अपनी सम्पूर्ण शक्तियों को इकट्ठा करके यदि किसी कार्य को करने की इच्छा करें और उसकी प्राप्ति में प्राण-पण से जुट जाएं, तो हम संकल्प के धनी कहलाएंगे। निरन्तर अभ्यास से यह हमारी आदत में शुमार हो जाएगा। हमें स्वयं पर, ईश्वर पर और कार्यविशेष में प्रयुक्त होने वाली समस्त शक्तियों पर दृढ़ विश्वास करना है और इसमें निश्चित रूप से हम सफल होंगे-

विश्वासं फलदायकं

(विश्वास सदैव फलदायी होता है।)

'God helps those who help themselves.'

(भगवान उन्हीं की सहायता करते हैं, जो अपनी सहायता स्वयं करते हैं।)

एक बार एक व्यक्ति की बैलगाड़ी दलदल में फंस गई। बहुत प्रयास करने के बाद भी जब वह गाड़ी को दलदल से नहीं निकाल पाया, तो उसने हनुमान जी की प्रार्थना कर आह्वान किया। हनुमान जी आए, लेकिन उन्होंने उसकी गाड़ी निकालने में मदद नहीं की। उन्होंने कहा कि तुम्हारे इतने प्रयास करने पर भी बैलगाड़ी दलदल से नहीं निकल सकी; अब संकल्प करो कि तुम इस गाड़ी को दलदल से निश्चित रूप से निकाल लोगे। उसने मन-ही-मन संकल्प कर अपनी सारी शक्ति झोंक दी और गाड़ी दलदल से पार हो गई।

सोमनाथ के मंदिर के पुजारी सोमनाथ बाबा की स्तुति करते रहे कि वे ही महमूद गजनवी के आक्रमण से हमारी रक्षा करेंगे। महमूद गजनवी उनके इस पोंगेपन की खिल्ली उड़ाता रहा और वे स्तुति में मग्न रहे। भगवान ऐसे निठल्ले लोगों की सहायता नहीं करते। ब्राह्मण शस्त्र-शास्त्र दोनों में निपुण हो, तो अति-उत्तम! महाभारत काल में गुरु द्रोणाचार्य, कृपाचार्य, महर्षि वेदव्यास के उदाहरण हमारे सामने हैं। यदि सोमनाथ मंदिर के पंडे-पुजारी दृढ़ इच्छा शक्ति से सोमनाथ बाबा का स्मरण कर उस आततायी का मुकाबला करते, तो आज भारतवर्ष का इतिहास कुछ और ही होता!

मनुष्य में संकल्पशक्ति का अभाव उसकी पराजय का कारण बनता है। यदि कोई किसी असंभव कार्य को करने का संकल्प करे, उसके लिए साहस दिखाए और जी-तोड़ परिश्रम करे, तो अंतरिक्ष तक की यात्रा पैदल ही कर सकता है। पृथ्वी की कक्षा से बाहर जाने की तीव्र ललक, उस तक पहुंचने का दृढ़ संकल्प, वचनबद्धता, इसके हेतु निरन्तर अनुसंधान ही मनुष्य के चन्द्रमा और मंगल के तल तक पहुंचने का कारण बने। अपनी संकल्प शक्ति के बल पर उसने जो चाहा, कर दिखाया।

अब तक अविजित समझी जाने वाली हिमालय की एवरेस्ट चोटी पर एडमंड हिलेरी, शेरपा तेनसिंह नोर्के और बछेन्द्री पाल ने पूर्ण संकल्पित होकर चढ़ाई की और सफल रहे। यदि वे ऊंचाई, खराब मौसम, शरीर को गला देने वाली ठंड का रोना रोते हुए हिम्मत हार जाते, तो क्या वे इतिहासपुरुष बन सकते थे?

दीपक की लौ भी बुझने से पहले पूरी तीव्रता से जलती है। हमें भी बुझने से पहले (मरने से पहले) ऐसे काम करके जाना है, जिसे आगे आने वाली पीढ़ियां याद रखें। मुझे अंग्रेजी कवि Robert Frost की वे पंक्तियां बड़ी प्रेरणादायी लगती हैं; जिनमें उन्होंने अपनी संकल्पशक्ति को दोहराया है कि मरने से पहले उन्हें 'बहुत दूर' जाना है-

Woods are lovely, dark and deep,

And I've promises to keep.

And miles to go before I sleep,

And miles to go before I sleep.

यहां पर **'And miles to go before I sleep'** नामक वाक्य दो बार दोहराया गया है। ये उनकी संकल्पशक्ति का परिचायक है कि 'सोने से पहले' वे मीलों की दूरी तय करना चाहते हैं।

एक व्यक्ति था। वह अपने कंधों पर भैंस उठा लेता था। कैसे? शुरुआत में वह भैंस के बच्चों को उठाता था। धीरे-धीरे भैंस का बच्चा बड़े होने लगा, उनका वजन भी ज्यादा हो गया, लेकिन उस व्यक्ति की सेहत पर इस बात का कोई असर नहीं पड़ा। जब वह बच्चा भैंस बन गया, तब भी वह उसको आसानी से उठाने लगा। वह ऐसा इसलिए कर पाया; क्योंकि उसने संकल्प किया था कि एक दिन मैं भैंस को अपने कंधों पर बिठाकर दिखाऊंगा। उसने निरन्तर अभ्यास से यह असंभव-सा कार्य कर दिखाया। यदि वह सोचता कि भैंस तो वजन में बहुत भारी होती है, उसे कैसे उठा पाऊंगा, तो वह यह कार्य नहीं कर पाता।

संकल्प करने के क्रियान्वयन में कुछ व्यक्ति चूक भी जाते हैं। जोश में आकर वे संकल्प तो कर लेते हैं थोड़ी-सी परेशानियां आने पर उनका धैर्य चुक जाता है और वे उसको पूरा करने में असफल हो जाते हैं। इससे समाज में उनकी प्रतिष्ठा भंग होती है।

वास्तव में उन्हें खुद पर विश्वास ही नहीं होता है। यदि हमारा इरादा पक्का है, हम अपने ध्येय के प्रति ईमानदार हैं और हमारे साधन पवित्र हैं, तो हमारी योग्यता स्वतः ही विस्तार पाती है और हमारी ताकत बहुगुणित हो जाती है। हमें सफलता के सोपानों को चूमने का अवसर मिलता है।

पिछले दिनों समाचारपत्र में एक ऐसे आदमी का उल्लेख था, जिसने अपनी मृत पत्नी की याद में गांव तक नदी की धारा मोड़ने का संकल्प लिया। कार्य बहुत कठिन था। नदी पहाड़ के पीछे थी। उसने कुदाल ली और अकेला ही जुट गया। लोगों ने उसे बहुत समझाया, उसकी बेवकूफी पर खीझे, लेकिन वह जुटा रहा और वर्षों की मेहनत के बाद उसने अकेले अपने दम पर गांव तक नदी की धारा ला दी। उसके जीवट, अदम्य जिजीविषा और सहनशक्ति को देखकर लोगों ने दांतों-तले उंगलियां दबा लीं।

'जल पुरुष' के नाम से ख्यात मैग्सेसे पुरस्कार विजेता राजेंद्र सिंह का नाम आपने भी सुना होगा। राजस्थान के जलविहीन इलाकों में अपनी सूझबूझ व लोगों के जी-तोड़ श्रम के बल पर उन्होंने जल-ही-जल कर दिया। जो जलस्रोत सूखे पड़े हुए थे, उनमें जल की अविरल धारा बहाने का श्रेय उन्हें जाता है। मज़ेदार बात ये है कि इस कार्य में उन्हें सरकार की ओर से कोई सहायता नहीं मिली, प्रत्युत् उनको हतोत्साहित किया गया! धन्य है राजेंद्र सिंह की संकल्पशक्ति और सहनशीलता।

वास्तव में किसी कार्य में समझौतावादी व्यक्ति ही असफल होते हैं। वे अपने हर कार्य में समझौता कर सकते हैं। थोड़ी परेशानियां आने पर वे झुक जाते हैं। उनमें रीढ़ की हड्डी होती ही नहीं है। वे किसी के सामने तनकर नहीं बैठ सकते। उन्हें रबड़ की तरह किसी भी दिशा में मोड़ा जा सकता है। उनकी संकल्पशक्ति शून्य होती है!

सुविधाभोगी व्यक्ति संकल्प के धनी नहीं होते हैं। उनकी आरामतलबी, आलस्य, सुविधाओं को भोगने की बुरी आदतें उनसे महान कार्य नहीं करा सकतीं। जिस कार्य में उनकी सुविधा आड़े आई वे तुरंत हथियार डाल देते हैं।

प्रगतिकामी व्यक्ति निरंतर कुछ नया करने की सोचता है और अपने लक्ष्य को प्राप्त करने में संकल्पबद्ध होकर प्रयास करता है। जो व्यक्ति प्रगतिशील नहीं है, उसके संकल्प के क्या मानने! वह तो कोल्हू के बैल की तरह एक ही वृत्त में घूमने का आदी होता है। वह उस वृत्त से बाहर निकलने की दिशा में प्रयास नहीं करता। वह संकल्पहीनता का शिकार होता है। वह 'जैसा है, अच्छा है' की नीति में विश्वास रखता है और सौभाग्य के दरवाजे अपने हाथों से बंद कर उसकी चाबी कुएं में फेंक देता है।

यदि आपकी किसी काम में रुचि नहीं है, तो कोई कितना भी आपसे संकल्प करा दे, आप उसमें सफल नहीं हो सकते। एक कला-वर्ग में रुचि रखने वाला विद्यार्थी है। उसके मां-बाप चाहते हैं कि वह विज्ञान-वर्ग ले ले, ताकि भविष्य में वह डॉक्टर-इंजीनियर बन सके। वे उसको जबर्दस्ती विज्ञान-वर्ग में प्रवेश करा देते हैं। उसकी सारी सुख-सुविधा का ध्यान रखते हैं। उसको भौतिक विज्ञान, रसायन विज्ञान और गणित की अलग-अलग ट्यूशन दिलाते हैं। उससे संकल्प कराते हैं कि उसे प्रथम श्रेणी में पास होना है। वह बच्चा माता-पिता के डर के कारण संकल्प कर भी लेता है, लेकिन विज्ञान-वर्ग के विषयों में अरुचि और बोझिलता के कारण वह इन विषयों में अपेक्षित प्रदर्शन नहीं कर पाता और असफल हो जाता है।

हमारा मन और चित्त हमको किसी एक निश्चित बिंदु पर स्थिर नहीं होने देते। इसमें हमारा मिथ्या अहंकार बहुत बड़ी भूमिका निभाता है। हमारी बुद्धि भ्रमित हो जाने के कारण हम विवेकशून्य हो जाते हैं और स्वयं को एकाग्र नहीं कर पाते। हमारी शक्तियां बिखर जाती हैं। हम एक कार्य के प्रति समर्पित नहीं रह पाते। हमारा संकल्प टूट जाता है और हम असफलता की ओर कदम बढ़ाने

लगते हैं। इसका कारण यह है कि हम मन को अपना मालिक मान बैठते हैं। फिर वह हमारे साथ एक क्रीत-दास की तरह व्यवहार करता है और हम उसके सम्मोहन में बंधकर अपना जीवन बर्बाद कर लेते हैं।

जिस व्यक्ति का हृदय बिना नाविक की नाव की तरह अस्थिर होता है, वह जीवन में उचित निर्णय नहीं ले सकता, प्रगति नहीं कर सकता। सफलता प्राप्त करने के लिए संकल्पशक्ति और आत्मविश्वास की आवश्यकता होती है। कठिनाइयां, कष्ट, दुःख, संघर्ष तो हर-एक के जीवन में आते हैं। इनसे घबराकर कुछ लोग उनके सामने आत्मसमर्पण कर देते हैं। वे व्यर्थ रोने-चिल्लाने में अपनी शक्ति नष्ट कर देते हैं और कुछ लोग साहस के साथ उनका मुकाबला करते हैं, उन पर विजय पाते हैं।

एक विद्वान के शब्दों में-**"साहसी लोगों के शब्दकोश में 'न' होता ही नहीं है। जितनी परेशानियां उनके जीवन में आती हैं; वे उतने ही शक्तिशाली बनकर उभरते हैं। अपने संकल्प को पूर्ण कर ही वे दम लेते हैं और फिर नई ऊर्जा के साथ दूसरे लक्ष्य को भेदने में जुट जाते हैं।"**

आचार्य चाणक्य के जीवन का एक प्रसंग बहुत प्रेरणादायी है। एक बार वे कहीं जा रहे थे। रास्ते में उनके पैर में कांटा चुभ गया। वे वहीं से वापस घर लौट गए, मट्ठे से भरा एक घड़ा लाए और कांटे की जड़ों में डाल दिया, ताकि वह दुबारा न पनप सके। यहां ध्यान देने योग्य बात ये है कि कांटे की जड़ों में मट्ठा डालने पर वह समूल नष्ट हो जाता है।

नेपोलियन बोनापार्ट को एक बार एक ज्योतिषी ने उसके हाथ की एक रेखा की ओर इंगित करते हुए कह दिया था कि तुम जीवन में असफलता प्राप्त करोगे। उसने तुरंत चाकू से उस रेखा को काटकर अलग फेंक दिया। हम सभी को यह मालूम है कि उसने असंभव को संभव बनाते हुए जीवन में कभी असफलता का मुंह नहीं देखा।

> **यदि हमें जीवन में निश्चित सफलता प्राप्त करनी है, तो हमें आचार्य चाणक्य की तरह अपने मार्ग के अवरोधों को समूल नष्ट करना होगा।**

यदि हमें जीवन में निश्चित सफलता प्राप्त करनी है, तो हमें आचार्य चाणक्य की तरह अपने मार्ग के अवरोधों को समूल नष्ट करना होगा, **नेपोलियन की तरह असंभव को संभव बनाना होगा। यह हमारे दृढ़ संकल्प से ही संभव होगा।**

एक बार एक ऋषि गंगा नदी में स्नान कर रहे थे। अचानक उनके हाथ में आसमान से चील के पंजों से छूटकर एक चुहिया गिर पड़ी। उन्होंने अपनी शक्ति

से उसे एक लड़की बना दिया। युवा हो जानेपर उन्होंने लड़की के लिए वर की तलाश करना शुरू कर दिया।

वे सर्वप्रथम सूर्य के पास गए और उनसे बोले कि आप संसार में सबसे शक्तिशाली है। मैं अपनी लड़की का विवाह आपसे करना चाहता हूं। सूर्य ने कहा, मैं सबसे शक्तिशाली नहीं हूं। मुझसे शक्तिशाली बादल है; जो मुझे ढंक लेते हैं।

ऋषि बादल के पास गए। बादल से वही प्रार्थना करने पर उसने वायु को स्वयं से अधिक शक्तिशाली बताया। उसने कहा कि वायु अपनी शक्ति से उसे जहां चाहे, वहां उड़ा ले जाती है।

ऋषि इसके बाद वायु के पास गए। वायु ने कहा कि केवल पर्वत में मुझको रोकने की सामर्थ्य है, इसलिए वह मुझसे अधिक शक्तिशाली है।

पर्वत के पास पहुंचने पर उसने कहा कि ऋषिवर! मैं निश्चित रूप से शक्तिशाली हूं, लेकिन एक छोटी-सी चुहिया की संकल्पशक्ति इतनी अधिक होती है कि वह मुझमें बिल खोद लेती है। इसलिए मेरी दृष्टि में वह मुझसे शक्तिशाली है।

ऋषि ने एक नन्ही-सी चुहिया की संकल्पशक्ति देखकर उस लड़की को दोबारा चुहिया बना दिया।

वास्तव में संसार में संकल्प शक्ति से शक्तिशाली कोई भी नहीं। जब किसी व्यक्ति में किसी वस्तु को प्राप्त करने के लिए जुनून की हद तक इच्छा जाग्रत हो जाती है, तो वह उसको प्राप्त करने के लिए अपनी पूरी ताकत झोंक देता है, अपना सब कुछ दांव पर लगा देता है। उसकी संकल्प शक्ति की ज्वाला इतनी तीव्र हो जाती है कि वह आसमान छूने लगती है। अपनी निष्ठा और आत्म विश्वास के बल पर वह अपना अभीष्ट प्राप्त कर लेता है।

'आधुनिक युग के गांधी' नेल्सन मंडेला की अदम्य संकल्पशक्ति का ही परिणाम था कि उन्होंने अपने जीवन के सत्ताईस वर्ष जेल में गुजारे और अपने देश को आज़ादी दिलाई। चेक गणराज्य के पूर्व राष्ट्रपति वात्सलाव होवल ने सन् 1993 में चेकोस्लोवाकिया की 'रक्तहीन क्रांति' में अपना योगदान दिया। तत्कालीन कम्युनिस्ट सरकार ने उन पर बहुत अत्याचार किए, लेकिन वे झुके नहीं। उनकी संकल्पशक्ति से ही ऐसा संभव हो पाया।

भारत की आजादी के लिए न जाने कितने लोगों ने लाठी-गोलियां खाईं, जेलों में गए, फांसी पर झूले, लेकिन उनका दृढ़ संकल्प था कि एक दिन आज़ादी हासिल करके रहेंगे। उनका संकल्प रंग लाया।

सर्वप्रथम हम किसी भी चीज की कल्पना करते हैं। इसके बाद हमारे मन में उसको प्राप्त करने की कामना पैदा होती है। कामनापूर्ति के लिए हम अपनी इच्छाशक्ति का प्रयोग करते हैं। इच्छाशक्ति बलवती हो जाने पर संकल्प जन्म लेता है।

संकल्प-सिद्धि दुर्दुम्य जिजीविषा और अटूट आत्मविश्वास से ही संभव हो पाती है।

संकल्प-सिद्धि दुर्दुम्य जिजीविषा और अटूट आत्मविश्वास से ही संभव हो पाती है।

डॉक्टरों को यह पाठ पढ़ाया जाता है कि मरने के कगार पर बैठे हुए मरीज से भूलकर भी यह मत कहिए कि तुम अच्छे नहीं हो सकते! अपने अच्छे होने की बात सुनकर जहां वह एक महीने जिएगा, वहीं मरने की बात सुनकर वक्त से पहले दम तोड़ देगा। उसकी प्राण-ऊर्जा जल्दी 'डिस्चार्ज' हो जाएगी। चिकित्सा-विज्ञान के क्षेत्र में ऐसे उदाहरण मिलते हैं कि असाध्य रोगों से पीड़ित और मरने के करीब आए व्यक्तियों को यह भरोसा हो जाने पर कि वे ठीक हो जाएंगे, उनकी प्राण-ऊर्जा का सकारात्मक स्तर बढ़ने लगा और वे पूर्णतया रोगमुक्त हो गए। उनमें जीवनीशक्ति का संचार होने लगा।

यह आवश्यक नहीं कि जीवन के प्रारंभिक काल से ही आप प्रतिभावान हों। बहुत-से महान व्यक्तियों को उनके बाल्यकाल में बुद्धू, निखट्ट, बेकार, मूर्ख, आलसी व हीन समझा जाता था। वे भी साधारण बालकों की तरह ही थे, लेकिन अपनी निष्ठा, लगन, आत्मविश्वास, संकल्प ने उन्हें आत्मजाग्रत कर विभिन्न क्षेत्रों में सफलताएं दिलाईं। आइन्सटाइन, सरआइजक न्यूटन, सरविन्सटन चर्चिल, अब्राहम लिंकन, नेपोलियन, सुकरात, धीरूभाई अंबानी, बिलगेट्स इत्यादि इसी श्रेणी के लोग हैं।

संकल्प को पूरा करने में आत्महीनता सबसे ऋणात्मक कारक है। आत्महीनता बोध से ग्रस्त व्यक्ति संकल्प को पूरा नहीं कर पाता। सफलता प्राप्ति के लिए आवश्यक है कि हम स्वयं को आत्महीन न समझें। हम परमात्मा की उत्कृष्ट कृति हैं और उसने हमें किसी निहित सदुद्देश्य की पूर्ति के लिए पृथ्वी पर भेजा है, जिसे हमें संकल्पबद्ध होकर पूरा करना है।

आत्मविश्लेषण की प्रक्रिया से गुजरने पर हमें अतीत में की हुई गलतियां पता चलेंगी। हमारी असफलताएं हमारे संकल्प की कमी के कारण थीं, यह तथ्य उद्घाटित होगा।

अनेक लोग ऐसे हुए हैं, जिन्होंने संकल्प को पूरा करने की खातिर अपने प्राणों की बाजी तक लगा दी। वे या तो विजयी बनकर लौटे या स्वयं का बलिदान कर दिया।

हमें संकल्प को सिद्धि देने की दिशा में कुछ प्रयास करने होंगे। सर्वप्रथम हमें अपने-आपको पहचानना है। संकल्प में असीम शक्ति निहित हैं। उस शक्ति के सहारे बार-बार यह बात दोहरानी है कि जब दूसरे व्यक्ति इस कार्य में सफल हो सकते हैं, तो मैं क्यों नहीं हो सकता? मैं शक्तिपुंज हूं, जो हर संकल्पित कार्य कर सकता है। आप देखेंगे, आपमें परिवर्तन आ रहा है। अब आप वो नहीं हैं, जो पहले थे। आपको फिर स्वतः ही हर कार्य में आनन्द आने लगेगा और आप निरंतर मजबूत होते चले जाएंगे। इस तरह आप देखेंगे कि सकारात्मकता ने आपके जीवन में क्रांति ला दी है।

किसी भी कार्य में रुचि पैदा कीजिए। निरंतर अभ्यास से ऐसा किया जा सकता है-

Practice makes a man perfect.

जब आप निरंतर एक जैसा ही कार्य करेंगे और दृढ़ता पूर्वक करेंगे, तो आपकी रुचि कार्य में स्वतः ही जाग्रत हो जाएगी और आप अपने संकल्प को पूर्ण करने की दिशा में आगे बढ़ते जाएंगे।

संकल्प पूरा करने के लिए नकारात्मकता और नकारात्मक विचारों वाले व्यक्तियों का साथ छोड़ना होगा।

नकारात्मक विचार वाले व्यक्तियों के शरीर से नकारात्मक चुंबकीय तरंगें निकलती हैं, जो दूसरों की विचारशक्ति को प्रभावित करती हैं। नकारात्मक व्यक्तियों के संपर्क में निरंतर रहने से हमारी ऊर्जा का स्तर भी धीरे-धीरे नकारात्मक होने लगता है और हम एक दिन चुक जाते हैं। नकारात्मक व्यक्ति हमेशा हर कार्य में मीन-मेख निकालकर उससे मुंह मोड़ने की सलाह देता है। यदि आपको अपने संकल्प सिद्ध करने हैं, तो ऐसे लोगों से प्रयत्लपूर्वक बचना होगा।

आपने युद्ध के योद्धाओं को तो देखा होगा। जब वे युद्ध के लिए निकलते हैं, तो पूरी तैयारी के साथ निकलते हैं। युद्ध करने के लिए अपेक्षित हर आयुध उनके पास होता है। शरीर में चीते-सी फुर्ती, बाहों में अतुलनीय बल, चेहरे पर जीतने का विश्वास! ऐसा ही योद्धा तुम्हें बनना है। ये जीवन एक युद्धक्षेत्र है, जहां दूसरे वीरों के समक्ष तुम्हें अपनी योग्यता, अपना युद्ध-कौशल दिखाना है। खुद के संकल्प **'मुझे ये युद्ध हर हाल में जीतना है'** को सिद्ध करने के लिए तुम्हें युद्ध के लिए सोत्साह और पूरी तैयारी के साथ आगे बढ़ेगा है। फिर परिणाम चाहे कुछ भी हो। हर व्यवस्था चाक-चौबंद करनी हैं, तभी तो शत्रु की चालों का जवाब दे पाओगे।

संकल्प करिए, मन लगाकर पूरी शक्ति से परिश्रम करिए और सफल हो जाइए।

●●●

11

दुविधा में दोऊ गए...!

एक व्यक्ति अपने ध्येय के प्रति एकनिष्ठ होकर कार्य करता है और सफल होता है, जबकि दूसरा व्यक्ति दुविधाग्रस्त होकर बार-बार असफल होता जाता है। वह अमुक कार्य को 'करूं' या 'ना करूं' की स्थितियों के बीच झूलता रहता है और उसका कोई भी कार्य ठीक ढंग से समय पर सम्पन्न नहीं हो पाता। वह दो नावों में सवारी करके नदी पार करना चाहता है। उसको नदी का किनारा तो नसीब नहीं होता, प्रत्युत् वह बीच मंझधार में डूब जाता है। कवि बलवीर सिंह 'रंग' ने अपने एक गीत में लिखा था-

लोभ और त्याग दोनों का,
एकाकार नहीं होने का।
दो नावों में पग रखने से,
सागर पार नहीं होने का॥

अगर आप दो नावों में एक-एक पैर रखकर सागर पार करने की सोच रहे हैं, तो यह कदापि संभव नहीं। यदि आप चाहें कि एक साथ दो घोड़ों पर सवारी-उन दोनों पर एक-एक पैर रखकर कर लूं, तो आप निश्चित रूप से उल्टे मुंह गिरेंगे। एक घोड़े को साधना ही मुश्किल है, उसके लिए ही बड़े पापड़ बेलने पड़ते हैं, फिर दो घोड़े...तौबा-तौबा! सागर पार करने के लिए आपको एक नाव में सवार होना पड़ेगा और गंतव्य तक पहुंचने के लिए एक घोड़े की ही सवारी करनी होगी।

दुविधा एक भयंकर नासूर के समान है, जो हर समय रिसता रहता है और व्यक्ति को टीस देता रहता है। यदि इसका उचित समय पर इलाज नहीं किया जाए, तो यह पूरे शरीर को गला देता है। यह ग्रेंग्रीन के समान है, जो बहुत तेजी से शरीर में फैलती है।

दुविधाग्रस्त व्यक्ति किसी भी कार्य को शुरू करने से पहले असमंजस की स्थिति में रहेगा। वह कई लोगों से राय लेगा। अनेक लोगों की विरोधी राय सुनने के बाद वह अनिर्णय और अनिश्चय की स्थिति में आ जाएगा और किसी भी कार्य का श्रीगणेश ढंग से नहीं कर पाएगा। यदि कर भी लेगा, तो किसी भी अन्य व्यक्ति की राय पर वह दोबारा दुविधा में पड़ जाएगा और उस कार्य को बीच में छोड़कर दूसरा कार्य शुरू कर देगा। उसकी स्थिति ऐसी हो जाएगी-

"दुविधा में दोऊ गए
माया मिली न राम"

एक व्यक्ति येन-केन-प्रकारेण धन कमाता था, बिल्कुल 'अर्थ-पिशाच' था वह! किसी ने कहा कि धन से राम नहीं मिलेंगे-**'सब तज हरि भज!'** वह माया-मोह छोड़कर राम-नाम जपने लगा। लेकिन उसका ध्यान हर समय माया की ओर लगा रहता था। अब उसके मन में यह दुविधा आ गई कि राम-नाम जपूं या धन कमाऊं! उसने दोबारा माया की ओर रुख किया, लेकिन अबकी बार उसका धंधा चल नहीं पाया। फलस्वरूप वह दुविधा के कारण न माया प्राप्त कर पाया और न ही उसे राम मिल पाए! यदि वह एक बात पर डटा रहता, तो उसे माया या राम दोनों में से एक तो मिल ही जाता!

एक पाश्चात्य विद्वान के अनुसार-**"जो व्यक्ति संकल्प करता है और किसी का विरोधी विचार सुनते ही अपना संकल्प बदल देता है, वह कभी महान और लाभकारी कार्य नहीं कर सकता। वही लोग अपने व्यवसाय में सफल होते हैं, जो बुद्धिमत्ता से परामर्श करके दृढ़ संकल्पी बनते हैं; फिर गौरवमय होकर, बिना छोटी-मोटी कठिनाइयों से घबराए अपने लक्ष्य की ओर पदार्पण करते हैं।"**

इसलिए कहा गया है कि विभिन्न लोगों से किसी भी समस्या के बारे में परामर्श करने में कोई हानि नहीं है, लेकिन उचित समाधान के लिए अपनी बुद्धि का प्रयोग करना ही उचित है। सबकी राय पर सम्यक् विचार करने के बाद ही जो निर्णय लेता है, वह सफलता प्राप्त करता है। कहा भी गया है-

"सुनो सबकी, करो अपने मन की"

अंतरात्मा कभी गलत नहीं बोलती। जो व्यक्ति अपनी अंतरात्मा की आवाज पर कोई कार्य पूरी शक्ति के साथ करता है, वह सफल होता ही है। आप 'स्विमिंग पूल' पर तैराकी सीखने जाते हैं। लोगों को तैरते देखकर आपको रोमांच हो जाता है। आप सोचते हैं कि ये लोग कैसे तैर लेते हैं? मैं कहीं 'पूल' में उतरकर डूब न जाऊं, यह सोचकर आप किनारे बैठे रहते हैं। आप दुविधा में हैं कि पूल में उतरूं या न उतरूं और घर वापस लौट आते हैं। अरे! जब तक आप 'पूल' में उतरेंगे नहीं, तो तैराकी कैसे सीखेंगे? इसके लिए आपको अपना मन निश्चयात्मक बनाना होगा। मुझे हर हाल में तैराकी सीखनी है, भले ही मैं डूब क्यों न जाऊं! जब आप ये निश्चय कर लेंगे, तभी आप सीख पाएंगे। आपको दुविधा की धूल अपने बदन से झाड़नी ही होगी। जो साहस करके समुद्र में गोताखोरी करने के लिए उतरता है, उसे ही रत्न मिलते हैं। जो समुद्र की गहराई

और अथाह जलराशि देखकर उसके किनारे बैठ जाता है, उसके पल्ले कुछ नहीं पड़ता।

दृढ़ संकल्प दुविधा की काट है। यदि व्यक्ति अपने मन में बार-बार यह दोहराए कि 'मैं यह कार्य कर ही लूंगा, मैं संकल्प करता हूं', तो वह शीघ्र ही दुविधा की स्थिति से उबर आएगा और अपना लक्ष्य प्राप्त कर लेगा। इच्छा शक्ति से दुविधा नामक भयंकर रोग का नाश किया जा सकता है।

दृढ़ संकल्प दुविधा की काट है। यदि व्यक्ति अपने मन में बार-बार यह दोहराए कि 'मैं यह कार्य कर ही लूंगा, मैं संकल्प करता हूं', तो वह शीघ्र ही दुविधा की स्थिति से उबर आएगा।

दुविधा मिटाने के लिए कोई भी व्यक्ति उत्प्रेरक के रूप में आपकी मदद कर सकता है, बशर्ते उसका उद्देश्य पवित्र हो और वह आपका हितैषी हो।

सीता माता की खोज के लिए जब सब वानर, रीछ आदि दुविधाग्रस्त थे, तो जामवंत ने हनुमानजी को उनके खोए हुए बल की याद दिलाकर सबकी दुविधा तोड़ी और यह पवित्र कार्य सम्पन्न हुआ।

जब रावण किसी भी प्रकार नहीं मर रहा था, तब विभीषण ने रामचंद्र जी से रावण की नाभि में अमृत का रहस्य बताकर उनकी दुविधा खत्म की।

इसी प्रकार महाभारत में जब अर्जुन युद्ध के मैदान में दुविधाग्रस्त हो गया, तब भगवान श्रीकृष्ण ने उसको 'भगवद्गीता' का उपदेश देकर उसकी दुविधा का समूल नाश किया।

इस प्रकार जामवंत, विभीषण और भगवान श्रीकृष्ण हनुमानजी, भगवान श्रीराम और अर्जुन के लिए उनकी दुविधा दूर करने में उत्प्रेरक का कार्य करके सत्कार्यों के निमित्त बने।

कोई व्यक्ति उत्प्रेरक तभी बन सकता है, जब वह दूसरे का हित चाहने वाला हो; चाहे वह नीम की तरह कड़ुवा हो, लेकिन हो हितकारी, तभी वह व्यक्ति का संकल्प मजबूत करने में सहायक हो सकता है।

यदि हम अपने पिछले कार्यों का सिलसिलेवार अवलोकन करके ईमानदारी से उनका विश्लेषण करें, तो हमें अपने जीवन के कमजोर बिंदुओं का पता चल सकेगा। उन बिंदुओं की समीक्षा करके यदि हम अपने अतीत को बिसराकर वर्तमान की प्रातःकालीन पूर्व दिशा को देखेंगे, तो हमें नए क्षितिज दिखाई पड़ेंगे। यदि वास्तव में हममें दृढ़ इच्छाशक्ति हुई, तो मन से दुविधा का उसी प्रकार नाश हो जाएगा; जैसे कि सूर्योदय के बाद अंधकार का हो जाता है। हर सुबह हमारा वर्तमान है और हमें वर्तमान को बिना किसी दुविधा के सुधारना है। दुविधा रात

की कालिमा के समान है। इस कालिमा को हमें मिटाना है। हमें संकल्प के साथ सूर्योदय का इंतजार करना होगा।

एक बात और! हमें अपनी सीमाओं में रहना चाहिए। हमें अपनी सीमाएं पहचाननी चाहिए। यद्यपि किसी भी व्यक्ति में अनंत संभावनाएं होती हैं, लेकिन उसकी योग्यता की सीमाएं निर्धारित हैं। ये बात अलग है कि समय आने पर उसकी कौन-सी अप्रत्यक्ष योग्यता उभर आए, कुछ कहा नहीं जा सकता। हमें स्वयं को अतियोग्य मानने से बचना होगा। अपनी योग्यता के अनुसार जब हम किसी कार्य की शुरुआत दृढ़ इच्छा शक्ति के साथ करेंगे, तो बिना दुविधा के उसको पूरा भी करेंगे और हमें सफलता प्राप्त होगी। किसी भी कार्य को करने की आदर्श स्थिति तो आती ही नहीं है। आदर्श स्थिति से बचने के लिए हमें वास्तविकता के धरातल पर उतरकर कार्य करना होगा। हमें देखना होगा कि कहीं हमारी स्थिति निम्नलिखित उदाहरण में वर्णित युवक के समान न हो जाए!

एक युवक था-अच्छी-खासी नौकरी, दिखने में अच्छा भला! उसके विवाह के लिए लड़की की तलाश शुरू हुई। दसियों लड़कियां उसने देखीं। लड़की देखने पर वह कहता, इसका रंग थोड़ा-सा काला है, इसकी लंबाई दो इंच कम है, इसकी नाक चपटी है, इसका चेहरा लंबा है, इसकी गर्दन मोटी है...! उसने इस तरह अनेक लड़कियों को दोष लगाकर खारिज कर दिया। आज स्थिति ये है कि विवाह योग्य उम्र बीत जाने पर वह अब तक कुंआरा ही है। उसके पास सब कुछ है, लेकिन आदर्श पत्नी प्राप्त करने की इच्छा की दुविधा ने उसे कहीं का नहीं छोड़ा। इसलिए दुविधा त्यागकर किसी भी आदर्श स्थिति की प्राप्ति की चाह से बचना चाहिए।

संशयशील हुए बिना दुविधा छोड़कर किसी भी कार्य को निष्ठा व लगन के साथ करिए, आप जीवन में सफलता प्राप्त करेंगे।

संशयशील हुए बिना दुविधा छोड़कर किसी भी कार्य को निष्ठा व लगन के साथ करिए, आप जीवन में सफलता प्राप्त करेंगे।

●●●

12

संयम एक दिन अवश्य फलता है

किसी गुणवान मनुष्य में धैर्य वह शक्तिशाली गुण होता है, जिसके धारण करने से वह संकटकाल से आसानी से बाहर आ सकता है। धैर्य वह संबल है, जो मनुष्य को संयमित जीवन जीना सिखाता है। पुराने जमाने में घर के बुजुर्ग बच्चों से अक्सर कहा करते थे-

बेटा! कम खा और गम खा

(अर्थात भूख से थोड़ा कम खा, ताकि तेरा स्वास्थ्य अच्छा रहे और किसी बात पर ज्यादा उत्तेजित मत हो अर्थात गम खा (धैर्य रखना सीख), तो तेरी बिगड़ती बात भी बन जाएगी।)

वे हमको धैर्य धारण करने की सलाह देते थे और हम उनकी बात की उपेक्षा कर 'हुंह' करते हुए आगे बढ़ जाते थे। आज जब हम बुजुर्गों की पंक्ति में आ खड़े हुए हैं, तो यही सलाह हम अपने बच्चों को देते हैं। अस्तु!

आप एक साधारण-सा प्रयोग करके देखिए। रसोईघर में 'प्रेशर कुकर' में बनी सब्जी-दाल और लोहे की कड़ाही अथवा पतीली में धीमी आंच पर पकी हुई सब्जी-दाल खाकर देखिए और फिर उनका अंतर बताइए। आपको धीमी आंच पर रस-रचकर पकी हुई वस्तु में एक अलग स्वाद आएगा। यहां 'प्रेशर कुकर' अधीरता का प्रतीक है और धीमी आंच पर पका भोजन धैर्य का! धैर्य का अपना स्वाद होता है।

आप प्रकृति पर नज़र डालें। प्रकृति का हर क्रियाकलाप सुनियोजित व पूर्ण धैर्य के साथ हो रहा है। मिट्टी में बीज पड़ा, उसमें किल्ला फूटा, पौधा बना तब कहीं जाकर वर्षों में वृक्ष बनता है। आप रातों-रात किसी बीज को वृक्ष में परिणत नहीं कर सकते। ये ऊंचे-ऊंचे पहाड़ देख रहे हैं आप, इनको बनने में, मिट्टी के एक-एक कण को संवरकर इस रूपाकार तक आने में लाखों वर्ष लगे हैं। एक छोटा शिशु जब पैदा होता है, तब उसका क्या रूप होता है, समय-चक्र के साथ धीरे-धीरे उसके शरीर में परिवर्तन होते रहते हैं। आप कितना भी चाहें, मेरा बच्चा मेरी आंखों के सामने पलक झपकते बड़ा हो जाए, लेकिन आपके चाहने से सब कुछ नहीं हो सकता न! प्रकृति बड़े धैर्यपूर्वक हर चीज़ को सजाती-संवारती है। आपने देखा, पृथ्वी में कितना धैर्य है! उस पर अपरिमित भार

होते हुए भी वह उफ तक नहीं करती, प्रत्युत् मनुष्य को तरह-तरह के उपहार और देती है। कितनी धैर्यवान है पृथ्वी!

एक व्यक्ति एक बार इमली का पौधा जमीन में रोप रहा था। किसी ने उससे जाकर कहा-**"अजीब आदमी हो। इमली का वृक्ष 120 वर्ष बाद फल देता है। तब तक क्या तुम जिंदा रहोगे इसके फल खाने के लिए? वह व्यक्ति मुस्कराते हुए बोला-'भैया! मैं इसके फल नहीं खा पाऊंगा तो क्या, मेरी आने वाली पीढ़ियां तो खाएंगी! मुझे इसी में संतोष है।"**

कितना धैर्य है, इस व्यक्ति में। उसे यह चिंता नहीं कि मैं इस वृक्ष के फल नहीं खा पाऊंगा, मैं नहीं, मेरी संतानें तो खाएगीं! धैर्य वाला व्यक्ति परिणाम की चिंता नहीं करता, वह तो अपना कर्म करता जाता है।

आप किसी जगह पहुंचने की जल्दी में हैं। आपने 'नेशनल हाइवे' देखकर अपने वाहन की गति 120 कि.मी. प्रतिघंटा कर दी। आप परिणाम की परवाह किए बिना गाड़ी सरपट दौड़ाए चले जा रहे हैं, फलस्वरूप आपकी गाड़ी अनियंत्रित होकर एक अन्य वाहन से टकरा जाती है। आप अपनी मंजिल के स्थान पर अस्पताल में पहुंच जाते हैं। यदि आपने थोड़ा-सा धैर्य रख लिया होता, तो आज ये नौबत नहीं आती।

आपको ऑफिस पहुंचने की जल्दी है। आप पत्नी से कहते हैं-**"जल्दी से चाय तैयार करो।"** पत्नी चाय का पानी गैस पर चढ़ा देती है। आप देख रहे हैं, आज चाय बहुत देर में बन रही है। चौके में जाकर आप गैस के बर्नर का 'नॉब' फुल कर देते हैं। चाय तो जल्दी बन गई, लेकिन बर्तन जल गया और गैस ज्यादा खर्च हुई। आपके अधैर्य ने नुकसान कर दिया। दरअसल अधीरता में थोड़ा-सा समय भी अधिक महसूस होता है।

अधीरता व्यक्ति के लिए हमेशा नुकसानदेह होती है, जबकि धैर्य सदैव लाभकारी होता है।

अधीरता व्यक्ति के लिए हमेशा नुकसानदेह होती है, जबकि धैर्य सदैव लाभकारी होता है।

एक वाक्या है। एक बार एक कीट अपने खोल में से बाहर निकलने की चेष्टा कर रहा था। वह जीवन के प्रति संघर्षरत था। एक व्यक्ति उसका संघर्ष बड़े गौर से देख रहा था। उससे यह सब नहीं देखा गया। उसने उसे खोल से बाहर निकालने के लिए खोल को अंडे के छिलके की तरह अलग कर दिया। कीट तो निकल आया, वह संघर्ष से भी बच गया, लेकिन उसकी आकृति पूर्ण नहीं थी। वह अधबना था। थोड़ी ही देर में वह मर गया। एक बेसब्र व्यक्ति की अधीरता ने उस जीव के प्राण हर लिए।

संघर्ष ही प्रकृति का नियम है। संघर्ष ही जीवन है। यदि हम उसमें दखलंदाजी करेंगे, तो परिणाम सुखद नहीं होगा।

संघर्ष ही प्रकृति का नियम है। संघर्ष ही जीवन है। यदि हम उसमें दखलंदाजी करेंगे, तो परिणाम सुखद नहीं होगा।

आजकल महिलाओं की प्रसव-प्रक्रिया में 'सीजेरियन' ऑपरेशन का बड़ा बोलबाला है। पहले महिलाओं की 'नॉर्मल डिलीवरी' होती थी। वे प्रसव के दिन तक खूब कामकाज करती थीं और पौष्टिक आहार लेती थीं। अब डॉक्टर गर्भधारण करने के दिन से ही गर्भवती महिला को 'टोटल बैड रेस्ट' बता देते हैं, इसलिए उनका 'ऑपरेशन' करना पड़ता है। ये व्यक्ति की अधीरता का ही परिणाम है। उसमें इतना धैर्य नहीं कि प्रसव एक निर्धारित प्रक्रिया है, जिसके तहत हर चीज सामान्य गति से कार्य करेगी। 'सीजेरियन ऑपरेशन'; जो मरीज के घरवालों और डॉक्टर की अधीरता का ही परिणाम है; से, महिलाओं में तरह-तरह की जटिलताएं पैदा हो जाती हैं। इसका परिणाम वे आजीवन भुगतते हैं। एक हास्यास्पद बात और! अब तो बहुत-से लोग ज्योतिषियों से पूछकर, मुहूर्त दिखाकर 'सीजेरियन' कराते हैं, ताकि उनका बच्चा भाग्यशाली पैदा हो। प्रकृति के नियमों में दखलंदाजी और उनकी अधीरता का ही ये परिणाम है, जिसके दुष्परिणाम हमारे सामने एक-न-एक दिन अवश्य आएंगे।

आज के आदमी में धैर्य है ही नहीं! बात-बात पर उत्तेजित होना, आंखें तरेरना, तुनकमिजाजी दिखाना, सिर के बाल नोचना, मुट्ठियां भींचना, दूसरे को नीचा दिखाना, अपमानित करना; उसकी आदत में शुमार हो गया है। उसे इन सब कार्यों में पैशाचिक संतुष्टि मिलती है। उसे किसी भी काम का 'रेडीमेड रिजल्ट' चाहिए। उसमें प्रतीक्षा करने का धैर्य नहीं। अगर वह डॉक्टर के पास जाएगा, तो उससे कहेगा-**"डॉक्टर साहब! ऐसी दवा देना कि कल से मैं काम पर जा सकूं।"** चाहे उसको 106^0C बुखार ही क्यों न हो और डॉक्टर भी बुखार धीरे-धीरे कम करने के स्थान पर उसे 'हैवी एंटीबायटिक' दे देता है, जिसके दुष्परिणाम वह जिंदगी भर भुगतता है।

आजकल का आदमी चाहता है-**"गोली अंदर और मर्ज़ बाहर।"** वह हर काम में 'शॉर्टकट' अपनाना चाहता है। सीढ़ियों से ऊपर जाने के बजाय 'लिफ्ट' से जाना चाहता है। चाहे इसके लिए उसे अपना जमीर ही क्यों न गिरवी रखना पड़े। जब कोई मरीज बहुत गंभीर अवस्था में बीमार होता है, तो उसके घरवाले डॉक्टर से कहते हैं-**"डॉक्टर साहब, चाहे कितना भी रुपया खर्च हो जाए, लेकिन मेरे बेटे को बचा लीजिए!"** एक ओर मरीज के माता-पिता की

अधीरता देखिए और दूसरी ओर डॉक्टर का धैर्य! वह जवाब देता है-**"हम पूरी कोशिश करेंगे।"** वह यह कभी नहीं कहता कि मैं बचा लूंगा। वह जानता है, वह भगवान नहीं है। डॉक्टर के सामने धन का प्रलोभन! अधीरता की सीमा! चाहे किसी को रिश्वत देनी पड़े, शराब-शबाब परोसना पड़े, बलात्कार करना पड़े, किसी को मारने के लिए 'सुपारी' देनी पड़े या खुद ही उसका 'मर्डर' करना पड़े, अपना काम हर सूरत में होना चाहिए। अब व्यक्ति में किसी चीज के प्रति धैर्य नहीं रहा।

राजा मिडास की कथा तो आपने सुनी होगी! वह बहुत लालची और अधीर था। वह संसार का सबसे धनी व्यक्ति बनना चाहता था। कुछ अच्छी आत्माओं को प्रसन्न कर उसने ये वरदान प्राप्त कर लिया कि वह जिस चीज को छू देगा, वह सोने की हो जाएगी। उसकी अधीरता की सीमा देखिए। वरदान प्राप्त होते ही वह जल्दी-जल्दी अपने सामने पड़ने वाली हर वस्तु को छूता गया और वह सोने की होती गई। उसकी पुत्री जब उसके पास आई, तो उसने प्यार से उसे ज्यों ही गोद में लिया, वह सोने की हो गई। उसके सामने भोजन-पानी आया। उसके छूने से वह भी सोने का हो गया। अब वह बड़ा पछताया कि उसने ऐसा वरदान क्यों मांगा! यह सब उसके लालच और अधीरता के कारण हुआ, जिसका परिणाम उसको भुगतना पड़ा। बाद में देवदूतों से उसे वे शक्तियां वापस करने की प्रार्थना करनी पड़ी।

जिस व्यक्ति ने भी अपनी अधीरता के कारण प्रकृति विरुद्ध शक्ति अर्जित करने की कोशिश की और उसका दुरुपयोग किया, उसे उसका खामियाजा भुगतना ही पड़ा।

सोने का अंडा देने वाली मुर्गी की कथा आपने भी सुनी होगी! एक व्यक्ति के यहां एक मुर्गी थी, जो रोजाना एक सोने का अंडा देती थी। वह उस अंडे का सदुपयोग करता था। एक दिन अचानक उसका धैर्य चुक गया। उसने मन में विचार किया कि इसके पेट में सोने के अंडों की भरमार है, मैं हर रोज इंतजार क्यों करूं? इसको काटकर इसके पेट से सारे अंडे निकाल लेता हूं। उसने मुर्गी को काट दिया। देखा, तो उसके अंदर एक भी अंडा नहीं था। उसने अपना सिर पीट लिया और बाद में बड़ा पछताया, लेकिन अब रोने से क्या होता है! उसकी अधीरता ने उसको कहीं का न छोड़ा। ये आप पर निर्भर करता है कि आप भैंस का दूध पीना चाहते हैं या भैंस को समूची काटकर उसका खोया करना चाहते हैं। लगातार दूध पीने के लिए आपको धैर्य से काम लेना होगा।

भारतीय संस्कृति में धीरज या धैर्य के अनेक उदाहरण मिलते हैं। भगवान

रामचंद्रजी का उदाहरण हमारे समक्ष है। उन्होंने पग-पग पर धैर्य का परिचय दिया। गंभीर-से-गंभीर परिस्थिति में कभी अधीर नहीं हुए। पिता दशरथ द्वारा 14 वर्ष का वनवास दिए जाने पर, भरतजी द्वारा उनको वन से बुलाने के लिए अपनी सेना के साथ वन में उनके समक्ष जाने पर, शूर्पनखा द्वारा विवाह का प्रस्ताव रखने पर, रावण द्वारा सीताजी का अपहरण करने पर, लक्ष्मण को शक्ति लगने पर, विभीषण के शरणागत होने के लिए उनके पास आने पर, रावण के मारे न जाने पर, एक साधारण-से धोबी द्वारा उनकी आलोचना करने पर...कहीं भी उन्होंने अधैर्य प्रदर्शित करके अपनी 'मर्यादा पुरुषोत्तम' की छवि को खंडित नहीं किया। दूसरी ओर लक्ष्मणजी ने अनेक प्रसंगों में अपनी अधीरता का परिचय दिया, लेकिन भगवान श्रीराम ने उन्हें अपने मृदु वचनों और सुतर्कों से निरुत्तर कर दिया।

श्रीराम-वनवास उनके जीवन का आपात्काल था। 'रामचरितमानस' में तुलसीदास जी कहते हैं-

धीरज, धरम, मित्र अरु नारी। आपत्काल परखिए चारी॥

विपत्ति आने पर ही धैर्य, धर्म, मित्र और नारी की परीक्षा होती है। विपत्ति आने पर धैर्य खोया या वाणी का ज्यादा प्रयोग किया, तो विपत्ति द्विगुणित हो जाती है। आपात्काल में बड़े-से-बड़े ज्ञानी भी धर्मच्युत हो जाते हैं। सच्चा मित्र वही है, जो विपत्ति में सहायता करता है और पत्नी की परीक्षा का समय भी आपत्काल ही होता है। विपत्ति यह दिखा देती है कि 'पत्नी बने की ग्राहक है या बिगड़े की' वह विपत्ति में आपका साथ तो नहीं छोड़ देगी। सीताजी ने आपात्काल में भगवान रामचंद्रजी का कंधे-से-कंधा मिलाकर तन-मन से साथ दिया। रावण के यहां बंदिनी रहने पर भी उससे डरी नहीं, बल्कि उसके अत्याचारों का धैर्यपूर्वक सामना किया और बाद में अग्नि-परीक्षा में खरी उतरीं।

भगवान रामचंद्रजी के पूर्वज राजा हरिश्चंद्र ने आपात्काल में धैर्य न खोकर अपने धर्म का पूर्ण रूप से पालन किया। अपने धर्म-मार्ग में बाधा जानकर उन्होंने अपनी पत्नी शैव्या को भी नहीं छोड़ा!

द्वापर युग में पांडव जब वन-वन भटक रहे थे, दाने-दाने को मोहताज हो रहे थे, तब उन्होंने अपने धैर्य को अपना सच्चा हितैषी मानकर अपने धर्म का पालन किया और अंत में धर्मयुद्ध जीतकर संसार के समस्त सुख भोगे।

एक विचारक का कथन है-**"धैर्य नारियल के समान है-बाहर से कठोर, लेकिन अंदर से मीठा।"**

उस नारियल को तोड़ने में आपको परेशानी तो होगी, लेकिन उसका मीठा पानी और गरी खाएंगे, तो तृप्त हो जाएंगे। जो व्यक्ति वाचाल है, 'इन्सटेन्ट एनर्जी' चाहता है, उतावला है, शीघ्र उत्तेजित हो जाता है-वह धैर्य नहीं रख सकता और उसका दुष्परिणाम एक-न-एक दिन उसे भुगतना ही पड़ता है।

सच बात तो ये है, जो चींटी की तरह धैर्यपूर्वक कण-कण को चुनता है, उसी की तरह रात-दिन मेहनत करता है, उसको सफल होने से कौन रोक सकता है? धैर्य आयुर्वेदिक औषध है, जो धीरे-धीरे लेकिन स्थायी लाभ पहुंचाती है और अधैर्य एलोपैथी दवा है, जो शीघ्र लाभ पहुंचाती है, बीमारी को जड़ से खत्म नहीं करती, उसे मात्र दबा देती है; साथ ही शरीर में अन्य बीमारियों को जन्म दे देती है। अब जीवन में सफलता प्राप्त करने के लिए हमें विचारना है कि हम धैर्य धारण करेंगे या अधैर्य?

आर्टीयस वार्ड लिखते है-**"जो लोग अधीर होते हैं, बहुत ज्यादा भाग-दौड़ करते हैं, अपने लक्ष्य को पाने के लिए घोड़ा, टट्टू या खच्चर; जो भी उन्हें दिखाई दे जाता है, उसी पर सवार हो जाते हैं। उनको इस बात का भी ध्यान नहीं रहता कि सवारी ठीक भी है अथवा नहीं! उसकी चाल ठीक भी है या मरियल है, रोनी है अथवा अंधी, तब ऐसे लोग मुंह के बल अवश्य गिर पड़ते हैं। दूसरों को सरपट दौड़ते देखकर वह भी बेतुकी गाड़ी हांकने लगते हैं।"**

ऐसे व्यक्तियों में इतना धैर्य नहीं होता कि किसी भी कार्य को करने से पहले उसके परिणाम के विषय में खूब सोच-विचार कर लें, तब कोई भी कदम उठाएं।

नीतिकार ने कहा भी है-

अनालोक्यं व्ययंकर्त्ता अनाथः कलहप्रियः।
आतुरः सर्वकार्येषु नरः शीघ्र विनश्यति।।

(बिना सोचे समझे, बिना देखे-भाले व्यय करने वाला, अनाथ, कलहप्रिय, सभी कार्यों में आतुरता (अधैर्य वाला) दिखाने वाला मनुष्य शीघ्र ही नष्ट हो जाता है।)

इसलिए यदि खुद को बर्बाद होने से बचाना है, तो सभी कार्यों के विषय में शांतिपूर्वक चिंतन-मनन करें, तब उसे प्रारंभ करें अन्यथा परेशानी, बर्बादी और जगहंसाई के अतिरिक्त कुछ भी हाथ नहीं आएगा। बाद में पछताना-ही-पछताना रह जाएगा।

एक औरत के पास एक नेवला था। वह उसको बहुत प्यार करती थी। एक दिन वह अपने बच्चे को पलंग पर सोता छोड़कर घड़ा लेकर कुएं पर पानी भरने गई। नेवला बच्चे के कमरे में था। अचानक एक काला सर्प निकल आया और बच्चे की ओर बढ़ने लगा। नेवले की नज़र उस सर्प पर पड़ी। उसे बच्चे की ओर बढ़ते देखकर वह उस पर झपटा और दोनों में भयंकर लड़ाई होने लगी। अंत में नेवले ने सर्प के टुकड़े-टुकड़े कर दिए। वह अपनी बहादुरी का प्रदर्शन करने के लिए दरवाजे पर जाकर खड़ा हो गया। जब वह औरत पानी भरकर लौटी। उसने नेवले का खून से सना मुंह देखकर सोचा कि इसने मेरे बच्चे को खा लिया है। उसके धैर्य का बांध टूट पड़ा और बिना सोचे-विचारे ही उसने पानी से भरा मटका उसके ऊपर पटक दिया। नेवला मर गया। अब वह अंदर गई। उसने देखा, बच्चा आराम से सो रहा है और उसके पास एक भयंकर सर्प टुकड़े-टुकड़े पड़ा है। वह समझ गई कि नेवले ने सर्प से मेरे बच्चे की रक्षा की, लेकिन मैंने उसे ही मार दिया। वह जोर-जोर से रोने लगी।

अधैर्य की स्थिति में व्यक्ति की बुद्धि भ्रमित और नष्ट हो जाती है। उसकी सोचने-समझने की शक्ति चुक जाती है और वह लगातार गलतियां करता जाता है। गिरधर कवि की कुण्डलियां हिन्दी-जगत में बहुत प्रसिद्ध हैं। वे कहते हैं-

बिना विचारे जो करै, सौ पाछे पछताय,
काम बिगारै आपनो जग में होत हसाय।
जग में होत हसाय चित्त में चैन न पावै
खानपान सन्मान राग-रंग कछू न भावै।।

अधीर व्यक्ति मानसिक रूप से अस्वस्थ होता है और दया का पात्र होता है। उसके उतावलेपन की खराब आदत से धीरे-धीरे सभी उसका साथ छोड़ जाते हैं। अधीर अपनी शक्तियों का दुरुपयोग करता है। उसे अपने ऊपर अति विश्वास हो जाता है, जो उसकी पराजय का कारण बनता है। वह तराजू के एक पलड़े पर इतना ज्यादा वजन रख देता है कि दूसरा पलड़ा हल्का पड़ जाता है। वह अतिवादी हो जाता है। उसकी दृष्टि में तटस्थता नहीं रहती। अपने ही पैरों पर कुल्हाड़ी मारने के कारण जब उसे हर काम में निराशा मिलती है, तो उसमें हीन भावना पनपने लगती है। ऐसी स्थिति में वह आत्मघात भी कर बैठता है।

अधीर व्यक्ति को यह समझना चाहिए कि "समय से पहले और भाग्य से अधिक कभी किसी को कुछ भी नहीं मिलता" इसलिए उसे सब्र

करना सीखना चाहिए। 'शिरडी वाले' साईं बाबा के यहां आप हर जगह लिखा हुआ देखेंगे-श्रद्धा और सबूरी (सब्र-धैर्य)। जिस व्यक्ति में श्रद्धा और सबूरी आ गए, वह अपना हर कार्य भगवान की पूजा मानकर करेगा और बात-बात में रोना और शिकायत करना छोड़ देगा।

इसलिए सफलता प्राप्त करने के लिए संयम से काम लेते ही सुविचारित रूप से अपने प्रत्येक कार्य का अभ्यास कीजिए। आप एक सुखी और प्रसन्नचित्त जीवन जीने में सक्षम होंगें।

●●●

13

तनाव ऊर्जा को निगल लेता है

आज का युग प्रतिस्पर्द्धा और गला-काट प्रतियोगिता का युग है, जिसमें प्रत्येक व्यक्ति अपना 'लक्ष्य' प्राप्त करने के लिए सरपट दौड़ा चला जा रहा है। सांप-सीढ़ी वाले खेल में जब उसको अपना कार्य पूरा न होने का आभास होता है, तब वह तनावग्रस्त हो जाता है। कभी-कभी कार्य की शुरुआत करने से पहले ही सफलता/असफलता के विषय में सोचकर उसका तनाव बढ़ जाता है। लोग अक्सर छोटी-छोटी बातों पर भी तनाव का रोग पाल लेते हैं। नल का पानी चला गया, बार-बार टेलिफोन करने पर भी नंबर नहीं मिल रहा, बिजली चली गई, देर से सोकर उठे, तो सही समय पर ऑफिस न पहुंचने आदि न जाने कितनी समस्याएं हैं, जिनसे तनाव आ जाता है।

देखा जाए, तो आजकल इतनी आपाधापी है कि व्यक्ति की समूची जिंदगी ही तनावग्रस्त हो गई है। वह हर पल तनाव में जी रहा है। इससे उसे इसका खामियाजा भुगतना पड़ता है। ऐसा नहीं है, तनाव हर समय बेकार हो। सकारात्मक और नकारात्मक तनाव में से सकारात्मक तनाव व्यक्ति से कुछ अच्छा कराता है। यह प्रसव-पीड़ा की तरह होता है, जिससे अंत में नवजात शिशु की प्राप्ति होती है। एक विद्वान ने कहा है-**"तनाव के क्षणों में ही मैंने अपनी श्रेष्ठ रचनाएं लिखी हैं।"**

सकारात्मक तनाव सृजन कराता है, जबकि नकारात्मक तनाव विध्वंस, चाहे वह किसी रूप में हो! इससे हम अपनी एकाग्रता खोकर अक्सर गलत कार्य कर बैठते हैं। हम अपना नुकसान तो करते ही हैं, दूसरों को भी कष्ट देते हैं। सोडा वाटर की बोतल जैसे उफान वाले तनाव के उन क्षणों में व्यक्ति उत्तेजक पदार्थों-चाय, कॉफी, सिगरेट, शराब की लत लगा बैठता है। वह किसी भी चीज की तोड़फोड़ कर सकता है, अपने सिर के बाल नोंच सकता है व दूसरों पर हमला भी कर सकता है। वह कुंठित हो जाता है और रक्तचाप, हृदय रोग, मधुमेह, लकवा, दौरे, अवसाद, अनिद्रा, पागलपन आदि भयंकर बीमारियों का शिकार हो सकता है।

तनाव के क्षणों में जरा आप दर्पण के सामने खड़े होकर देखिए, आपको पता लग जाएगा कि तनाव कितना नुकसानदेह है! तनाव में चेहरा विकृत हो जाता है, जिसे दूसरे तो क्या, स्वयं आप भी देखना पसंद नहीं करेंगे।

तात्पर्य यह है कि तनाव सबका भावनात्मक और मानसिक शोषण करता है। हम जाने-अनजाने उसके शिकार हो जाते हैं। यह दिखता तो बाहर है, लेकिन व्यक्ति की आंतरिक शक्तियों पर हमला करके उसे पूरी तरह तोड़ देता है। इसलिए हम महान वैज्ञानिक अल्बर्ट आइन्सटाइन की तरह इसे अपना 'शिकार' बनाएं, तो हम इससे बच सकते हैं।

आइन्सटाइन जी जब कभी किसी प्रयोग में असफल हो जाने पर अथवा किसी अन्य कारण से तनावग्रस्त होते थे, तो वे तुरन्त अपना वायलिन बजाने बैठ जाते थे। वायलिन में वे इतने खो जाते थे कि उन्हें तनाव के विषय में कुछ भी याद नहीं रहता था। इससे वे पूरी तरह शांत हो जाते थे और फिर से प्रयोग करने में जुट जाते थे।

यदि हम चाहें, तो अपने मन को समस्या में उलझाने के स्थान पर अपना ध्यान दूसरी ओर लगाकर तनावग्रस्त होने से बच सकते हैं। यदि हम तनाव की दिशा मोड़ने में सफल हुए, तो हम पुनः ऊर्जा प्राप्तकर नए ढंग से शुरुआत कर सकते हैं। इससे हमारा तनाव उद्देश्यपरक हो जाएगा, वरना निरुद्देश्य तनाव हमें घर का न घाट का-कहीं का भी नहीं छोड़ेगा।

तनावग्रस्त व्यक्ति से हर कोई पल्ला झाड़ना चाहता है; क्योंकि वह स्वयं कुंठित होकर दूसरों में भी नकारात्मक ऊर्जा को प्रेषित करता है। उसकी नकारात्मक ऊर्जा दूसरों को भी प्रभावित करती है। इसलिए दूसरों का सान्निध्य प्राप्त करने के लिए तनावमुक्ति आवश्यक है।

जो व्यक्ति आत्मविश्लेषण के माध्यम से अपनी कमियों को खोजकर और उत्तरोत्तर उनको दूर करने की प्रक्रिया अपनाता है, वह तनावमुक्त नहीं रहता।

एक विद्वान के विचार से-**"आत्मविश्लेषण करने की हर व्यक्ति कोशिश नहीं करता; क्योंकि स्वयं के भीतर उतरकर अंदर की गंदगी साफ करना किसी को पसंद नहीं! जिसने यह गुण विकसित कर लिया, उसने जीवन के अवरोधों पर विजय प्राप्त कर ली और तनावमुक्त हो गया।"**

आत्मविश्वास वह शक्ति है, जिसके माध्यम से एक व्यक्ति निर्द्वन्द्व होकर अपना हर कार्य तटस्थता से करते हुए तनावमुक्त रह सकता है।

"ब्रह्माण्ड की अनंत शक्तियों का भण्डार मेरे भीतर है। ये सभी शक्तियां कदम-कदम पर मेरी सहायता करने को तत्पर हैं। मैं इनका सदुपयोग कर अपना जीवन सफल बनाऊंगा। मुझे अपने ऊपर पूरा विश्वास है।"

जिस व्यक्ति में ऐसा विश्वास घर कर गया, उसे कदाचित ही असफलता हाथ लगती है। वह हर परिस्थिति में प्रसन्न रहकर तनावमुक्त रहता है।

गीता के कर्म के सिद्धान्त का दृढ़ता से पालन कर भी तनाव से बचा जा सकता है। हमारे पूर्व राष्ट्रपति और महान वैज्ञानिक डॉ. ए.पी.जे. अब्दुल कलाम ने राष्ट्रपति पद की शपथ लेते समय गीता में भगवान श्रीकृष्ण द्वारा कहे हुए शब्द दोहराए थे-

"जो हो रहा है, अच्छा हो रहा है। जो हुआ, अच्छा हुआ, जो होगा, वह अच्छा ही होगा।"

एक वैज्ञानिक होते हुए भी उनकी श्रीमद्‌भगवद्‌गीता पर अगाध श्रद्धा और विश्वास अनुकरणीय है। गीताजी के भावों को आत्मसात करके भी आप तनावमुक्त रह सकते हैं।

जब भी आपको तनाव हो, तनाव का समय गुजर जाने के बाद आप शांति से विचार करें कि किन कारणों से ऐसा हुआ? उन स्थितियों को दूर करने का प्रयास करें। हो सकता है, आपको इससे मदद मिले।

जीवन को कृत्रिमता से जीने के बजाय प्राकृतिक रूप से जीने की कोशिश करें; क्योंकि सादगी भरा जीवन हर पल सुकून देता है। ईर्ष्या से दूर रहे। ईर्ष्या बिना-बात तनाव देती है, लेकिन इससे हासिल कुछ नहीं होता।

संस्कारवान बनने की कोशिश करें। अनुवांशिक रूप में यदि आपके संस्कार गलत हैं, तो उन्हें दूर करने का प्रयास करें। अपनी इच्छाशक्ति को सुदृढ़ करें और निर्धारित समय में काम पूरा करें। भाग्यवादी न बनें, निष्काम कर्म करते रहें। जो होना है, वह तो होकर ही रहेगा। हवाई किले न बनाएं। यथार्थ के कठोर धरातल पर चलने की आदत डालें। किसी भी कार्य को करने पर यह देखें कि इसमें मेरा बुरे-से-बुरा क्या हो सकता है, उसके लिए सदैव तैयार रहें। आप तनाव मुक्त रहेंगे।

तनाव होने पर श्वासन करें। इसके लिए सीधे लेट जाएं। पैर के पंजे खुले हुए और हाथ की हथेलियों का रुख आसमान की ओर रखें। आंखें बंद कर लें। पूरे शरीर को शिथिल कर दें। शिथिलीकरण की क्रिया पैरों के अंगूठों से होकर धीरे-धीरे सिर की तरफ हो। विचारशून्य होने की कोशिश करें। आपका पूरा शरीर शव की तरह हो जाए-एकदम निर्जीव! अपने द्रष्टा आप बनें। आपको बड़ा आराम मिलेगा।

तनाव होने पर किसी मंत्र का जाप मन-ही-मन करना शुरू कर दें। थोड़ी ही देर में आप शांति महसूस करेंगे। थोड़ी देर के लिए ध्यान लगाएं। आप तनावमुक्त महसूस करेंगे। पहले तो इसमें थोड़ी-सी कठिनाई आएगी, बाद में आप इसके अभ्यस्त हो जाएंगे।

सफलता प्राप्त करने के लिए तनावरहित जीवन जीना आवश्यक है।

●●●

14

प्रकृति का कण-कण प्रेरक है

प्रकृति का हर कण हमारा प्रेरणास्रोत है। ये हम पर निर्भर करतां है कि हम उसे किस रूप में ग्रहण करते हैं। प्रकृति हमें प्रेरणा देती है कि उसकी तरह अनुशासनबद्ध चर्या अपनाकर हम सतत विकास करें। प्रकृति में स्थित पंचमहाभूतों-पृथ्वी, जल, अग्नि, आकाश और वायु से यदि हम प्रेरणा लेने की बात करें, तो पृथ्वी हमें दूसरों को देना, प्रतिदान न लेना और धैर्य धारण करना सिखाती है। जल हमें सतत प्रवहमान बने रहने, अग्नि हमें हर समय क्रियाशील रहने व ऊर्ध्वमुखी बनने, आकाश हमें अपना विस्तार करने और वायु हमें सबको ऊर्जा वितरित करने की प्रेरणा देती है। कहा गया है-

वृक्ष कबहू नहि फल भखै, नदी न संचै नीर।
परमारथ के कारने साधुन धरा शरीर॥

तात्पर्य यह है कि प्रकृति हमें सद्गुणों को संचित करना सिखाती है। जो उपादान प्रेरणा देता है, शिक्षा देता है-वह गुरुतुल्य होता है। ब्रह्मा, विष्णु और शंकर भगवान के एकीकृत अवतार-भगवान दत्तात्रेय ने अपने जीवन-काल में चौबीस जीव-जंतुओं से प्रेरणा ली थी और उन्हें अपना गुरु माना था। यदि हम प्रकृति को प्रेरक मानकर अपना जीवन-यापन करेंगे, तो हमारे सुख-सौभाग्य में वृद्धि होगी। हम सफलता निश्चित प्राप्त करेंगे।

हमारे ऋषि-मुनियों ने सर्वप्रथम प्रकृति से ही प्रेरणा ली थी, उसके नियमों को अपने जीवन में उतारा था और अपने तप के बल पर सिद्धियां प्राप्त की थीं। उन्होंने कृत्रिमता को छोड़कर प्राकृतिक जीवन-शैली अपनाकर सादा जीवन, उच्च विचार का आदर्श स्थापित किया।

याचना करने पर अपना शरीर तक दान करने में महर्षि दधीचि, गुरुओं में गुरु द्रोणाचार्य, मर्यादा-पालन में भगवान श्रीराम, परीक्षा में खरा उतरने में महारानी सीता, शरणागत की रक्षा करने में अपना शरीर चढ़ाने वाले महाराजा शिवि, बलिदान देने में राजा मोरध्वज, लक्ष्य-भेदन में अर्जुन, धर्मपालन में युधिष्ठिर, प्रतिज्ञा और समय-पालन में भीष्म, सत्य की रक्षा करने में राजा हरिश्चंद्र, संकल्प को पूरा करने में आचार्य चाणक्य, वीरता में बभ्रुवाहन, अपनी आन के लिए मर

मिटने में महाराणा प्रताप, भक्ति में मीराबाई-न जाने कितने ऐसे पात्र हैं, जिनसे हम निरन्तर प्रेरणा ग्रहण कर सकते हैं। नेपोलियन बोना पार्ट, अब्राहम लिंकन, जॉर्ज वाशिंगटन, वास्कोडिगामा, अल्बर्ट आइन्सटाइन, जॉन मिल्टन, लालबहादुर शास्त्री, इंदिरा गांधी, डॉ. होमी जहांगीर भाभा, डॉ. ए.पी.जे. अब्दुल कलाम भी अपने चरित्र की विशेषताओं के कारण हमारे प्रेरक बन सकते हैं, इन महापुरुषों ने अपने आदर्शों से कभी समझौता नहीं किया, यद्यपि विषम परिस्थितियों के आंधी-तूफानों ने इन्हें अपने लक्ष्य से डिगाने की बहुत कोशिशें कीं।

क्या हम इन चरित्रों से प्रेरणा ग्रहण कर वास्तव में उन जैसे ही बन सकते हैं? आपके मन में बार-बार विचार आएगा कि उनमें तो बहुत अधिक महानता थी, हम उनके समान कैसे हो सकते हैं?

इस संसार में रहने वाला हर मनुष्य अपने बनाए हुए 'आदर्शों' और तौर-तरीकों से जीवन-यापन करता है।

इस संसार में रहने वाला हर मनुष्य अपने बनाए हुए 'आदर्शों' और तौर-तरीकों से जीवन-यापन करता है। उसके अपने सांचे हैं, खाने हैं, दराजे हैं; जिनमें ढलकर वह हर कार्य करता है। अपनी बनाई हुए सीमा-रेखा से वह बाहर नहीं जाना चाहता। वह जो भी कार्य करता है, उसका मूल्यांकन किए बिना सही-गलत का विचार किए बिना, उसे अनवरत रूप से करता ही जाता है। चाहे दूसरों की दृष्टि में उसका कोई कार्यविशेष गलत हो, लेकिन उसकी दृष्टि में वह हमेशा सही ही होता है। उसको सही सिद्ध करने के लिए वह अपने तर्क गढ़ लेता है।

समाज की नजर में आज सफल व्यक्ति वह है, जिसके पास कोठी है, कार है, अच्छा-खासा बैंक बैलेंस है। राजनेताओं, उच्चाधिकारियों व समाज के अन्य प्रतिष्ठित लोगों से सम्बन्ध हैं। उसका सभी लोग सम्मान करते हैं, उससे डरते हैं। उसकी कृपा-दृष्टि की कामना लेकर उसके पास आते हैं। उसका कहना है, वह जो चाहे कर सकता है। वह इतना शक्तिशाली है कि उसका कोई कुछ नहीं बिंगाड़ सकता। वह 'बाइ हुक एंड बाइ क्रुक' अपना काम निकालता है। उसका एक ही ध्येय वाक्य है-**'बूढ़ा मरे या जवान, मुझे हत्या से काम'**, इसलिए उसका हर काम पूरा होता है। वह किसी भी मामले में 'न' सुनने का आदी नहीं है।

समाज का ही एक अन्य व्यक्ति है। प्राइमरी विद्यालय में अध्यापक है। साइकिल से चलता है। उसके पास न तो अच्छा मकान है, न अधिक पैसा। उसके बच्चे साधारण विद्यालयों में पढ़ रहे हैं। समाज में उसका दायरा सीमित है-नौकरी करना और घरेलू काम करके रात को चैन की नींद सोना। लेकिन

उसके अपने आदर्श हैं। उसने अपने बच्चों को अच्छे संस्कार दिए हैं। उसके बच्चे बड़े-बुजुर्गों के चरण-स्पर्श करते हैं। अपने मां-बाप के सामने जुबान नहीं खोलते, उनसे नज़रें नहीं मिलाते। ईमानदारी, सेवा, परोपकार में अपने पिता के समान ही हैं। उसकी पत्नी दूसरों की सहायता करने के लिए सदैव तत्पर रहती है। अपने सीमित साधनों से आगंतुकों की सेवा-सत्कार करना वह अपना कर्त्तव्य समझती हैं। उसके घर का प्रत्येक सदस्य बिना नहाए और पूजा-पाठ किए कुछ भी खाता-पीता नहीं है। उसका घर स्वर्ग जैसा है। लेकिन समाज की नज़रों में वह असफल व्यक्ति है। ऐसे पोंगापंथी लोगों की समाज में कोई अहमियत नहीं, कोई इज्जत नहीं; क्योंकि ये लोग वे काम नहीं करा सकते, जो पहले वाला व्यक्ति करा सकता है! इनकी रूह कोई भी गलत काम करने से पहले कांप जाती है। इनकी लोग प्रशंसा तो करते हैं, लेकिन उन्हें आउटडेटेड मानते हैं।

एक दिन मैं अपने एक मित्र के यहां बैठा हुआ था। उसकी पत्नी ने स्कूल में पढ़ने वाले बच्चों के बीच होने वाली पारस्परिक बातचीत का ज़िक्र किया। उनमें से एक बच्चा 'चिकन' नहीं खाता था। सुबह-सुबह नहा-धोकर भगवान के सामने अगरबत्ती जलाकर टीका लगाकर स्कूल आता था। मौका मिलने पर शिरडी के साईं बाबा के दर्शन करने जाता था। वह उन बच्चों की नजरों में मजाक का पात्र था, जो 'चिकन' खाते थे। वे उसके बिस्कुट, दालमोंठ, पोहा, चना-हलुवा वाले नाश्ते को देखकर उसका मजाक उड़ाते थे। शिरडी जाने पर उसे 'पुजारी' कहकर चिढ़ाते थे।

आजकल के तेजी से बदलते माहौल में जब आदर्शों के चुनाव की बात आती है, तो आप ही निर्णय कीजिए कि आप कैसा बनना पसंद करेंगे? आपके जीवन का प्रेरणास्रोत कौन-सा व्यक्ति होगा-पहले वाला या दूसरे वाला! आप अपने बच्चे के बार-बार यह शिकायत करने पर कि स्कूल के बच्चे उसे 'चिकन' न खाने और शिरडी जाने पर चिढ़ाते हैं, क्या आप भी अपने बच्चों को 'चिकन' खिलाना शुरू कर देंगे और उसका शिरडी जाना बंद कर देंगे?

डिग्री कॉलेज के एक प्रोफेसर थे-सभ्य, सौम्य और आदर्शवादी! उन्होंने अपने सिद्धांतों से कभी समझौता नहीं किया। प्राध्यापकों के बीच होने वाली 'दारू पार्टी' में कभी शामिल नहीं हुए। अन्य प्राध्यापकों की नजर में वे घास-फूस खाने वाले प्राणी थे। उनके अन्य साथियों ने उन्हें 'तनखैया' (सिख-पंथ से निष्कासित हो जाने वाला व्यक्ति) घोषित कर दिया था।

एक बार की बात है। वार्षिक परीक्षाएं चल रही थीं। वे एक कमरे में बाह्य निरीक्षण पर थे। अचानक उनकी नज़र एक परीक्षार्थी की ओर गई, जो चाकू

गाड़कर नकल कर रहा था। कमरे में 'ड्यूटी' पर मौजूद दो प्राध्यापक उसको देखते हुए भी अनदेखी कर रहे थे। अचानक वे उसके पास पहुंचे और नकल करने वाली सामग्री तथा उत्तर पुस्तिका उठा ली और लेकर चलने लगे। अचानक वह परीक्षार्थी उठा और उनके गाल पर तमाचा मारते हुए बोला-**"ए मास्टर! तेरी इतनी हिम्मत कि मुझे 'बुक' करेगा...मुझे! देख! तेरे साथी कैसे चुपचाप खड़े हुए मुझे देख रहे थे। लेकिन उन्होंने कुछ भी नहीं कहा और तू...।"** उन प्रोफेसर महोदय ने अपना दूसरा गाल उसकी ओर करते हुए कहा-**"इस पर एक तमाचा और मार! लेकिन तुझे 'बुक' होने से कोई नहीं बचा सकता।"** वह परीक्षार्थी बाहर निकलकर उन्हें देख लेने की धमकी देते हुए चला गया। उन्होंने उसकी नकल 'बुक' की और शान से महाविद्यालय से बाहर निकले।

लेकिन वह नकलची परीक्षा-परिणाम में द्वितीय श्रेणी में उत्तीर्ण था। विश्वविद्यालय में सांठ-गांठ करके उसकी 'कॉपी' के साथ नत्थी नकल-सामग्री ही गायब करा दी गई।

आपका प्रेरणास्रोत कौन होगा? वे आदर्शवादी प्रोफेसर महोदय, जिन्होंने तमाचा खाने के बाद भी अपना प्राध्यापक-धर्म निभाया या फिर वे प्राध्यापकगण, जो परीक्षार्थी को नकल कराने या उसको विश्वविद्यालय द्वारा 'बाइज्जत' बरी कराने में शामिल थे। फिर अपनी बिखरी हुई आत्मशक्ति जीवन से एकत्रित करिए। 'आत्मशक्ति' वह पूंजी है, जिसको एक बिंदु पर एकत्र कर आप कठिन-से-कठिन कार्य करने में सक्षम हो सकेंगे। आप अपने आत्मविश्वास से परिचित हैं? नहीं न! थोड़ी-सी परेशानी आने पर आपका धैर्य जवाब दे जाता है कि अब नहीं सहा जाता, इससे अच्छा तो भगवान मुझे उठा लेता! संघर्षों से बहुत जल्दी घबरा जाते हैं। अपना खोया हुआ आत्मविश्वास आपको वापस मिल सकता है। एक बार अपने पैर को जमीन पर मजबूती से टिकाकर साहस करके एकदम उठ बैठिए। अपनी मुट्ठियां बांधिए कि आप आत्मविश्वास से लबरेज हैं। आपमें भी वे गुण विकसित होंगे, जो इन महापुरुषों में थे।

एक बार संकल्प कीजिए कि मैं अपने महान पूर्वजों की परम्परा को आगे बढ़ाऊंगा, उनसे प्रेरणा प्राप्त करूंगा ओर उनके गुणों को अपने जीवन में उतारूंगा। आपका संकल्प आपको सिद्धि देगा। आप देखेंगे कि धीरे-धीरे आपमें प्रकृति और महान व्यक्तियों की शक्तियां उतर रही हैं और आपमें भी वैसी ही दिव्यता प्रकट हो रही है। आपमें वैसे ही गुण समाहित होते चले जाएंगे। अपने उद्देश्य से भटकिए मत! प्रतिदिन अपना मूल्यांकन अपने पिछले दिनों के आधार पर करिए।

आप जैसा सोचेंगे, वैसा ही बन जाएंगे। श्री राम बनना चाहेंगे, तो बन जाएंगे और यदि रावण से प्रेरणा लेंगे, तो वैसे ही ढलते चले जाएंगे।

किसी से ईर्ष्या मत कीजिए। यदि कोई सफल है, तो उस-जैसा बनने की प्रेरणा लीजिए। उससे ईर्ष्या द्वेष मत करिए। बस आपको ये देखना है कि इस व्यक्ति के सफल होने के पीछे वे कौन से कारक हैं, जिनके आधार पर ये सफल कहलाता है। ईर्ष्या करने से उस व्यक्ति को तो कोई हानि नहीं होगी, लेकिन आपकी ऊर्जा बेवजह खर्च होगी। उसको भी 'ट्रैक' में दौड़ने दीजिए और स्वयं भी पूरी तैयारी के साथ दौड़िए। स्वस्थ प्रतिस्पर्द्धा करिए।

समय के सदुपयोग का ध्यान रखिए। एक क्षण भी बेकार मत गंवाइए; क्योंकि हर पल बड़ा कीमती है। अपने जीवन में जितने भी सफल लोग हैं, उनकी दिनचर्या व्यस्त और नपी-तुली होती है। उनसे प्रेरणा ग्रहण कीजिए। उन जैसा बनने का प्रयास कीजिए। संसार में जितने भी महान और सफल लोग हुए हैं, उन्होंने अपने समय की कीमत पहचानी है। अपने समय से आगे देखने की कोशिश कीजिए। अपनी कल्पना शक्ति के बल पर महान व्यक्तियों ने अपने समय से आगे दौड़ लगाने में अपनी शक्ति लगाई है।

हमारे पूर्व राष्ट्रपति और 'मिसाइलमैन' वैज्ञानिक डॉ. ए.पी.जे. अब्दुल कलाम ने अपनी पुस्तक 'मिशन 2020' में आने वाले समय की आहट सुनी है। इस पुस्तक में उन्होंने उन बिंदुओं को उकेरा है, जिन पर चलकर भारत एक विकसित देश बन सकता है।

उनके जीवन की एक घटना है। डॉ. कलाम पायलट बनना चाहते थे, लेकिन वे होने वाली परीक्षा में सफल नहीं हो पाए। उनके मन में घोर निराशा घर कर गई थी। वे प्रसिद्ध संत स्वामी शिवानंद के पास पहुंचे। वे उनके प्रेरक बने। उन्होंने डॉ. कलाम से कहा-"भगवान तुमसे किसी महान कार्य को कराना चाहते हैं। पायलट न बने, तो क्या हुआ? जीवन में और भी बड़े लक्ष्य हैं।" स्वामी जी की प्रेरणा से वे अपने कार्यक्षेत्र में जुट गए और एक सफल वैज्ञानिक बने और बाद में भारत के राष्ट्रपति के सर्वोच्च पद तक पहुंचे।

आपको सिर्फ ये देखना है कि किसी सफल व्यक्ति ने ऊंचा उठने के लिए किन साधनों का प्रयोग किया। उसने बेईमानी, मक्कारी, धोखेबाजी, भ्रष्टाचार आदि से अकूत पैसा कमाकर प्रतिष्ठा हासिल की या उसने मेहनत, ईमानदारी, लगन, त्याग-तपस्या, सेवा, परोपकार से धन और सम्मान पाया। उसी के अनुसार आपको सफल होने के लिए अपने लक्ष्य तय करने होंगे। फिर कितनी भी परेशानियां क्यों न आएं, समाज आपको तिरस्कृत क्यों न करे, लोग आपकी खिल्ली क्यों न उड़ाएं; आपको किसी भी सूरत में अपने लक्ष्य से डिगना

नहीं है।

ये सच है कि आज के प्रतिस्पर्द्धी युग में नैतिकता, ईमानदारी, सदाशयता जैसे शब्द पुस्तकों की शोभा बढ़ा रहे हैं। ऐसे सद्गुणों वाला व्यक्ति समाज द्वारा तिरस्कृत-बहिष्कृत होता है। कुछ लोग मरते दम तक अपनी आन पर अड़िग रहते हैं और कुछ लोग विषम परिस्थितियों से घबराकर टूट जाते हैं।

मैंने भी एक अवकाशप्राप्त उच्च पुलिस अधिकारी को अपनी ईमानदारी के कारण टूटते हुए देखा है। अपनी ईमानदारी के कारण उन्हें अपने सेवा-काल में कभी भी पैसे वाली 'पोस्टिंग' नहीं दी गई। उनका बोरिया-बिस्तर हर समय बंधा रहता था। अपने 'बॉस' के वे सदैव अप्रिय रहे। राजनेता उन्हें देखकर कन्नी काट जाते थे। उन्हें अपनी तनख्वाह में ही गुजारा करना पड़ता था। उनके बच्चे अन्य अधिकारियों के बच्चों की तरह कभी शान से नहीं जी पाए। रिटायरमेंट के बाद वे बिल्कुल टूट गए। जब उनके लड़के को कोई अच्छी नौकरी नहीं मिल पाई, तो एक दिन वे अचानक कहने लगे-**"इससे अच्छा तो मैं भी दूसरे लोगों की तरह बन जाता, तो आज ये दिन न देखने पड़ते।"**

उनकी पत्नी कैंसर से मरी; क्योंकि उनके पास इतना पैसा नहीं था कि वे किसी बड़े अस्पताल में उनका इलाज करा पाते। वे अपने आदर्शों के कारण पूरी तरह 'बर्बाद' हो चुके थे।

भगवान बुद्ध ने हमें एक रास्ता दिखाया है 'मज्झम मग्ग' (मध्यम मार्ग) का! Excess of everything is bad (अति हर चीज की बुरी होती है) हमको रबड़ को इतना नहीं खींचना है कि वह टूट ही जाए। यदि हम अपने में सद्गुणों को विकसित करके कठिन परिश्रम करके धर्म और अर्थ के साधन जुटा लेते हैं, तो इससे अच्छा कुछ हो ही नहीं सकता। हमें संतोष धारण कर दूसरों से अपनी तुलना न करते हुए उपलब्ध साधनों से जीवन यापन करना सीखना होगा। वास्तव में हम दूसरों के सुखों से दुःखी हैं, अपने दुःखों से दुःखी नहीं हैं। मनुष्य की इच्छाएं अनंत हैं, एक इच्छा पूरी हो जाने के बाद, दूसरी की लालसा स्वतः ही मन में उठती है, इस तरह तृष्णाओं की कभी पूर्ति नहीं होती।

हमें पूर्व प्रधानमंत्री लाल बहादुर शास्त्री से प्रेरणा लेनी चाहिए। उन्होंने केंद्रीय मंत्री और प्रधानमंत्री पदों पर रहते हउ अपनी आवश्यकताओं को सीमित रखा और अपने बच्चों को कभी अपनी चादर से बाहर पैर नहीं पसारने दिए।

इस प्रकार हम सफल व्यक्तियों की उपलब्धियों और उनके द्वारा प्रयोग किए गए साधनों का सम्यक् आकलन कर और उनसे समुचित प्रेरणा लेकर अपने भी जीवन में सफलता प्राप्त कर सकते हैं।

●●●

15

निरुद्देश्य जीवन-एक भटकती नौका

सृष्टि के समस्त लोकों और जीवों में मानव सर्वश्रेष्ठ है। विभिन्न योनियों में भटकने के बाद उसे मनुष्य का जन्म प्राप्त होता है। देवगण भी इसे पाने के लिए तरसते हैं। यह देव-दुर्लभ शरीर केवल मनुष्य को ही प्राप्त करने का सौभाग्य मिला है। संत तुलसीदास ने 'रामचरितमानस' में कहा है-

बड़े भाग मानुसतन पावा

मनुष्य में भगवान ने बुद्धि और विवेक दिया है। वह अपना भला-बुरा सोचने में सक्षम है और अपने भाग्य का निर्माता स्वयं बन सकता है।

मां के गर्भ में जब बच्चा होता है, तब वह भगवान से प्रार्थना करता है कि हे प्रभु! मुझे इस नरक से निकालो। मैं बाहर आकर आपको भजूंगा। सत्कार्य करूंगा। भगवान जब उसे 'नरक' से मुक्ति दिला देते हैं, तो बाहर आकर वह सब-कुछ भूल जाता है। वह संसार में रम जाता है। संसार के मोहपाश में जकड़ जाता है।

प्रश्न यह है कि संसार में उसने जन्म क्यों लिया? उसके यहां आने का उद्देश्य क्या है? मात्र जन्म लेकर पढ़ाई करना, नौकरी करना, शादी करके बच्चे पैदा करना और मर जाना ही क्या उसके जीवन का परम लक्ष्य है? खाना-पीना, सोना-जागना, ऐश करना और मरने के बाद अपने परिवार को विरासत के रूप में छोड़ जाना ही मानव-जीवन का उद्देश्य है? भूख, निद्रा और मैथुन की इच्छा हर जीव में होती है। जिस कार्य के लिए अन्य जीवों ने जन्म लिया है, क्या वही हमारा भी उद्देश्य है? फिर हममें और अन्य प्राणियों में अंतर ही क्या हुआ? क्या हम बिना पूंछ वाले प्राणी (An animal without tail) बनकर ही जीवन गुजार देंगे? या सोद्देश्य जीवन जीकर हम अपने मनुष्यत्व की सार्थकता सिद्ध करेंगे।

मनुष्य जब अपनी जीवन-यात्रा शुरू करता है, तो वह तय नहीं कर पाता कि उसके जीने का उद्देश्य क्या है? एक बंधी-बंधाई लीक पर; जिस पर समाज चल रहा होता है, उसी पर वह भी आगे बढ़ता जाता है। कभी-कभी संयोगवश उसे सफलता मिल जाती है और कभी-कभी वह बुरी तरह असफल हो जाता है। मां-बाप बच्चे को उसके विद्यार्थी जीवन में जो विषय पढ़ने के लिए दिला देते हैं, वह उन्हें जबर्दस्ती पढ़ता है; चाहे उन विषयों में उसकी रुचि हो या न

हो! वह उनके सामने अपनी अभिरुचि नहीं बता पाता। मैं एक ऐसे पिता को जानता हूं, जिन्होंने अपने बेटे को हाईस्कूल में 'विज्ञान वर्ग' दिलाया, जबकि उनके बेटे की विज्ञान पढ़ने में रुचि ही नहीं थी। उनका कथन था-**"चाहे ये फेल होता रहे, लेकिन पढ़ाऊंगा इसे विज्ञान ही!"** परिणाम यह हुआ कि उनका बेटा फेल होता रहा और वे अपनी जिद पर अड़े हुए उसे विज्ञान पढ़ाते रहे।

आजकल आप किसी भी विद्यार्थी से पूछिए कि तुम क्या बनना चाहते हो? वह तपाक-से जवाब देगा-**"अंकल! मैं डॉक्टर, कंप्यूटर इंजीनियर बनना चाहता हूं।"**

हवा इस समय एम.बी.बी.एस., इंजीनियरिंग, एम.सी.ए., एम.बी.ए. जैसी डिग्रियों को प्राप्त करने की बह रही है, इसलिए बिना सोचे-समझे उसने भी कह दिया। कोई विरला विद्यार्थी ही इन डिग्रियों से इतर अपनी अभिरुचि प्रकट करेगा। एक भेड़ जिस तरफ चलेगी, सारी भेड़ें उसी तरफ रुख करेंगी। इसे ही 'भेड़चाल' कहते हैं। कोई मौलिक उद्देश्य है ही नहीं उनके जीवन का! सब-कुछ उधार का लिया हुआ है।

किसी भी व्यक्ति से पूछो कि तुम्हारा जीवन कैसा चल रहा है? उसका एक 'रेडीमेड' जवाब होगा-**"बस जी! ठीक-ठाक हैं। समय कट रहा है।"**

अरे भाई! समय नहीं कट रहा, समय तुम्हें काट रहा है।

बाप के पास सही-गलत तरीके से कमाई हुई संपत्ति है। बेटे को खर्च करने के लिए बेरोकटोक पैसा मिलता है। खुद तो उड़ाता ही है, यार-दोस्तों पर भी खर्च करता है। उससे पूछो कि कैसे हो? क्या हाल है? कहेगा-**"ऐश कर रहे हैं।"**

बस 'ऐश' करना ही मकसद है जिंदगी का! और इस तरह जिंदगी को 'ऐश' (Ash-राख) किए दे रहे हैं। न कोई पूछने वाला, न कोई रोकने वाला और न कोई टोकने वाला!

बिना उद्देश्य का जीवन मस्तूल वाली उस नाव के समान होता है, जो उसी ओर रुख करती है, जिधर को हवा बहती है अथवा उसकी तुलना बिना पतवार की नाव से की जा सकती है, जिसको किनारा नसीब नहीं होता! वह लहरों के रहमोकरम पर रहती है और अंत में हिचकोले खाती हुई नदी में डूब जाती है।

इसलिए नदी में उतरकर नाव से यात्रा करते समय, यदि पतवार से उसे खेवेंगे, तो दूसरे किनारे पहुंचने का स्पष्ट लक्ष्य आपके सामने होगा और आप लहरों के विरुद्ध संघर्ष करके वहां तक पहुंचेंगे भी!

आपको याद है कुरुवंश के राजकुमारों की वह कथा; जिसमें गुरु द्रोणाचार्य ने सभी राजकुमारों की धनुर्विद्या में निपुणता की परीक्षा लेने के लिए पेड़ पर एक चिड़िया टांग रखी थी। उन्होंने कहा कि सभी को चिड़िया की आंख में निशाना लगाना है। कौरवों-पांडवों-सभी से उन्होंने पूछा कि तुमको क्या दिखाई दे रहा है? अर्जुन को छोड़कर सभी ने इस विषय में अपनी अलग-अलग राय व्यक्त की। किसी ने कहा कि उसे चिड़िया का पूरा शरीर दिखाई दे रहा है। किसी ने कहा कि आंख के साथ उसके पंख भी दिखाई दे रहे हैं। पेट भी दिखाई दे रहा है... पंजे भी दिखाई दे रहे हैं!

जब उन्होंने अपने प्रिय शिष्य अर्जुन से पूछा कि तुम्हें क्या दिखाई दे रहा है? तो उसने कहा-**"गुरुदेव! मुझे केवल चिड़िया की आंख दिखाई दे रही है।"**

जिसने 'चिड़िया की आंख' को ही अपना उद्देश्य बना रखा है, वह जीवन में निश्चित रूप से सफल होगा।

अर्जुन का ही दूसरा उदाहरण हमारे समक्ष है। द्रोपदी-स्वयंवर के समय राजा द्रुपद ने आगंतुक वीरों के लिए यह लक्ष्य रखा था कि वे तेल के खौलते कड़ाहे में ऊपर तीव्र गति से घूमती हुई मछली की आंख का भेदन नीचे उसका प्रतिबिंब देखकर करें। कोई भी वीर पुरुष उस मछली की आंख को नहीं भेद पाया। केवल अर्जुन ने ही पूर्ण एकाग्रता के साथ अपने लक्ष्य को प्राप्त किया।

निश्चित लक्ष्य प्राप्त करने के लिए अपनी बिखरी हुई शक्तियों को एक जगह केंद्रित किया जाता है।

निश्चित लक्ष्य प्राप्त करने के लिए अपनी बिखरी हुई शक्तियों को एक जगह केंद्रित किया जाता है। **इसमें मन की चंचलता आड़े आती है। मन इधर-उधर भटकता है। एक लक्ष्य को छोड़कर दूसरे की ओर भागता रहे और फिर तीसरे की ओर, लेकिन जिसने अपने मन को काबू कर लिया, इस अनियंत्रित घोड़े की लगाम अपने हाथ में ले ली, इस पर सवारी गांठना सीख लिया, फिर एकाग्र होना मुश्किल नहीं है।**

जब नया साल आता है, तो उसकी पूर्व संध्या पर लोग खूब जश्न मनाते हैं। नए साल वाले दिन पूरे साल का लक्ष्य निर्धारित करते हैं- आज से मैं शराब, सिगरेट या तंबाकू-गुटखा को हाथ नहीं लगाऊंगा। मेरी इन बुरी आदतों के कारण मेरी पत्नी और बच्चे परेशान रहते हैं। घरवालों के बीच अपने लक्ष्य का खूब प्रचार किया। यार-दोस्तों या परिचितों ने यदि ज्यादा दबाव डाला, तो अपना संकल्प दुहरा दिया कि आज से बिना मादक पदार्थों का सेवन करते हुए स्वस्थ

जीवन जीना ही मेरा लक्ष्य है। अब बुरी आदतें इतनी जल्दी तो छूटती नहीं हैं। उन्होंने कहा-"**ऐसे कैसे चलेगा मेरे यार, तू साथ नहीं देगा तो पार्टी का क्या फायदा, ठीक है अब हम नहीं आया करेंगे तेरे पास... समाज में रहकर ऐसे साधु-संत बनकर काम थोड़े ही चलता है...ये कलियुग है, इसमें सब चलता है।**" उसकी आत्मा कांप उठी। मेरे दोस्त मेरा साथ छोड़ देंगे, तो मैं किसके सहारे जीऊंगा? और उसका संकल्प धराशायी हो जाता है। वह अपने उद्देश्य से भटक जाता है।

एक कथा आती है। एक पंडित जी थे-बड़े ज्ञानी-ध्यानी, पूजा-पाठी! वे प्रतिदिन नदी पारकर एक शिव मंदिर में जल चढ़ाने जाते थे। उनके गांव में एक शराबी था। वह पंडितजी से ईर्ष्या करता था। वह पंडितजी को नीचा दिखाने की फिराक में रहता था। उसने इसे अपने जीवन का उद्देश्य बना लिया था। अब पंडितजी जल चढ़ाने जा रहे हैं, तो वह तो उन्हें नीचा दिखाएगा ही! शराबी उनके पीछे-पीछे जाता था और जब पंडितजी जल चढ़ा देते, तब उन्हीं के सामने शिवलिंग पर वह जोर से डंडा मारता था। पंडितजी की भावनाएं आहत होतीं; लेकिन वह उससे कुछ कह नहीं पाते थे।

भगवान शंकर ने दोनों की परीक्षा लेनी चाही। एक दिन मूसलाधार बारिश हो रही थी। नदी अपने पूरे उफान पर थी। पंडितजी ने मौसम खराब देखकर बाहर निकलना उचित नहीं समझा। उधर शराबी ने कहा कि मौसम अच्छा नहीं है तो क्या हुआ? वह पंडित तो जल चढ़ाने गया होगा, मैं भी जाऊंगा। वह नदी की लहरों के विरुद्ध संघर्ष करके शंकरजी को डंडा मारने पहुंचा। जैसे ही उसने डंडा मारा, भगवान शंकर प्रगट हो गए और उससे कहा कि मैं तुझसे प्रसन्न हूं, मांग! तेरी जो इच्छा हो। उसने कहा कि प्रभु! मैं तो आपको प्रतिदिन डंडा मारता हूं ...और आप मुझ पर प्रसन्न हैं? भगवान बोले-"**तू अपने संकल्प में सफल हुआ, जबकि पंडित ने नदी में बाढ़ और मूसलाधार बारिश के कारण अपना लक्ष्य त्याग दिया।**"

आपने देखा कि नववर्ष पर मादक पदार्थों को छोड़ने का संकल्प करने वाले सज्जन अपनी अस्थिरता और संकल्पशक्ति की कमी के कारण पुनः व्यसनी बनकर अपने उद्देश्य में बुरी तरह असफल रहे। दूसरी ओर एक व्यसनी, जिसका एकमात्र उद्देश्य पंडित को नीचा दिखाना था, अपनी संकल्पशक्ति की दृढ़ता के कारण भगवान शंकर के दर्शन करने और उनसे वरदान पाने में सफल हुआ।

आकाश में असंख्य तारे हैं। हम एक बार में अपनी नजर से मात्र तीन हजार तारों को ही देख सकते हैं। वे आकाश में दिन-रात गतिमान रहते हैं। दिन में सूर्य

के प्रकाश के कारण हम उनकी गति नहीं देख पाते हैं, लेकिन रात में हम उनकी गति दूरदर्शी (Telescope) से देखें; तब उनकी गति की अस्थिरता पता चलती है। लेकिन इन तारों में से एक तारा है-ध्रुवतारा (Pole Star), जो हमेशा स्थिर रहता है। उसकी दिशा निश्चित है-उत्तर दिशा। आप उसे देखकर दिशा-ज्ञान कर सकते हैं। वह तारा करोड़ों वर्षों से चमक रहा है और अपनी जगह स्थिर है।

अपने उद्देश्य के विषय में इतने दृढ़ रहो जैसे कि ध्रुवतारा, चाहे कितनी कठिनाइयां क्यों न आएं, तूफान-आंधियां, बदलते मौसम, रात-दिन-किसी का भी प्रभाव तुम्हारे ऊपर न पड़े। तुम सदैव अपने लक्ष्य के प्रति 'ध्रुव' रहो। आगे आने वाली पीढ़ियां तुम्हारा मार्गदर्शन प्राप्त करती रहें, तुमसे दिशा-ज्ञान लेती रहें।

जीवन में आस्था का बहुत महत्त्व है। आस्थावान व्यक्ति अपने उद्देश्य के प्रति समर्पित होता है और उसमें श्रद्धा और विश्वास कूट-कूटकर भरा होता है। जिस व्यक्ति में जिस अनुपात में किसी के प्रति श्रद्धा-विश्वास होगा, वह उसी अनुपात में आस्थावान होगा। 'रामचरितमानस' में मानसकार तुलसीदास ने सर्वप्रथम वंदना करते हुए लिखा है-

"भवानी शंकरौ वंदे श्रद्धा विश्वासरूपिणौ"

मैं श्रद्धा (पार्वतीजी) और विश्वास (शंकर जी) रूपी भवानीशंकर की वंदना करता हूं।

श्रद्धा-विश्वास होने से आस्था बलवती होती है और शिव-शक्ति समन्वित रूप से उस व्यक्ति की हर पग पर मदद करते हैं। आस्थावान व्यक्ति के लड़खड़ाते कदमों में स्वतः दृढ़ता आ जाती है। आस्था ही वह प्रेरणास्रोत है, जिससे लक्ष्यप्राप्ति के लिए व्यक्ति के मन में चट्टानी दृढ़ता आ जाती है। उसे कोई शक्ति डिगा नहीं सकती।

भक्त प्रह्लाद का उदाहरण दे सकते हैं। हिरण्यकशिपु का पुत्र प्रह्लाद परम भगवद्भक्त था- उसे भगवान पर अटूट आस्था थी। उसके जीवन का उद्देश्य था भगवान के श्री चरणों में स्थान पाना। उसके पिता ने भगवान की आराधना करने के कारण उसे कई बार जान से मारने की कोशिश की, लेकिन वह श्रीविष्णु में अटूट आस्था के कारण हर बार मौत के मुंह से निकल आता था। हिरण्यकशिपु जब अपनी सारी कोशिशें करके हार गया- होलिकावाला ब्रह्मास्त्र भी जब उसके काम न आया, तब एक बार प्रह्लाद के यह कहने पर कि भगवान हर जगह है; हिरण्यकशिपु एक खंभे की ओर इशारा करके बोला-**"क्या इस खंभे में भी भगवान हैं?"** प्रह्लाद ने अपनी दृढ़ आस्था के आधार पर जब

यह कहा-**"हां"**, तब उसने खंभे पर तलवार से प्रहार किया। खंभे में से नृसिंह भगवान प्रगट हुए और उन्होंने हिरण्यकशिपु को मार डाला।

यहां प्रह्लाद की आस्था नें दो स्तरों पर कार्य किया। उसकी दृढ़ आस्था ने खंभे में से नृसिंह भगवान को प्रगट करवाया। दूसरे हिरण्यकशिपु के मारे जाने पर भी जब नृसिंह भगवान का क्रोध शांत नहीं हुआ, तो किसी भी देवता की उनके पास जाकर उनका क्रोध शांत कराने की हिम्मत नहीं हुई, तब सभी ने प्रह्लाद को उनके पास भेजा। प्रह्लाद निर्द्वन्द्व और निर्भय होकर अपनी आस्था की डोर के सहारे भगवान तक पहुंचा और उनका क्रोध शांत कराया।

आस्था का मतलब यह कतई नहीं लगाया जाना चाहिए कि व्यक्ति उसके आधार पर भाग्यवादी या ईश्वरवादी बन जाए। उसे भगवान में पूर्ण आस्था है, इसलिए सारे काम भगवान-भरोसे छोड़कर हाथ-पर-हाथ रखकर बैठ जाएं आस्था हमें कर्म की ओर प्रेरित करके हमें पुरुषार्थी बनना सिखाती है। जब पुरुषार्थ के बलबूते हम अपने उद्देश्य में सफल होते हैं, तो हमारी आस्था और सुदृढ़ हो जाती है।

जो व्यक्ति सतत पुरुषार्थ करते हैं, वे अपने उद्देश्य-प्राप्ति में अवश्य सफल होते हैं।

तो बात उस राजा की चल रही थी। एक बार वह राजज्योतिषी के साथ किसी खेत से गुजर रहा था। उस खेत में उसे एक किसान मिला। राजा ने ज्योतिषी से कहा कि इस किसान की हस्तरेखाएं देखो। राजज्योतिषी ने जब उस किसान से हाथ दिखाने को कहा, तो उसने अपने दोनों हाथ उल्टे कर दिए। राजज्योतिषी बोला-**"हाथ की रेखाएं कहीं ऐसे दिखाई जाती हैं? अपनी हथेलियां दिखाओ।"** किसान ने हंसते हुए कहा-**"ज्योतिषी जी! देखना है तो मेरे हाथों की कठोरता को देखिए! जिनमें मेरी मेहनत की कहानी छिपी पड़ी है। इन हाथ की रेखाओं में क्या रखा है? अगर मैं इनको ही देखता रहूं और जी-तोड़ मेहनत न करूं, तो क्या मैं अन्न उपजा सकता हूं? ये क्या मुझे खाने को दे देंगी।"** राजज्योतिषी उसकी बात सुनकर निरुत्तर हो गए और राजा ने उसी दिन से पुरुषार्थ पर विश्वास करना शुरू कर दिया। वही उनके जीवन का उद्देश्य बन गया।

किसान के विचारों की दृढ़ता का आधार उसका पुरुषार्थ था, जिसके आधार पर उसने ज्योतिषी को टका-सा जवाब दे दिया। पुरुषार्थी व्यक्ति के व्यक्तित्व में निश्चलता और ईमानदारी होती है, जो उसके उद्देश्य के प्रति समर्पण को दर्शाती है। वह ज्योतिषी की बात का विरोध राजा के सामने इसलिए कर सका; क्योंकि वह अपने उद्देश्य के प्रति स्पष्ट था।

उद्देश्य की प्राप्ति के लिए आत्मनियंत्रण बहुत आवश्यक है। आत्मनियंत्रण में वह शक्ति है, जिसके बूते व्यक्ति बड़ी-से-बड़ी कठिनाइयों को पार कर जाता है और अपना अभीष्ट सिद्ध कर लेता है।

आत्मनियंत्रण में वह शक्ति है, जिसके बूते व्यक्ति बड़ी-से-बड़ी कठिनाइयों को पार कर जाता है और अपना अभीष्ट सिद्ध कर लेता है।

गांधीजी जब विलायत पढ़ने गए, तब उन्होंने अपनी मां को विलायत में मांस, मदिरा, सिगरेट इत्यादि व्यसनों से दूर रहने का वचन दिया था। यद्यपि उन्होंने भारत में रहते हुए इन सबका स्वाद चखा था।

विलायत में पढ़ने वाले छात्र अकसर सिगरेट, मांस और शराब को अपने आहार में शामिल कर लेते थे और उसे अपनी जीवन-शैली का अंग मानते थे। गांधीजी के सहपाठी गांधीजी से अक्सर इन चीजों का सेवन करने का आग्रह करते थे। उन्हें तरह-तरह के प्रलोभन देते, उन्हें डराते-धमकाते थे। कहते थे-**"इस हाड़ कंपा देने की ठंड में भी यदि मांस और शराब का सेवन नहीं करोगे, तो मर जाओगे।"**

गांधीजी कहते थे-**"मैंने चलते समय अपनी मां को वचन दिया था कि मैं दुर्व्यसनों से दूर रहूंगा। मैं अपनी मां का भरोसा कदापि नहीं तोड़ सकता।"**

वे यदि चाहते तो इन चीजों का सेवन निर्द्वन्द्व होकर कर सकते थे। उनकी मां उन पर नियंत्रण रखने विलायत में तो उनके साथ रहती नहीं थी, लेकिन उन्होंने आत्मनियंत्रण करना सीख लिया था। कालान्तर में आत्मनियंत्रण के बल पर वे इतने महान पुरुष बने और अपने उद्देश्य में सफलता प्राप्त की।

"यदि जीवन में अभीष्ट सफलता चाहते हो, तो एक आदर्श को लो। इसका चिंतन-मनन करो, उसी को अपने सपने में पालो और उसी को अपना जीवन बना लो। ...फिर देखो, सफलता कैसे तुम्हारे कदम चूमती है। ...दृढ़ निश्चयी व्यक्ति को, उसका लक्ष्य-रूपी ध्रुवतारा, बड़ी-से-बड़ी बाधाओं को पार करने की शक्ति देता है। परिस्थितियों के ज्वार-भाटों व आंधी-तूफानों के बीच भी वह हिम्मत नहीं हारता और निरंतर अपने ध्येय की ओर बढ़ता रहता है।

अगर जीवन में अपने ध्येय को प्राप्त करना है, तो हर संकट का सामना करने के लिए अपने आपको तैयार करो। चाहे कितने भी आंधी-तूफान क्यों न आएं, तुम्हें अपने कदम पीछे नहीं हटाने हैं। हिम्मत हारोगे, तो दिल बैठेगा और तुम जीवन की बाजी हार जाओगे। लोग तुम्हें थका-हारा हुआ, पराजित आदमी कहेंगे। क्या तुम यह कहलाना पसंद करोगे।

वास्तव में धुन का पक्का व्यक्ति ही निर्भय हो सकता है और कठिनाइयों पर विजय प्राप्त कर सकता है।

'केस्कोग्राफ' नामक यंत्र के आविष्कारक प्रो. जगदीश चंद्र बसु बचपन में मेधावी छात्र नहीं थे। उन्हें विज्ञान और गणित जैसे विषय कठिन मालूम पड़ते थे, लेकिन उन्होंने हिम्मत नहीं हारी। वे निरंतर अपनी गलतियों को सुधारने में प्रयत्नशील रहे-

करत-करत अभ्यास के जड़मति होत सुजान
रसरी आवत-जात ते सिल पर परत निसान।

निरंतर अभ्यास से क्या चीज हासिल नहीं की जा सकती। विशालकाय पत्थर पर निरंतर प्रहार कीजिए, वो भी एक दिन अवश्य टूट जाएगा। प्रो. वसु अभ्यास करते रहे और एक दिन महान वैज्ञानिक बन जीवन का परमोद्देश्य प्राप्त किया। निरंतर अभ्यास से उनमें आत्मविश्वास जाग्रत हुआ। प्रो. प्रफुल्ल चंद्र राय, अल्बर्ट आइन्सटाइन, सर आइजक न्यूटन, जेम्स वॉट, मोहनदास करमचंद गांधी, चार्ल्स डार्विन, सर विन्सटन चर्चिल, डेमोस्थनीज-ये सभी महापुरुष किसी-न-किसी हीनता के शिकार थे, लेकिन अपने उद्देश्य के प्रति समर्पण और निरंतर अभ्यास के कारण उन्होंने बुलंदियों को छुआ।

बात जगदीश चंद्र बसु द्वारा आविष्कृत 'केस्कोग्राफ' नामक यंत्र की हो रही थी। यह एक ऐसा यंत्र है, जिससे यह सिद्ध किया जा सकता है कि पौधे भी सजीव प्राणी हैं, उनमें भी जीवन है। जब वे इस यंत्र का प्रदर्शन लंदन की 'एशियाटिक सोसाइटी' में करने वाले थे, तो किसी वैज्ञानिक ने ईर्ष्यावश KCN (पोटेशियम साइनाइड) की शीशी बदल दी। जब बसु ने पोटेशियम साइनाइड की शीशी पौधे पर उड़ेली, तो उसमें कोई प्रतिक्रिया नहीं हुई। साइनाइड एक तीव्र असरकारक जहर होता है। उनके पसीने छूट गए और सभा में सुगबुगाहट शुरू हो गई। अचानक उन्होंने तथाकथित KCN की पूरी बोतल अपने मुंह में उड़ेल ली और यह सिद्ध कर दिया कि शीशी में जहर नकली था। बाद में असली KCN आया और उन्होंने अपने प्रयोग का प्रदर्शन सफलतापूर्वक किया।

जगदीशचंद्र बसु का ध्येय स्पष्ट था। उन्हें अपने आविष्कार पर पूरा भरोसा था, इसीलिए उन्होंने KCN की शीशी को अपने मुंह में डाल लिया। वे मरने से भी नहीं घबराए और विश्व के बड़े-बड़े वैज्ञानिकों का विश्वास अर्जित करने में सफल हुए, जो उनका वास्तविक ध्येय था।

अपने लक्ष्य के प्रति पूर्ण समर्पित व्यक्ति समय आने पर अपनी जान की बाजी भी लगाना जानता है।

हमें अपने जीवन में जो भी 'रोल' मिला है, हम उसके योग्य स्वयं को बनाएं, तभी हमारी उस पात्र को जीने की सार्थकता है।

एक पिता अपने पुत्र को गोद में लिए खिला रहा था। एक कौआ मुंडेर पर बैठा 'कांव-कांव' कर रहा था। बेटे ने पूछा-**"पिताजी! ये क्या है?"** पिता ने कहा-**"बेटा! ये कौआ है।"** बेटे के बार-बार पूछने पर भी पिता झुंझलाया नहीं और न ही उसने बेटे को डांटा। पिता का किरदार हो तो ऐसा!

अब परिदृश्य बदलता है। पिता वृद्ध हो जाता है। दरवाजे पर अचानक खटखटाहट होने पर वह अपने बेटे से पूछ बैठता है-**"बेटा! कौन है?"** पुत्र डपटने के अंदाज में कहता है-**"चुप नहीं रहा जाता! हर समय बोलते रहते हैं।"** पिता खून का घूंट पीकर चुप रह जाता है।

पिता हो तो राजा दशरथ जैसा! कैकेयी को दिए गए वचन की मर्यादा रखने के लिए भरत को सिंहासन और राम को चौदह वर्ष का वनवास दे तो दिया, लेकिन राम के वन जाने के पश्चात्-

...बिछुरत एक प्रान हर लेही

(राम के बिछुड़ने के बाद उनके प्राण ही निकल गए।)

बेटा हो तो राम जैसा! पिता के वचनों को सही सिद्ध करने के लिए चौदह वर्ष का वनवास सिर झुकाकर झेला।

मां हो तो कौशल्या जैसी; यशोदा जैसी! मां का स्वरूप बताते हुए कबीरदास जी कहते हैं-

"हरि जननी मैं बालक तेरा

करि गहि केस करै जो घाता, तऊ न हेत उतारै माता।"

(बालक अपने हाथों से मां के बाल पकड़ लेता है, उनको खींचता है, लेकिन माता फिर भी रुष्ट नहीं होती है।) आद्य गुरु शंकराचार्य ने जगन्माता से क्षमापन स्तोत्र में कहा है-

"पुत्र कुपुत्रो जायेत, क्वचिदपि कुमाता न भवति"

पुत्र कुपुत्र निकल सकता है, लेकिन किसी भी हालत में माता कुमाता नहीं हो सकती।

पत्नी हो तो सीता जैसी! राजकुमारी होते हुए पति-संग चौदह वर्ष का वनवास झेला, अग्नि-परीक्षा दी, धोबी के उलाहना देने पर वनवास झेला, लेकिन उफ तक नहीं की!

पति हो राम जैसा। भाई हो तो भरत जैसा, लक्ष्मण जैसा, जिसने चौदह वर्ष बिना सोए गुजार दिए-भाई-भाभी की सेवा में। ...और सेवक हो तो हनुमान जैसा!

जीवन का जो ध्येय हम बनाकर चले हैं। सामाजिक रूप से संसार के मंच पर जिस पात्र का अभिनय करने को हमें मिला है, उसको सफलतापूर्वक निभाना ही हमारा ध्येय होना चाहिए, धर्म होना चाहिए।

कभी-कभी व्यक्ति का अपमान जब दूसरे व्यक्ति द्वारा किया जाता है, तो उसमें प्रतिशोध की भावना जागृत हो जाती है। वह उसका समूल नाश करना ही अपने जीवन का ध्येय बना लेता है।

याद हैं आचार्य कौटिल्य अर्थात गुरु चाणक्य! नंदवंश के राजा धननंद ने एक बार उनका भरी सभा में अपमान कर दिया। उसने उन्हें अपमानित करने के लिए उनकी शिखा खींची। ब्राह्मण की शिखा सम्पूर्ण शरीर का 'एन्टिना' होती है। महाकवि जयशंकर प्रसाद ने शिखा खींचने की घटना का वर्णन करते हुए अपने एक नाटक में लिखा है-**"खींच ले! खींच ले ब्राह्मण की शिखा! एक दिन यही कालसर्पिणी बनकर तेरे वंश को खा जाएगी।"** उसी क्षण से उन्होंने नंदवंश का समूल नाश अपने जीवन का ध्येय बना लिया। उन्होंने चंद्रगुप्त को राजा बनाने की ठानी, उसको राज-कार्य के लिए प्रशिक्षित किया। नंद-वंश का नाश कर उसको राजा बनाया और स्वयं उसके मंत्री बने।

दूसरा उदाहरण द्रौपदी का मिलता है इतिहास में! जब दुःशासन ने भरी सभा में द्रौपदी को नग्न करने की कुचेष्टा की, तो द्रोपदी ने इसे अपना घोर अपमान माना। उस समय के सभी वीर पुरुष कापुरुषता का प्रदर्शन करते हुए सिर नीचा किए बैठे रहे। यदि कृष्ण न आते, तो द्रौपदी की लाज बचना मुश्किल थी।

प्रतिशोध लेने के लिए, उसने अपने केश खोलकर यह प्रतिज्ञा की कि जब तक दुःशासन के रक्त से इन केशों को धो नहीं लेगी, तब तक इन्हें बांधेगी नहीं। स्मरण रहे, दुःशासन द्रौपदी के केश पकड़कर घसीटते हुए भरी सभा में नग्न करने ले गया था।

धननंद और दुःशासन की मृत्यु हो जाने पर ही आचार्य चाणक्य और द्रौपदी ने अपनी शिखा और केश बांधे थे।

यदि हम अपने उद्देश्य में सफल होना चाहते हैं, तो हमें अपनी इच्छाओं को नियंत्रित करना होगा। इच्छाएं तो असीमित हैं। एक इच्छा पूरी होने के बाद दूसरी इच्छा जन्म ले लेती है, उसकी पूर्ति हो जाने पर तीसरी. ..और इसके बाद...। इच्छाओं का अंत नहीं है।

एक बोध कथा आती है। एक बार एक मछुवारा नदी पर मछली पकड़ने गया। उसने देखा कि एक छोटी-सी मछली किनारे आकर तड़प रही है। उसने उस पर दया कर उसे पानी में छोड़ दिया। जब दूसरे दिन मछुवारा आया, तो उस मछली ने किनारे आकर कहा-**"मांगो जो मांगना है, मैं सब कुछ दे सकती हूं।"** मछुवारे ने दूसरे दिन मांगने को कह दिया। उसने घर जाकर अपनी पत्नी से सलाह-मशविरा किया। उसने कहा कि कुछ धन मांग लो। मछली ने उसकी इच्छा पूरी कर दी। वह मछली प्रतिदिन किनारे आती और मछुवारा उससे कभी

अच्छे वस्त्र, कभी रहने के लिए आलीशान मकान, जेवरात इत्यादि मांगता और मछली उसकी सभी इच्छाएं पूरी कर देती। एक दिन उसने अपनी पत्नी के कहने पर मछली से कहा–**"हे छोटी मछली! आज से सूरज-चांद, समस्त तारागण हमारे वश में हो जाएं।"** मछली ने उसकी इस मांग के लिए उसे धिक्कारा और उससे पूर्व में दी गई समस्त वस्तुएं छीन लीं।

यह कथा हमें बताती है कि हमें अपनी असीमित व अनियंत्रित इच्छाओं के कारण एक दिन पछताना ही पड़ता है। कभी अपने अहंकार के कारण; कभी सामाजिक प्रतिष्ठा के नाम पर, कभी झूठे प्रदर्शन के कारण; हम अपनी इच्छाएं बढ़ाते जाते हैं और उनके पूरा न होने पर हम अवसादग्रस्त हो जाते हैं, हीनभावना का शिकार हो जाते हैं, रोगी हो जाते हैं और कभी-कभी आत्महत्या तक कर लेते हैं। अतः हमें अपनी इच्छाओं को नियंत्रित करने का निरन्तर अभ्यास करने की आदत डालनी चाहिए, तभी हम अपने जीवन लक्ष्य को प्राप्त कर सकते हैं अन्यथा इच्छाओं के असीमित होने की दशा में हम स्थिर रहकर कार्य नहीं कर पाएंगे और अपने लक्ष्य से भटक जाएंगे।

भगवान बुद्ध कहते हैं–**"अप्पदीपो भव"** अपना दीपक स्वयं बनो। तुम्हें किसी बाहरी दीपक की आवश्यकता नहीं है। तुम स्वयं प्रकाशित हो–सूर्य की तरह। तुममें तेलरूपी ऊर्जा है, बत्ती रूपी इच्छाशक्ति है, फिर कौन-सी ऐसी शक्ति है, जो तुम्हें प्रकाशित होने से रोक सके, अपने लक्ष्य की ओर बढ़ने से डिगा सके! अपनी इच्छाशक्ति को हर पल पैना करते रहो, अपने आप पर विश्वास करना सीखो। तुम अनंत शक्तियों के भंडार हों। अपने आत्मविश्वास को डिगने मत दो। अपने-आपको हर समय जाग्रत रखो, तुम्हें सफल होने से कोई नहीं रोक सकता।

जीवन में एक निश्चित उद्देश्य लेकर चलो। उसको प्राप्त करने की कार्य-योजना तैयार करो। उसके लिए आवश्यक संसाधन जुटाओ और उसमें प्राण-पण से जुट जाओ। आत्मावलोकन आत्मनियंत्रण, आत्मविश्वास और आत्मालोचन ऐसी प्रक्रियाएं हैं, जिनका सतत प्रयोग करने से व्यक्ति शिखर पर पहुंच सकता है। आपको यह विचार होगा कि आपका जीवन किसी निहित और महत् उद्देश्य के लिए है। जीवन में छोटे लक्ष्य कभी मत रखो, लेकिन उनकी प्राप्ति के लिए शक्ति-संतुलन आवश्यक है। हमें यह भी देखना है कि सीमा का अतिक्रमण नहीं हो पाए।

यदि उपरोक्त गुणों को अपने जीवन में उतारकर आपने ईमानदारी से प्रयास किया, तो मंज़िल पाने का सुख अवश्य प्राप्त करेंगे।

●●●

16

मन पर लगाम कसिए

हमारा शरीर सामान्यतया दो भागों में विभक्त है-स्थूल शरीर और सूक्ष्म शरीर। स्थूल शरीर वह है, जो साधारण आंखों से देखा जा सकता है। शल्य क्रिया करने पर इसके भीतर के अंग-प्रत्यंगों को निकालकर उनका अध्ययन किया जा सकता है, लेकिन सूक्ष्म शरीर की गति न्यारी है। संसार की ऐसी कोई भौतिक प्रयोगशाला नहीं बनी, जो इसका अध्ययन कर सके। मन, बुद्धि, चित्त, अहंकार, लोभ, मद, मोह, काम, क्रोध, मात्सर्य आदि सूक्ष्म जीवन-तत्त्वों का प्रयोगशाला में अध्ययन नहीं किया जा सकता।

शरीर की समस्त सूक्ष्म क्रियाओं के संपादन में मन की बहुत बड़ी भूमिका है। वास्तव में मन से ही सारे कार्य संचालित हो रहे हैं। इसकी गति बहुत तेज है। यह अंतरिक्षयान से भी तेज गति से एक-से-दूसरी जगह आ-जा सकता है। यह बड़ा चंचल है। एक जगह टिककर नहीं रह सकता। यह उस बेलगाम घोड़े के समान है, जिस पर सवारी करना बड़ा कठिन है। यदि इसको वश में कर लिया जाए, तो समूचे ब्रह्माण्ड में ऐसा कोई कार्य नहीं; जिसे नहीं किया जा सके। मन को साधने से संसार की हर चीज अपने-आप सधती चली जाती है। हमने पूर्व के एक अध्याय में उल्लेख किया है कि मन ही मनुष्यों के बंधन और मोक्ष का कारण होता है। विषयासक्त मन बंधन है और निर्विषय मन मोक्ष का हेतु है।

सांसारिक विषयों की ओर भागने वाला मनुष्य मोक्षप्राप्ति का अधिकारी नहीं है। वह चौरासी लाख योनियों में भटकता हुआ संसार-चक्र में घूमता रहता है। विषय विष के समान है। जिसने अपने मन को वश में कर लिया, वह निर्विषयी हो जाता है और संसार-सागर से तर जाता है, उसे अमृत तत्त्व की प्राप्ति हो जाती है।

इसीलिए मन को वश में करने के लिए चित्तवृत्तियों का निरोध करने की बात महर्षि पतंजलि ने कही है-

'योगश्चित्तवृत्तिनिरोधः'

चित्त की वृत्तियों का निरोध करने पर योग सधता है और मन वश में हो जाता है। इसके लिए महर्षि पतंजलि ने 'यम, नियम, आसन, प्राणायाम, प्रत्याहार, धारणा, ध्यान और समाधि' जैसे अष्टांग योग साधने की बात कही है।

श्रीमद्भगवद्गीता में भगवान श्रीकृष्ण कहते हैं-

असंशयं महाबाहो मनो दुर्निग्रहं चलम्।
अभ्यासेन तु कौन्तेय वैराग्येण च गृह्यते॥

(हे महाबाहो! निस्संदेह मन बड़ा चंचल है, यह चलायमान है, परंतु हे कौन्तेय! अभ्यास और वैराग्य से यह वश में किया जा सकता है।)

यदि हम मन को वश में करने का.अभ्यास करें अथवा विषयों से स्वयं को मोड़कर वैराग्य धारण कर भगवान की भक्ति में लीन हो जाएं, तब ही यह वश में किया जा सकता है।

दतिया (मध्य प्रदेश) स्थित विश्वप्रसिद्ध श्री पीतांबरा पीठ के संस्थापक संतप्रवर ब्रह्मलीन श्री स्वामीजी महाराज के पास एक बार एक जैन संत आकर रुके। कुछ दिन ठहरकर उन्होंने श्री स्वामीजी से अपने प्रश्नों के समाधान लिए और साधना की। जब वे वहां से जाने लगे, तो उनका थैला कहीं गुम हो गया। उसके लिए वे बहुत परेशान हो उठे। बात श्री स्वामीजी तक पहुंची, तो उन्होंने कहा-**"जैन संतों ने तो अपने शरीर के वस्त्र तक त्याग दिए और तुम एक थैले के लिए इतना परेशान हो रहे हो?"** जैन संत को अपनी भूल का अहसास हुआ और वे चुपचाप वहां चले गए।

वास्तव में जैन संत ने संन्यास तो धारण कर लिया, लेकिन वे अपने मन का निग्रह नहीं कर पाए। उनका मन एक थैले के प्रति आसक्त था। श्री स्वामी जी के उपदेश के पश्चात् उन्होंने मनोनिग्रह की थोड़ी कमी को ठीक कर लिया।

हम जैसा सोचते हैं, वैसा ही बन जाते हैं। मन में अच्छे विचार लाएंगे, तो अच्छे बन जाएंगे। यदि मन में खराब विचार लाएंगे, तो बुरे बन जाएंगे। हमारे मन की आंतरिक चेतना हमें एक बार बुरे काम करने से रोकती अवश्य है। यह हम पर निर्भर करता है कि हम किन विचारों को हावी होने देते हैं। मात्र वैचारिक दृढ़ता हमें हीनता-बोध की कमजोरी से छुटकारा दिला सकती है। वैचारिक रूप से दृढ़ व्यक्ति इसलिए सफलता का मुंह देखता है; क्योंकि वह अपने मन पर लगाम लगाकर कार्य करता है।

हम जब किसी भी कार्य को करने में अपने को नाकाबिल महसूस करते हैं; कार्य की शुरुआत से पहले ही हथियार डाल देते हैं, तो हमारा मन हमको 'एक हारा हुआ जुआरी' बना देता है। हम बाजी जीतने से पहले ही हार जाते हैं। यदि हम संकल्पित होकर कोई कार्य करते हैं, तो हमारा मन हमको अभूतपूर्ण ऊर्जा से भर देता है और हम सफल होते जाते हैं। संकल्प और विकल्प मन के ही दो प्रतिरूप हैं। विकल्प हमें असफलता की ओर ले जाता है और संकल्प सफल बनाता है।

स्वामी विवेकानंद ने कहा था-"**यह गंभीर आत्ममंथन का समय है। समाधान का स्वर हमारे अंदर ही विद्यमान है। कहीं बाहर तलाशने, भटकने की आवश्यकता नहीं है। हमें अपने अंदर ही झांकना होगा। अपने सोए हुए विश्वास को जगाओ।**" वे राह से भटके हुए युवकों से आगे कहते हैं-"**काम में प्राणपण से जुट जाओ। नाम, यश अथवा अन्य तुच्छ विषयों के पीछे मत भागो, स्वार्थ को बिल्कुल त्याग दो और कार्य करो। अपने आत्मविश्वास को कभी मत खोओ। बिखरी हुई शक्तियों को केंद्रीभूत किए बिना कोई महान कार्य नहीं हो सकता।**"

वास्तव में हम अपनी असफलताओं के कारण बाहर तलाशते फिरते हैं, जबकि सारी समस्याओं के समाधान हमारे अंदर ही मौजूद हैं। इसका सरल उपाय आत्ममंथन है। जब हम मन से हार जाते हैं, तब ही असफलता का मुंह देखते हैं। मन से हारने का अर्थ है-हमारे आत्मविश्वास का चुक जाना। यदि हम मन में आत्मविश्वास को पुनर्जागरित करने के लिए संकल्पित हों, तो बिखरी हुई शक्तियां केंद्रीभूत होकर हमारी सहायक होंगी। मन पर नियंत्रण कर आत्मविश्वास पूर्वक अपनी अंतर्निहित ऊर्जा का सदुपयोग करने से असंभव को भी संभव बनाया जा सकता है।

वाराणसी में साधनारत प्रसिद्ध संत तैलंगस्वामी के पास एक दिन काशीराज आकर बोले-"**मेरे मन में बहुत अशांति है। इससे छुटकारा प्राप्त करने का कोई रास्ता नहीं सूझ रहा। मुझ पर कृपा करिए।**"

स्वामीजी ने कहा-"**तुम कल सुबह चार बजे मेरे पास आना। और हां! अपना मन भी अपने साथ लाना!**" राजा समझ नहीं पाया कि आखिर तैलंगस्वामी कहना क्या चाहते हैं? वह असमंजस की स्थिति में वापस चला गया, लेकिन उसे रात भर नींद नहीं आई। वह विचारता रहा कि स्वामीजी ने मन की बात क्यों कही? वह इस अबूझ पहेली को हल नहीं कर पाया। वह अलस्सुबह जागकर प्रातःकाल चार बजे स्वामीजी के पास पहुंच गया।

स्वामीजी ने पूछा-"**अपना मन अपने साथ लें आए?**" राजा बोला-"**महाराज! मेरा मन तो मेरे पास है।**" वे बोले-"**अपनी आंखें बंद करो और अपने को ढूंढो। जब वह मिल जाए, तो मुझे बताना।**" राजा ने आंखें बंद कीं, तो उसे पता लगा कि मन विभिन्न प्रकार की क्रियाओं-प्रतिक्रियाओं का रूपमात्र है। यदि हम विचारों पर नियंत्रण कर लें, तो इस पर काबू पा सकते हैं। शांति प्राप्त करने का यही मार्ग है। उसने आंखें खोलकर श्रद्धा भाव से स्वामीजी को देखा और अपने मन में आए हुए विचारों के विषय में स्वामी जी को बताया।

तैलंग स्वामी बोले-**"अशांति की अवस्था में अपने अंदर की खोज करने से बहुत लाभ होता है। आत्मचिंतन करने से हमें अपने पर नियंत्रण करने की शक्ति प्राप्त होती है। हमें अपनी अशांति का वास्तविक कारण पता लग जाता है।"** उन्होंने आगे कहा-**"जब मन उद्विग्न हो, अपने अंदर झांक लेना, समाधान मिल जाएगा।"**

एक लड़के की माता को अक्सर खांसी रहती थी। किसी ने उससे कह दिया कि तेरी मां को टी.बी. हो गई है। पहले तो वह उनके साथ घुल-मिलकर व्यवहार करता था, बाद में वह उनसे कन्नी काटने लगा। वह उनके पास नहीं बैठता था, उनके बर्तनों में खाना खाने में कतराता था। एक बार उसे खांसी की शिकायत हो गई, बहुत दवा कराई; खांसी ठीक ही नहीं हुई। अब उसे पूरा विश्वास हो गया कि उसे टी.बी. हो गई है। ये बात उसके मन से नहीं निकल पा रही थी। वह जितना इससे बचने की कोशिश करता, वह उतनी ही गहरी जड़ जमाती जाती थी। एक दिन उसके थूक में खून का कतरा दिखाई पड़ा। उसने जब यह बात अपनी मां से कही कि यह खून मुझे टी.बी. होने की वजह से आया है और उसकी कारण तुम हो, तो मां को बहुत धक्का लगा। बाद में जब दोनों का 'चेक-अप' कराया गया, तो उसकी मां को टी.बी. की शिकायत नहीं थी, जबकि लड़के को टी.बी. हो गई थी। टी.बी. की दवा का पूरा कोर्स करने के बाद ही वह ठीक हुआ।

यह बीमारी उसके मन के कारण हुई। अपनी मां की खांसी से उसका मन दूषित हो गया और उसे टी.बी. हो गई।

इसके विपरीत एक घटना एक प्रौढ़ की है। डायबिटीज के कारण उसकी एड़ी में भयंकर घाव हो गया, जिसका सफल ऑपरेशन हुआ, लेकिन डायबिटीज नियंत्रित होते हुए भी उसका घाव नहीं भर पा रहा था। तीन महीने व्यतीत हो गए। वह बहुत परेशान था। अच्छे डॉक्टरों की तलाश में वह महानगरों में भटका, योग केंद्रों में गया, लेकिन उसे कहीं राहत नहीं मिली।

उसे अपने गुरुदेव पर पूर्ण विश्वास था। उसके मन में आया कि जब तक मैं उनकी शरण में नहीं जाऊंगा, तब तक ठीक नहीं हो सकता। वह उनकी शरण में गया। उनकी समाधि, चरण-पादुकाओं तथा अपनी इष्ट को अपना पैर दिखाया। डायबिटीज के कारण; वह मीठे का एक कण भी नहीं खाता था, लेकिन वहां पर उसने खूब प्रसाद खाया, लेकिन उसका कुछ नहीं बिगड़ा। वहां तेरह दिन रहने के बाद वह वापस घर आ गया। उसका घाव उत्तरोत्तर सूख रहा था और बाद में वह पूरी तरह ठीक हो गया। उसकी अपने गुरु के प्रति आस्था ने उसका पैर खराब होने से बचा लिया।

ये उदाहरण हमें यह बातता है कि मन में आस्था होने से असंभव कार्य भी संभव हो गया; जबकि मन में बेवजह की शंका पालने से उस लड़के को टी. बी. हो गई।

हम जैसा सोचते हैं, हमारे शरीर में स्थिति सूक्ष्म अणु-परमाणु उसके क्रियान्वयन में सक्रिय हो जाते हैं। वे वैसी ही प्रतिक्रिया व्यक्त करने लगते हैं।

हम जैसा सोचते हैं, हमारे शरीर में स्थिति सूक्ष्म अणु-परमाणु उसके क्रियान्वयन में सक्रिय हो जाते हैं।

स्वेट मार्डेन ने लिखा है-**"प्रमुख रूप से विचार दो प्रकार के होते हैं। एक विचार वे होते हैं; जिनसे आपका शरीर, आपका मन, आपकी आत्मा व शरीर निर्बल और दीन-हीन होते हैं। पहली तरह के विचार रक्षक और दूसरी तरह के विचार मारक अथवा भक्षक होते हैं। आपकी विचारशील शक्ति कितनी ताकतवर और स्थिर है। यह आपकी कार्य-संपादन ताकत से महसूस हो जाता है। बहुत-से मनुष्य इतनी दुर्बल विचारशक्ति वाले होते हैं कि उनका मन सामान्य कार्य करने से भी सकुचाता रहता है।"**

संसार में जितने भी महान पुरुष हैं, वे अपने मन की शक्ति द्वारा ही महान बने हैं। उनकी एक आवाज पर हजारों व्यक्ति अपने-आपको समर्पित कर देने के लिए तैयार हो जाते हैं। दूसरी ओर निर्बल मन वाला मनुष्य एक आदमी तक को प्रभावित नहीं कर सकता। उसकी शब्द-शक्ति चुक जाती। लोग उससे प्रभावित होने के स्थान पर उसका तिरस्कार करते हैं। उसका चुंबकीय बल खत्म हो जाता है।

हमारे धर्मग्रंथों में अक्सर कहा गया है-

जैसा खाओगे अन्न, वैसा बनेगा मन

अन्न से अस्थि, मेंद, मांस, मज्जा, रक्त, वीर्य इत्यादि बनते हैं और इनसे मन बनता है। यदि हम सात्विक आहार लेंगे, तो हमारे मन की वृत्ति सात्विकता की ओर उन्मुख होगी। तामसी और राजसी आहार करने वाले वैसे ही बन जाते हैं।

एक बार एक राजा ने एक संत को अपने महल में भोजन पर आमंत्रित किया। वे उसका आग्रह स्वीकार करके भोजन हेतु पधारे। उनको तरह-तरह के सुस्वादु पकवान खिलाए गए। भोजन करने के बाद जब वे एक कमरे में विश्राम कर रहे थे, तो उन्होंने उस कमरे में एक कीमती रत्नजड़ित हार देखा। उसे उन्होंने अपने थैले में चुपके से डाल लिया और अपने आश्रम चले गए।

महल में हार चोरी होने वाली बात पूरे राज्य में फैल गई। महल के नौकरों और दासियों पर शक करके उनसे पूछताछ की जाने लगी, लेकिन सभी ने हार चोरी करने की बात नहीं स्वीकारी। लोगों ने कहा कि उस कमरे में तो संतप्रवर ने विश्राम किया था, लेकिन वे तो चोरी नहीं कर सकते।

संत को वह भोजन नहीं पचा, इसलिए रात में उन्हें तीन-चार उल्टियां हुईं। उन्हें अब ख्याल आया कि ये हार उन्होंने चुरा कैसे लिया? वे प्रातःकाल हार को लेकर राजा के पास पहुंचे और हार वापस करते हुए बोले-**"राजन! ये बताओ, तुमने मुझे जो भोजन कराया था, उसकी सामग्री कहां से आई थी।"** राजा बोला-**"सारी सामग्री मेरी ही थी, परंतु चावल एक जमाखोर के यहां के थे। वह दूसरों का शोषण करता था। परसों उसके यहां छापा मारकर हमने उन्हें बरामद किया था।"**

संत बोले-**"मैं समझ गया राजन! उन चावलों के खाने से ही मेरी मनोवृत्ति में बदलाव आया और मैंने चोरी जैसा जघन्य अपराध कर डाला।"**

जब एक संत की मनोवृत्ति दूषित अन्न खाने से बदल सकती है, हम तो साधारण मनुष्य हैं। इसलिए अपनी मेहनत, ईमानदारी और अच्छे स्रोतों से कमाया हुआ अन्न ही खाना चाहिए, तब ही हमारा मन स्वस्थ बनेगा।

जब हमारा मन स्वस्थ हो जाएगा, तो हममें स्वयं को पहचानने की शक्ति आ जाएगी। जब हम अपना आत्म-स्वरूप पहचानने लगेंगे, तब हम निष्काम कर्मयोगी बनकर जीवन-क्षेत्र में संघर्ष करने के लिए उतर पड़ेंगे। हमारा अंतःकरण निर्मल बन जाएगा और अपनी अंतर्रात्मा का नाद हमें स्पष्ट सुनाई देने लगेगा।

एक सज्जन थे। वे बहुत सिगरेट पीते थे और गुटखा खाते थे। सभी के समझाने पर भी उनकी यह बुरी आदत छूट नहीं पा रही थी। एक बार उनकी सास बीमार पड़ी। उनका अकेला साला था, वह भी अविवाहित! घर में सभी लड़कियों की शादी हो चुकी थी। वह अकेला ही खांसता-हांफता मां की सेवा कर रहा था। ज्यादा तबियत खराब होने पर उसने मां को स्थानीय डॉक्टरों के परामर्श पर बाहर एक 'नर्सिंग होम' में दाखिल कराया। इस दौरान उसने बड़ी परेशानियां झेलीं। किसी ने उसका साथ नहीं दिया। बाद में उसकी मां की मृत्यु हो गई। इससे उन सज्जन को बहुत बड़ा सबक मिला। उन्होंने मन-ही-मन विचार किया कि मेरा भी एक ही लड़का है। मेरी आदतों के कारण कहीं इसे भी अपने मामा की तरह परेशानी न उठानी पड़े, इसलिए मुझे भी सिगरेट छोड़ देनी चाहिए।

आप विश्वास मानिए, जो आदत वर्षों से नहीं छूट पा रही थी, उसे उन्होंने दूसरे ही दिन छोड़ दिया।

इसमें उनकी अंतःप्रेरणा ने उत्प्रेरक का कार्य किया। अंतःप्रेरणा की गुप्त तरंगों को जो व्यक्ति पकड़ लेता है, वह कभी धोखा नहीं खाता और अपने संकल्प को मजबूत करके अपने लक्ष्य को पा लेता है।

मन उस जिन्न की तरह है, जो हमें कमजोर मानकर हम पर मौका देखते ही आक्रमण कर देता है, लेकिन जादुई चिराग हमारे हाथ लग जाने पर वह हमारे वश में हो जाता है। वह हमारा गुलाम बन जाता है। हमें मन को अपना दास बनाना है, न कि मन का दास बनना है।

अपने मन की चंचलता मिटाने की चाबी हमारे पास है। उसको किसी बिंदु पर एकाग्र करके यदि हम कार्य करेंगे, तो मन हमारे वश में हो जाएगा। बस हमें अपनी सुषुप्त शक्तियों को जाग्रत कर अपने आत्मविश्वास को बढ़ाना है। एक बार हमारा आत्मविश्वास जाग गया, फिर मन हमारा कुछ भी नहीं बिगाड़ पाएगा। हमें आत्मचिंतन करना होगा, अपने अंदर झांकना होगा। अपनी सही अथवा गलत दिशा की पहचान हमें आत्मविश्लेषण द्वारा होगी। अपनी वैचारिक शक्ति को दृढ़ करते हुए हमें सद्प्रवृत्तियों का विकास करने पर सफलता निश्चित रूप से प्राप्त होगी।

मन को स्थिर करने के लिए 'ध्यान' बहुत लाभदायक है। अपनी खोई हुई ऊर्जा को प्राप्त करने और मन को एकाग्र करने का इससे सरल अन्य कोई उपाय नहीं है।

●●●

17

आत्म-सम्मान गिरवी मत रखिए

आत्मसम्मान दो शब्दों से मिलकर बना है-आत्म+सम्मान = स्वयं का सम्मान (Self-Respect)। प्रत्येक व्यक्ति में स्व (Ego) होता है, जो प्रत्येक देश, काल, वातावरण में अपना एक निश्चित महत्त्व प्रतिपादित कराना चाहता है। जब उसे यह प्राप्त नहीं होता है, तो उसको ठेस पहुँचती है। यह बात वह सहन नहीं कर पाता और बदले में अपनी प्रतिक्रिया व्यक्त करता है।

जो बात हमें पसंद नहीं, उसे दूसरों के प्रति नहीं करना चाहिए। होना यह चाहिए कि जिसे अपना सम्मान प्रिय है, उसे दूसरों को भी पर्याप्त सम्मान देना चाहिए। यह आवश्यक नहीं कि आत्मसम्मान चाहने वाला व्यक्ति दूसरों का भी उसी परिमाण में सम्मान करे।

आत्मसम्मान की पाठशाला घर है। इसके बाद गुरुजन बच्चे में आत्मसम्मान की भावना जाग्रत कर सकते हैं। बच्चा हमारा प्यार-दुत्कार सब पहचानता है। यदि आप दुलारेंगे, तो वह आपकी ओर देखकर हंसेगा-मुस्कराएगा। मूड खराब होने या अन्य किसी कारण से जब आप उसको तिरस्कृत करेंगे, वह आपको देखकर रोने लगेगा या आपसे दूर भागेगा। उसमें भी आत्मसम्मान की भावना है। बच्चा होने के नाते आप उसको यूं ही 'डील' नहीं कर सकते!

घर में कोई मेहमान आतां है, विदा होते समय जब वह घर के बच्चों को कोई भेंट देना चाहता है, तो मां-बाप बच्चे को आंखें दिखाते हैं; फलस्वरूप बच्चा भेंट लेने से मना करता है। जब अतिथि बहुत कहता है, तब मां-बाप के कहने पर बच्चा उसे स्वीकारता है। कोई भी व्यक्ति जब बच्चे को कोई खाने की वस्तु देता है, तो मां-बाप उसे न लेने की शिक्षा देते हैं। इस तरह वह उसे आत्मसम्मान का प्राथमिक पाठ पढ़ा रहे होते हैं।

एक गरीब मां-बाप का बच्चा जब अमीरों के बच्चों को देखता है, तो वैसा ही सब कुछ पाने के लिए मचलता है। उसके मां-बाप कहते हैं-**"बेटा! हम उनकी बराबरी नहीं कर सकते, कहां राजा भोज, कहां गंगू तेली! जब तुम बड़े हो जाओ, तब उनके जैसे ही बनना!"** इस प्रकार बच्चे में आत्मसम्मान की भावना का विकास उसके मां-बाप करते हैं।

याद कीजिए, गुरु द्रोणाचार्य के पुत्र अश्वत्थामा को, जिनके मां-बाप के पास उन्हें पिलाने के लिए दूध तक नहीं था! जब वे कौरवों-पांडवों के राजकुमारों को दूध पीते देखते, तो वे भी दूध पीने को मचल उठते थे, लेकिन दूध था कहाँ? कहीं इसके आत्मसम्मान को ठेस न पहुंचे और बच्चा कुंठित न हो जाए, इसलिए उनकी मां पानी में आटा घोलकर उन्हें देती थीं और वे दूध समझकर उसे पी जाते थे। उस पानी वाले आटे से ही वे बलिष्ठ व परमवीर बने। उनकी मां ने उनके आत्मसम्मान को जाग्रत करने में अहम् भूमिका निभाई।

मां-बाप अपने बच्चों से जरूरत से ज्यादा अपेक्षा रखते हैं। वे चाहते हैं कि हर कार्य में उनका बच्चा अग्रणी रहे, दूसरों को पछाड़े। मैं एक ऐसी मां को जानता हूं, जो पढ़ाई में अव्वल आने को अपनी बच्ची के सिर पर हाथ मारती थी। वह कहती थी कि **देख! सामने वालों के बच्चे कितने अच्छे नंबर ला रहे हैं और एक तू है, जो मेरा नाम डुबो रही है।** बच्ची अव्वल तो नहीं आई, उसकी आंखें जरूर कमजोर हो गईं और उसको चक्कर आने की बीमारी लग गई। भला, ये क्या तरीका हुआ, बच्चे में आत्मसम्मान जगाने का! एक अन्य मां थी, जो अपने बच्चों पर दूर से निगाह रखती थी और अधिक खेलकूद करने या टी.वी. देखने पर कहतीं कि पहले अपना 'होमवर्क' पूरा करो बेटा! फिर खेलना। उनके बच्चे एक सच्चे आज्ञाकारी की तरह अपने काम में जुट जाते थे। किसी विषय में थोड़े-से अंक कम आने पर वे उन्हें प्रताड़ित करने के बजाय अधिक अंक लाने के लिए प्रोत्साहित करतीं। उनमें आत्मसम्मान पैदा करतीं और उनके बच्चे सफल होते थे।

एक बार एक मेधावी बच्चे को उसके अध्यापक ने बेवजह तमाचा मार दिया। बच्चा घर आकर फूट-फूटकर रोया। घर पर तक उसे किसी ने उंगली तक नहीं छुआई थी। उसके आत्मसम्मान को ठेस लगी। बाद में अध्यापक से शिकायत करने पर उन्होंने अपनी गलती स्वीकारी।

आजकल समाचारपत्रों में बच्चों के आत्महत्या करने के समाचार आते हैं। लड़का या लड़की परीक्षा में असफल हुई और उसने आत्महत्या कर ली। ये भी अति अपेक्षा का परिणाम है कि बच्चे सोचते हैं, मेरे फेल होने पर मेरे मां-बाप, पड़ोसी या दोस्त क्या कहेंगे? वे मुझे प्रताड़ित करेंगे या मेरा मज़ाक उड़ाएंगे। इससे तो अच्छा है कि एक बार में ही सारी कहानी खत्म हो जाए।

जब किसी के आत्मसम्मान को ठेस पहुंचती है, तो या तो वह कुंठित हो जाता है; अन्यथा वह अपनी जिन्दगी के प्रति बड़े-से-बड़ा निर्णय लेने से नहीं हिचकिचाता! चाहे वह अच्छा हो या बुरा!

याद कीजिए, एकलव्य को-एक गरीब, विपन्न भील-पुत्र! उसके मन में एक बार कौरव-पांडवों को धनुर्विद्या का अभ्यास करते देख कर इच्छा हुई कि मैं भी इनकी तरह निपुण बनूं। वह गुरु द्रोणाचार्य के पास जाता है और उनसे धनुर्विद्या सिखाने की विनती करता है। गुरु द्रोणाचार्य ठहरे राजसी गुरु! वे भला एक काले-कलूटे आदिवासी युवक को विद्या-दान कैसे दे सकते थे! उन्होंने स्पष्ट मना कर दिया।

उस भील युवक के आत्मसम्मान को ठेस पहुंची। उसने जंगल में जाकर गुरु द्रोणाचार्य की मिट्टी की एक मूर्ति बनाई और उसके समक्ष धनुर्विद्या का अभ्यास करने लगा।

एक बार एक कुत्ता एकलव्य को देखकर भौंकने लगा, तो उसने ऐसे अचूक बाण चलाए कि उस कुत्ते का मुंह सी दिया। वह कुत्ता भौंकने से बेबस हो गया। जब कुरु वंश के राजकुमारों ने उस कुत्ते की यह हालत देखी, तो जाकर सारी बात गुरु द्रोणाचार्य को बताई। गुरु द्रोणाचार्य ने एकलव्य के पास जाकर उसके गुरु का नाम पूछा, तो वह उनको जंगल में एक मूर्ति के पास ले गया। स्वयं की मूर्ति देखकर द्रोणाचार्य अचंभित हो गए। अर्जुन उनका प्रिय शिष्य था, जिसको वे सर्वश्रेष्ठ धनुर्धर मानते थे। उन्होंने मन-ही-मन विचार किया कि इस भील युवक के समक्ष अर्जुन आजीवन सर्वश्रेष्ठ धनुर्धर नहीं हो सकता!

गुरु द्रोणाचार्य ने एकलव्य से धनुर्विद्या सीखने की गुरुदक्षिणा मांगी। एकलव्य को कहां पता था कि उसके 'गुरुदेव' गुरुदक्षिणा में उसके दाहिने हाथ का अंगूठा मांग रहे हैं! उसने अपना वचन निभाया।

एकलव्य के आत्मसम्मान पर जब चोट पहुंची, तो उसने धनुर्विद्या में कुरुवंश पर श्रेष्ठता हासिल की। यह अलग बात है कि उसके 'गुरु' ने उसे 'गुरुदक्षिणा' के नाम पर धनुर्विद्या में सदैव के लिए विकलांग बना दिया।

बनारस के झालागुरु नामक एक पंडाजी की सत्य घटना है, जो गीता प्रेस, गोरखपुर से प्रकाशित मासिक पत्रिका 'कल्याण' में प्रकाशित हुई थी।

झालागुरु हनुमानजी के बहुत बड़े भक्त थे-सीधे, सरल स्वभाव वाले! उनको बनारस के उनके सहकर्मी पंडे बहुत परेशान करते थे। उनका नित्य-प्रति का नियम था कि शाम को जब तक जंगल वाले हनुमानजी की पूर्ण जाग्रत प्रतिमा के दर्शन नहीं कर लेते थे, खाना नहीं खाते थे। पंडों के व्यवहार से उनके आत्मसम्मान को ठेस पहुंचती, लेकिन वे बेबस थे।

एक बार हनुमानजी ने उनकी परीक्षा ली। उनको किसी काम में ऐसा उलझा दिया कि रात हो गई। जब वे हनुमानजी के दर्शन करने को जाने लगे, तो पत्नी

ने रोका-**"रात हो गई है, जंगल का रास्ता है...कल कर लेना दर्शन! खाना खाकर सो जाओ।"** खाना-सोना भले ही छूट जाए, लेकिन उनका नित्य-प्रति का नियम नहीं छूट सकता! वे दर्शन करने निकल पड़े। रास्ते में उन्हें एक व्यक्ति मिला, जिसने पूछा कि पंडितजी इतनी रात को कहां जा रहे हैं? उन्होंने सारी बात बताई। वह व्यक्ति बोला-**"मान लो, मैं ही हनुमान जी हूं।"** झालागुरु ने कहा कि ऐसा कैसे हो सकता है! उसके बार-बार विश्वास दिलाने पर गुरु बोले-**"यदि आप वास्तव में हनुमानजी हैं, तो मुझे अपना वह रूप दिखाइए, जो आपने सीता माता को दिखाया था- 'सूक्ष्म रूप धरि सियहि देखावा, विकट रूप धरि लंकि जरावा।'** उस व्यक्ति ने उन्हें वह रूप दिखाया। उन्होंने प्रभु को साष्टांग दण्डवत किया।

प्रभु-दर्शन खाली तो जा नहीं सकता हनुमानजी ने उनसे वरदान मांगने को कहा, तो उस समय उन्हें अपने घायल आत्मसम्मान की सुध आई। उन्होंने वर मांगा-**"प्रभु! मुझे आप अपनी शक्ति दे दो।"** हनुमानजी ने कहा कि **तू मेरी शक्ति सहन नहीं कर पाएगा! मुंह फाड़!** ...और अपने शरीर का एक बाल तोड़कर उन्होंने झाला गुरु के मुंह में डाल दिया।

सुबह जब वे घाट पर पहुंचे, तो पंडों ने उन्हें फिर परेशान करना शुरू कर दिया। उन्होंने कहा कि आज मुझे मत छेड़ो, नहीं तो अनर्थ हो जाएगा। उन्होंने रात की पूरी घटना सुनाई। उन लोगों को विश्वास नहीं हुआ। **"यदि ऐसा है, तो इसको झुकाकर दिखाओ।"** एक खंभे की तरफ इशारा करते हुए उन्होंने कहा। झालागुरु ने अपने हाथ की कोहनी की टक्कर से उस भारी-भरकम खंभे को झुका दिया। सभी पंडे उनकी शक्ति देख कर सिर पर पैर रखकर भागे। बनारस में वह खंभा अब भी झुका हुआ है।

जब झालागुरु के आत्मसम्मान को चोट पहुंची, तो उन्होंने हनुमान जी की शक्ति प्राप्त की और अपने विरोधियों को चारों खाने चित्त कर दिया।

बालक ध्रुव की कथा तो सर्वविदित है। उनके आत्मसम्मान को चोट पहुंचने पर उन्होंने भगवान की गोद प्राप्त की। यदि उनके आत्मसम्मान को चोट न पहुंचती, तो वे भी एक साधारण राजपुत्र होते और इतिहास में उनका उल्लेख नहीं होता।

व्यक्ति को अपना आत्मसम्मान हर हाल में बनाए रखना चाहिए और उससे समझौता नहीं करना चाहिए।

मैंने एक ऐसा कामकाजी बालक देखा था, जो अपने काम को प्रति पूर्ण लगन और मेहनत से करता था। कोई व्यक्ति, चाहे वह कितना भी बड़ा क्यों

न हो, यदि उसे फेंककर पैसे देता था, तो वह स्वीकार नहीं करता था। वह कहता था कि मैं कोई भीख नहीं मांग रहा हूं, मेहनत कर रहा हूं और उसका पैसा सम्मान से स्वीकार करूंगा। लोग उसके आत्मसम्मान को देखकर दांतों-तले उंगलियां दबा लेते थे। भविष्य में वह बहुत बड़ा आदमी बना।

छोटे शहरों की पत्रकारिता का सीमित दायरा होता है। वहां पत्रकारों को 'खदोड़' समझा जाता है। कहा जाता है कि उनमें आत्मसम्मान नहीं होता। एक बार एक पार्टी में पत्रकारों के लिए स्वल्पाहार कराया गया, तो वे किसी के आग्रह न करने पर भी नाश्ते की मेज की ओर ऐसे लपके, मानो उन्होंने उससे पहले कभी नाश्ता देखा न हो! लोग उनके 'खदोड़पन' को देखकर मन-ही-मन मुस्करा रहे थे। उन्हीं पत्रकारों में से एक युवा पत्रकार था, जो मेज की ओर न लपककर, चुपचाप एक कोने में जाकर खड़ा हो गया; क्योंकि उससे किसी ने खाने का आग्रह नहीं किया था। जब आयोजकों की नज़र उस पर पड़ी, तो वे उसे ससम्मान मेज तक ले गए और अपने हाथों से उसकी प्लेट लगाई। एक तरफ वे 'खदोड़ों' पर हंस रहे थे, दूसरी ओर वे उस पत्रकार को सम्मान दे रहे थे।

उस युवा पत्रकार के आत्मसम्मान के कारण ही उसको पत्रकारों की भीड़ में अलग आंका गया।

हमारी आलोचना कभी-कभी हमारे आत्मसम्मान को बौना कर देती है। यदि हम आलोचक की बात पर अधिक ध्यान देने लगें, तो हमारा आत्मसम्मान अवश्य डांवांडोल हो जाएगा।

एक विद्यार्थी था। पढ़ने में मध्यम, लेकिन विभिन्न प्रतियोगिताओं को जीतने में अव्वल! उसके एक अध्यापक थे। जब भी वह पुरस्कार जीतकर लाता, तो वे उससे कहते, **"जब हम पढ़ते थे, तो हम तुझसे से ज्यादा इनाम जीतते थे, तूने कौन-सा तीर मार लिया!"** पहले तो उसने उनकी बात को महत्त्व नहीं दिया, लेकिन जब वे लगातार आलोचना करने लगे, तो वह विद्यार्थी उनके पीरियड को बंक करने लगा। सामना होने पर उनसे नजरें चुराने लगा। एक दिन उसकी प्रतिभा नष्ट हो गई। उसके आत्मसम्मान को मात्र उस आलोचना से जबर्दस्त धक्का लगा।

एक गड़रिया था। उसे गर्व था कि उसके पास सबसे अच्छी भेड़ें हैं। एक बार वह उन्हें चराने ले जा रहा था। कुछ ठगों ने उसे ठगने की सोची। एक ठग एक दिशा से आकर कहने लगा कि अपनी बकरियां बेचोगे। उस गड़रिए के आत्मसम्मान को ठेस लगी। वह बोला-**"देखते नहीं, ये भेड़ें हैं, बकरियां नहीं!"** तभी दूसरी दिशा से दूसरा ठग आ पहुंचा, उसने भी उसकी भेड़ों को

बकरियां बताया। उसे भी उसने वही जवाब दिया! आखिर जब तीसरे ठग ने उसकी भेड़ों को बकरियां बताया, तो उसका आत्मसम्मान पिघलने लगा और चौथे ठग के कहने पर तो उसका सर्वश्रेष्ठ भेड़ें रखने का आत्मसम्मान पूरी तरह नष्ट हो चुका था। आखिरकार उसे अपनी भेड़ें उन ठगों को बकरियों के भाव बेचनी पड़ीं।

यदि कोई आपके आत्मसम्मान की बिना पर आपकी आलोचना करे, तो उस पर ध्यान न देते हुए अपनी विवेक बुद्धि का इस्तेमाल कर उसकी परीक्षा करनी चाहिए।

कभी-कभी अनेक बार छद्म आत्मसम्मान के दर्शन होते हैं। छद्म आत्मसम्मान अधिक दिनों तक नहीं टिकता। आखिर में उसकी पोल खुल ही जाती है।

कौआ और कोयल का उदाहरण लें। दोनों एक जैसे ही दिखते हैं। यदि अपने छद्म आत्मसम्मान द्वारा कौआ कोयल के रूप में प्रतिष्ठा प्राप्त करने की कोशिश करे, लेकिन वसंत ऋतु आने पर कोयल और कौए का अंतर पता चल ही जाता है। कौए का छद्म आत्मसम्मान नष्ट हो जाता है।

एक बार एक गधे को कहीं से शेर की खाल मिल गई। वह प्रतिष्ठा पाने के उद्देश्य से जानवरों को डराने लगा कि मैं शेर हूं! वह छद्म आत्मसम्मान के बल पर शेर के रूप में लोकप्रिय होना चाहता था। एक बार जब कुछ गधों ने सामूहिक रूप से 'ढेंचू-ढेंचू' की आवाज निकाली, तो वह अपने-आपको नहीं रोक सका। उसके छद्म सम्मान की पोल खुल गई और उसके मालिक धोबी ने उस पर खूब डंडे बरसाए।

छद्म आत्मसम्मान द्वारा प्रतिष्ठा पाने की इच्छा रखने वाले को बाद में अपमान सहन करना पड़ता है।

इसलिए अपने जीवन में सफल होना चाहते हैं, तो अपने आत्मसम्मान को गिरवी मत रखिए। अपनी रीढ़ की हड्डी को हमेशा तानकर बैठिए। अपने चेहरे पर अपने लक्ष्य के प्रति दृढ़ता का भाव लाइए। सकारात्मक सोच के धनी बनिए। आपका जीवन बहुत कीमती है, उसके प्रति आशावान बनिए। कितनी भी बाधाएं क्यों न आएं, घबराइए मत। अपनी नजरों में हमेशा अपने-आपको ऊंचा रखिए। सहज रहिए। कृत्रिमता त्यागिए। सारे तनावों को ताक पर रख दीजिए। अपना ध्यान रखने के साथ दूसरों को भी महत्त्व दीजिए। उनकी सहायता करने के लिए तत्पर रहिए। दूसरों का सम्मान करिए। किसी से अपेक्षा मत रखिए।

इस तरह आप देखेंगे कि आपके आत्मसम्मान में निरन्तर बढ़ोतरी हो रही है और आप सफलता की ओर कदम बढ़ा रहे हैं।

जो व्यक्ति अपना सम्मान (Self Respect) नहीं कर पाया, वह दूसरों का सम्मान क्या करेगा? आत्म-सम्मान करने से व्यक्ति अपने-आपको पहचानने में सक्षम हो पाता है। वह जानता है कि अन्य मनुष्यों की तरह मैं भी परमात्मा की एक उत्तम कृति हूं, मैं ही ब्रह्म हूं (I am the divine flame)-अहं ब्रह्मास्मि। ब्रह्म की समस्त शक्तियां मुझमें समाहित हैं। मैं किसी भी स्तर पर हीन नहीं हूं। मेरे अंदर वह शक्ति है, जो मुझे प्रेरित करती है कि मैं जो चाहे, वह कर सकता हूं। उसका आत्मविश्वास उसके सर चढ़कर बोलता है।

आत्मसम्मान या स्वाभिमान के नाम पर व्यक्ति अपने अहंकार को तुष्ट-पुष्ट करता है।

कभी-कभी आत्मसम्मान के नाम पर व्यक्ति को धोखा हो जाता है। आत्मसम्मान या स्वाभिमान के नाम पर व्यक्ति अपने अहंकार को तुष्ट-पुष्ट करता है। अपने अहंकार को आत्मसम्मान या स्वाभिमान का रूप दे देता है, जबकि ये उसका छद्म आवरण होता है। इस स्थिति में व्यक्ति दूसरों को धोखा देता है।

आपने आजकल नवधनाढ्य एवं अन्य अर्थ-पिशाचों को देखा होगा। असामाजिक कार्यों में लिप्त रहकर या अन्य अपवित्र स्रोतों से उन्होंने पैसा तो इकट्ठा कर लिया, समाज में तथाकथित इज्जत भी कमा ली। उनके जीवन में हर तरह से मौज-मस्ती है, लेकिन आंतरिक सुकून नहीं है। हर समय मन में अकुलाहट और बेचैनी रहती है, कारण यह है कि उनमें आत्मसम्मान नहीं है। वे अपनी ही नजरों में गिरे हुए हैं। जब आत्मसम्मान ही नहीं है, तो ये ऐशो-आराम, धन-दौलत सब बेकार हैं।

बुरे कार्यों से खूब धन कमाया, पता चला कि आपके कुकृत्यों के कारण आप 'कानून' की नजर में आ गए, पकड़े गए और जेल हो गई। सब इज्जत धूल में मिल गई। आपका सम्मान और आत्मसम्मान दोनों गए।

आत्मसम्मान करने वाला व्यक्ति अपना कर्त्तव्य-पालन करता जाता है। कर्त्तव्य-पालन में बाधा बनकर आने वाले तत्त्वों से वह धैर्यपूर्वक निपटता है। स्वार्थी लोग उसका स्तुति-गान करते हैं; ईर्ष्यालु लोग उसकी निंदा करते हैं, लेकिन वह इन स्थितियों से अविचलित रहते हुए अपना कर्त्तव्य-पालन करता जाता है। विपरीत परिस्थितियों में धैर्य उसका संबल होता है। आत्मविश्वास और धैर्य से वह सारे संकटों से उबर आता है। उत्कृष्टता की ओर उसका रुझान होता है। वह मजबूत कदमों से उत्तरोत्तर प्रगति करने में विश्वास करता है। अपने उत्कृष्ट लक्ष्य को पाने के लिए वह सदैव प्रयत्नशील रहता है।

जॉर्ज एम. पुलमैन ने अपनी नौकरी एक साधारण लिपिक के रूप में शुरू की थी। उस समय उसको मात्र चालीस डॉलर वेतन मिलता था। ठीक से गुजारा न होने के कारण उसने वह नौकरी छोड़कर इमारतों के 'मूवर' बनाने का कार्य शुरू कर दिया। इसके बाद उसे न्यूयॉर्क राज्य की एरिक नामक नहर के समीप बने गोदामों में 'मूवर' लगाने का कार्य मिल गया। उसने खूब धन कमाया और शिकागो जाकर भी यही काम करना शुरू कर दिया।

शिकागो में गंदी नालियों की व्यवस्था न होने के कारण शहरवासियों को बड़ी परेशानी थी। उसने सारे शहर के तल को आठ फीट ऊंचा उठा दिया। उस आत्मसम्मानी व्यक्ति ने अपनी दृष्टि से यह समझ लिया था कि रेल में 'ड्राइंग रूम' व शयन-कक्ष बनाने के काम में भविष्य उज्ज्वल है। उसने 'शिकागो तथा एल्टम रेलवे' में समस्त सुविधायुक्त डिब्बे बनाए और अपार धन कमाया।

इसके बाद उसने अपने नाम पर 'पुलमैनकार' बनाई और अपना पूरा जीवन इस कार्य को समर्पित कर दिया। उसने अपना जीवन एक लिपिक की नौकरी से शुरू किया, लेकिन बाद में वह अरबपति बन गया। यदि वह आत्मसम्मान नहीं करता, तो उसमें अपने जीवन को उत्कृष्ट बनाने की शक्ति पैदा नहीं होती और वह सफल व्यक्तियों की अग्रिम पंक्ति में विराजमान नहीं होता।

आत्मसम्मान वाला व्यक्ति आत्मनिर्भर होता है। वह किसी के सामने हाथ नहीं फैलाता। आत्मनिर्भरता से वह दूसरे व्यक्ति की मदद करने में भी सक्षम होता है, लेकिन वह बदले में कुछ नहीं चाहता।

जॉर्ज हर्वट के अनुसार-**"तुम सभी प्रकार से आत्मनिर्भर बनो। अपना सम्मान करो और तब पाओगे कि तुम्हारे भीतर क्या है?"**

आत्म निर्भरता स्वयं को गौरवान्वित व सम्मानित करने का माध्यम है। दूसरों के सामने गिड़गिड़ाकर, मांगकर जीवन-यापन करना आत्महीनता की निशानी है। जिस व्यक्ति में आत्मसम्मान नहीं, वह जीते-जी मृतक के समान है रहीमदास जी कहते हैं-

रहिमन वे नर मर चुके, जे कहुं मांगन जाएं।
उनतें पहले वे मुए, जिन मुख निकसत नाएं॥

(जो किसी के पास कुछ मांगने जाते हैं; वे तो मर चुके हैं। उनसे पहले वे लोग मर गए हैं, जिनके मुंह से कुछ निकलता नहीं है अर्थात जो उन्हें कुछ दे नहीं सकते।)

पपीहा नामक पक्षी केवल स्वाति नक्षत्र में आसमान से गिरने वाली पानी की बूंदों को पीता है। आप उसे नदी या समुद्र में छोड़ दें, तो वह अपनी चोंच जल से ऊपर किए रहेगा, उसमें डुबोएगा नहीं। आप लाख कोशिश करें, उसे पिलाने की, वह मर जाएगा लेकिन स्वाति नक्षत्र की बूंदें ही ग्रहण करेगा।

राजहंस नामक पक्षी मोती ही चुगता है, अन्य कोई वस्तु नहीं खाता। कहा भी है-

कै हंसा मोती चुगै, कै लंघन मर जाए

(या तो हंस मोती चुगेगा या लंघन (उपवास) करके दम तोड़ देगा।)

पपीहा और राजहंस में आत्मसम्मान की भावना इतनी बलवती होती है कि वे अपनी इच्छित वस्तु ही ग्रहण करेंगे, अन्यथा अपने प्राण दे देंगे। हमें भी इन दोनों पक्षियों से शिक्षा लेकर अपने आत्मसम्मान की रक्षा प्राण-पण से करनी चाहिए।

व्यक्ति का आत्मसम्मान उसे सकारात्मकता की ओर मोड़ता है। वह जीवन में हर कदम पर सकारात्मक रहता है। इससे उसमें नैतिक साहस और आत्मविश्वासपूर्वक परिस्थितियों से जूझने व आगे बढ़ने की क्षमता विकसित होती है।

एक अंधी अमेरिकी महिला हैरियट ने अपने आत्मसम्मान के बूते वह कर दिखाया, जो आंखों वाले अपने जीवन में नहीं कर सकते हैं। वे बचपन में दुर्घटनावश अंधी हो गई थीं। उनके माता-पिता ने अंधी होने के बावजूद अपनी पुत्री को परजीविता नहीं सिखाई। उन्हें स्वतंत्र रूप से पालित-पोषित किया। इसलिए हैरियट में आत्महीनता जड़ से नष्ट हो गई। उन्होंने 'ब्रेल-लिपि' सीखी और स्नातक बनीं। उनमें असीम धैर्य, साहस और आत्मविश्वास था।

वे अपने हाथों से खाना पकाती थी। स्पर्शमात्र से किसी वस्तु को पहचान लेतीं। दूध के उबलने पर उसकी आवाज से पहचान लेती थीं कि वह उबल गया है।

अपने अंधेपन के कारण वह कभी निराश नहीं होती थीं और हर समय प्रसन्न रहती थीं। उनका मानना था कि संसार बहुत सुंदर है। हमारी योग्यता से अधिक भगवान ने हमको दिया है। हमें उसीमें खुश रहना चाहिए। हैरियट कभी क्रोधित नहीं होती थीं और दूसरों की सहायता करती थीं।

अपने आत्मसम्मान के कारण उन्होंने अपने जीवन का भरपूर आनंद लिया। हम भी उनसे प्रेरणा लेकर अपने जीवन को प्रतिकूल परिस्थितियों में भी सफल बना सकते हैं।

यदि हम अपने जीवन में सुख, शांति और सफलता प्राप्त करना चाहते हैं, तो हमको अपने आत्मसम्मान की रक्षा करनी होगी। आत्मसम्मान के बिना हमारी कथित सफलता बेमानी है। वह हमें अंदर-ही-अंदर खोखला करती रहेगी। हमारे अंदर वास्तविक सुकून नहीं आएगा; चाहे हम कितनी भी दौलत इकट्ठा कर लें, कितने भी सुख-साधन जुटा लें! इसलिए हमें अपने जीवन में अपना आत्मसम्मान कायम रखना चाहिए।

●●●

18

शरीर सब धर्मों का साधन है

स्वस्थ शरीर में ही स्फूर्ति, ओज, तेज और ऊर्जा होती है और ऐसा व्यक्ति ही अपने कार्यों को भलीभांति करने में सक्षम होता है–

शरीरमाद्यं खलु धर्मसाधनम्

(शरीर ही सभी धर्मों का साधन है। अर्थात शरीर से ही जीवन के सारे धर्म निभाए जा सकते हैं।)

जब तक शरीर स्वस्थ नहीं होगा-धर्म, अर्थ, काम व मोक्ष सब बेकार हैं। इसलिए शरीर को निरोग बनाने के लिए हमें हरसंभव कोशिश करनी चाहिए क्योंकि कहा गया है

पहला सुख निरोगी काया

जीवन का पहला सुख निरोगी काया माना गया है। हम यहां आपको ऐसे सूत्र बताएंगे, जिससे आप आसानी से स्वस्थ रह सकते हैं।

हमारी दिनचर्या की शुरुआत सूर्योदय के समय से होती है, लेकिन हमारे ऋषि-मुनियों ने कहा है कि व्यक्ति को ब्रह्ममुहूर्त अर्थात सूर्योदय से दो घंटे पहले जाग जाना चाहिए। ब्रह्ममुहूर्त-काल देवताओं का काल होता है। इस काल में प्राण वायु बहती है, जो दिन या रात में किसी समय नहीं चलती। सूर्योदय से पहले उठकर भगवान का स्मरण करना चाहिए और उसके बाद तांबे के बर्तन में रात का रखा हुआ जल या चार गिलास ताजा जल पीना चाहिए। इसके बाद थोड़ी देर टहलकर शौच जाना चाहिए। इससे पेट साफ होगा, कब्ज नहीं रहेगा और शरीर बीमारियों का घर बनने से बचेगा। सारे रोग पेट की खराबी की वजह से ही होते हैं। इसके बाद यदि संभव हो, तो टहलने जाना चाहिए। टहलने से पूरे शरीर का स्वाभाविक व्यायाम हो जाता है और 'डायबिटीज' जैसी मारक और अन्य कई बीमारियों से सहजता से बचा जा सकता है। अगर नहाकर टहलने जाया जाए, तो सोने में सुहागा! नहीं तो आकर भी नहाया जा सकता है। इसके अलावा अपने घर के बरामदे, खुली छत अथवा पार्क में भी चहलकदमी की जा सकती है। ऐसा करते समय खूब जोर से गहरी सांस लेनी चाहिए, ताकि फेफड़ों में शुद्ध वायु जाए। टहलना संपूर्ण व्यायाम है।

आप चाहें तो टहलने के साथ खुली जगह में प्राणायाम और आसन (अपनी बीमारी से संबंधित) भी कर सकते हैं। हर व्यक्ति को प्राणायाम को अपनी दिनचर्या का अंग बना लेना चाहिए। ऐसा भी किया जा सकता है कि एक समय टहलें और एक समय प्राणायाम करें, इससे संतुलन बना रहेगा। प्राणायाम में भस्त्रिका, कपालभाति, अनुलोम-विलोम, उद्‌गीथ, भ्रामरी और त्रिबंध सहित बाह्य प्राणायाम किए जा सकते हैं। मात्र भस्त्रिका, कपालभाति, अनुलोम-विलोम और भ्रामरी से भी काम चल सकता है। कुछ सरल व लाभदायक आसनों के साथ जोर-जोर से 200-250 तालियां भी बजाई जा सकती हैं। तालियों से हाथ में स्थित 'एक्यूप्रेशर प्वाइंट' स्वत: दबने से शरीर निरोगी रहेगा। ध्यान का भी अभ्यास किया जाए, तो इससे बहुत लाभ होगा।

योग के आधा घंटे बाद हल्का-फुल्का, लेकिन स्वास्थ्यप्रद नाश्ता लिया जा सकता है, जिसमें कच्चे या उबले हुए चने, अंकुरित अनाज, दलिया, मौसमी फल-जूस और दूध अपनी सामर्थ्य के हिसाब से शामिल हो सकते हैं।

नाश्ते में 'जंकफूड' (बिस्कुट, ब्रेड, जैम, जैली, स्नैक्स, पाव इत्यादि) से जितना बचा जाए, उतना ही अच्छा!

दोपहर या रात के खाने में गेहूं, जौ और चने की चपातियां (मिस्सी रोटी), छिलके वाली दालें, हरी सब्जियां, दही और फल ले सकते हैं। पूड़ी-परांठा कभी-कभी चल सकता है। लेकिन ज्यादा वसा युक्त तला-भुना और गरिष्ठ भोजन न खाया जाए, तो अच्छा है। अधिक रेशेदार भोजन स्वास्थ्य के हिसाब से फायदेमंद साबित हो सकता है। अगर भोजन चोकरयुक्त हो, तो अच्छा! अन्यथा रात को सोते समय पानी के साथ थोड़ा-सा चोकर लिया जा सकता है। भोजन श्रद्धाभाव से शांति के साथ खूब चबा-चबाकर खाएं। अंग्रेजी में एक कहावत है-

Eat your liquids and drink your solids

(पेय पदार्थों को खाना और ठोस पदार्थों को पीना चाहिए)

पेय पदार्थों को धीरे-धीरे पीने और ठोस पदार्थों को चबा-चबाकर खाने से हमारे मुंह की 'लार' (Saliva) उनमें मिल जाती है, जिससे पाचन में परेशानी नहीं होती है। दोपहर के भोजन के बाद थोड़ी देर आराम करना और रात के खाने के बाद आधा घंटा धीमे-धीमे टहलना चाहिए।

इस युग में पंचमहाभूत-पृथ्वी, जल, अग्नि, आकाश व वायु-सभी प्रदूषित हो चुके हैं। अनाज, सब्जियां, फल जैसी चीजें अधिक रासायनिक खादों के प्रयोग के कारण शुद्ध नहीं रहीं, इसलिए डायबिटीज, रक्तचाप, कैंसर जैसी बीमारियां पैदा हो रही हैं। इनसे कुछ हद तक बचा जा सकता है। गाय-भैंस का

दूध भी शुद्ध नहीं रहा। पशु रासायनिक खादों वाला चारा ही तो खाएगा, तो हानिकारक तत्त्व उसके दूध से भी आएंगे, दूध जल्दी निकालने वाला 'आक्सीटोसिन' नामक जहरीला इंजैक्शन पशुओं तथा सब्जियों में लगाया जा रहा है। ये इंजैक्शन सब्जियों को रात भर में बड़ा कर देता है।

हमेशा शुद्ध जल पीने की कोशिश करनी चाहिए। पहले लोग कुएं, बावड़ी, तालाब, नदी व नल का पानी पीते थे, अब ये स्रोत सिकुड़ते जा रहे हैं। यदि संभव हो, तो उबालकर ठंडा किया हुआ पानी प्रयोग करना चाहिए। अन्यथा पानी में फिटकरी, तुलसी की पत्तियां या बेल के पत्ते डालकर भी पानी को शुद्ध किया जा सकता है। आजकल 'मिनरल वाटर' का भी कोई भरोसा नहीं! यदि आप चाहें तो 'फिल्टर' पानी से भी काम चलाया जा सकता है, इसके लिए आपको अपने घर में मशीन (वाटर प्यूरीफायर) लगवानी होगी।

दिनभर में सात-आठ गिलास पानी अवश्य पिएं। इससे शरीर में संचित ज़हर आसानी से बाहर निकल जाता है और शरीर चुस्त-दुरुस्त व हल्का रहता है।

चाय, कॉफी, कोक, पेप्सी, सोड़ा, डिब्बाबंद जूस, तंबाकू, सिगरेट या शराब न पिएं, तो ही बेहतर! कुछ लोग चाय, कॉफी जैसे पेय पदार्थों को पानी की पूर्ति का स्थानापन्न मानते हैं, जो गलत है। कोका कोला, पेप्सी को योगाचार्य स्वामी रामदेव ने तो 'टायलेट क्लीनर' कहा है, अतः इनसे यथासंभव बचें; क्योंकि उपरोक्त पदार्थ शरीर को विकारयुक्त करते हैं। इनके स्थान पर नीबू-पानी, मट्ठा, लस्सी, ताजे मौसमी फल लें, तो बेहतर होगा। डिब्बाबंद पदार्थों में 'प्रीजर्वेट्स' होते हैं, जो शरीर को नुकसान पहुंचाते हैं। अधिक मात्रा में मीठे पदार्थों व मिठाइयां, चॉकलेट, पेस्ट्री, बर्गर, चाउमीन के सेवन से भी बचें, यदि इन्हें कभी लें, तो थोड़ा अधिक व्यायाम करें, ताकि ये शरीर में आसानी से पच सकें।

देर रात तक न जागें। समय से सो जाएं और आठ घंटे अन्यथा छह घंटे की नींद तो हर हाल में लें, अन्यथा पर्याप्त नींद के अभाव में आप दिन भर सुस्ताते रहेंगे और ठीक से काम नहीं कर पाएंगे। यदि जागना ही पड़ जाए, तो चाय-कॉफी की जगह घंटे-डेढ़ घंटे बाद एक गिलास पानी पिएं, तो थकान कम होगी और आलस्य नहीं आएगा। यदि नींद नहीं आ रही है, तो 'ज्ञान मुद्रा' करें, तुरंद नींद आ जाएगी। 'ज्ञान-मुद्रा' वह मुद्रा है, जिसमें हाथ के अंगूठे और उसके पास वाली उंगली (तर्जनी) दोनों के ऊपरी सिरों को मिलाकर दबाव दिया जाता है या फिर मार्कण्डेय ऋषि द्वारा रचित 'श्री दुर्गा सप्तशती' के 'रात्रिसूक्त' का श्लोक-

या देवी सर्वभूतेष निद्रारूपेण संस्थिता
नमस्तस्यै, नमस्तस्यै, नमस्तस्यै नमो नमः
का पाठ करें।

यदि आप आस्तिक हैं, तो ये अचूक मंत्र 'अनिद्रा' में दोहराकर देखें, अवश्य लाभ होगा। दिन भर के कार्यों का लेखा-जोखा करने के साथ भगवान को उनकी कृपा के लिए धन्यवाद अवश्य दें।

धूप जीवनदायिनी है, विशेषकर प्रातःकाल की धूप! इसमें विटामिन डी होता है, जो पीलिया, अस्थियों के रोग, शारीरिक कमजोरी आदि से बचाव करता है। एक साधक थे, जो नंगे पांव सूरज की ओर मुंह करके चलते थे, इससे उनके शरीर में इतनी ऊर्जा आ जाती थी कि वे अल्पमात्रा में ही भोजन कर हर समय स्फूर्तिवान बने रहते थे। सूर्य ऊर्जा का अक्षर भंडार है। उसकी किरणें सर्वरोगनाशक हैं।

सूर्य की किरणों का सेवन अवश्य करें। लेकिन तेज धूप से हमेशा बचें। 'सूर्य-किरण-स्नान' भी किया जा सकता है। नग्न होकर सूर्य-किरणों को अपने पूरे शरीर पर पड़ने दें, इससे शरीर स्वस्थ रहेगा और रोग पास नहीं फटकेंगे। तेज धूप में निकलते समय आंखों पर काला चश्मा, सिर पर तौलिया अथवा छाता अवश्य लगाएं, इससे हानिकारक किरणों से बचाव होगा। आपने देखा होगा, जो मजदूर धूप में काम करते हैं; वे बहुत कम बीमार पड़ते हैं और रूखा-सूखा खाकर भी स्वस्थ रहते हैं, रात को गहरी नींद सोते हैं और प्रसन्नचित्त रहते हैं।

मानव जीवन बहुत दुर्लभ है। इसका सदुपयोग करें। ये अगर दूसरों के किसी तरह काम आए, तो अच्छा है। अपने जीवन में यदि नकारात्मकता को जगह देंगे, तो हमेशा तनाव में रहेंगे, अवसादग्रस्त रहेंगे। यदि सही दिशा में सकारात्मक सोचेंगे, तो हमेशा खुश रहकर स्वस्थ जीवन व्यतीत करेंगे। परेशानियां तो जीवन की आवश्यक अंग हैं। आपके धैर्य और सूझबूझ की इसमें परीक्षा होती है कि आप कैसे उनसे निजात पाते हैं-रोकर या हंस-हंसकर उनसे संघर्ष करके! इसलिए हर हाल में खुश रहना सीखिए और स्वस्थ जीवन व्यतीत कीजिए और प्रार्थना कीजिए-

सर्वे भवन्तु सुखिनः, सर्वे सन्तु निरामयाः।
सर्वे भद्राणि पश्यन्तु, मा कश्चिद् दुःखभाग भवेत॥
(सभी सुखी रहें, सभी निरोग रहें, सभी अच्छा देखें, किसी को दुख न हो।)

●●●

19

फल की इच्छा के बिना कर्म करिए

प्रकृति में हर कण कर्मरत है। मनुष्य, पशु-पक्षी, पेड़-पौधे, जल, वायु, आकाश, मिट्टी, नदी, झरने, पर्वत शृंखलाएं-सभी कर्म करते हुए अपने अस्तित्व के लिए संघर्ष कर रहे हैं। फर्क सिर्फ इतना है कि कुछ जीवों के कर्म दिखाई देते हैं और कुछ जीवों के कर्म दिखाई नहीं देते हैं। प्रकृति में मानव-योनि सबसे अच्छी मानी जाती है; क्योंकि उसमें बुद्धि है और उसमें कर्म करने की असीम संभावनाएं भी हैं। कर्म करना मानव का स्वभाव है, वह उसका कर्त्तव्य भी है और अधिकार भी! 'श्रीमद्‌भगवद्‌गीता' में भगवान श्रीकृष्ण अर्जुन को उपदेश देते हुए कहते हैं-

'कर्मण्येवाधिकारस्ते मा फलेषु कदाचन'

(हे अर्जुन! कर्म किए जा और फल की चिंता छोड़)

इसलिए सभी लोगों को परिणाम की चिंता छोड़कर कर्म करते रहना चाहिए।

हमारे हाथ में केवल कर्म है, उसका फल नहीं। इसलिए कर्म करने में जितना परिश्रम हम कर सकते हैं, करें। उससे घबराएं नहीं, उससे दूर न भागें। यदि परिश्रम करने में कोई कठिनाई आ रही है, पहले उसे दूर करें; जैसे कोई स्वास्थ्य संबंधी समस्या आदि। पहले उसका निदान खोजें, फिर आगे बढ़ें। आप देखेंगे, आपको अपने कार्य करने में आनन्द आ रहा है और आप सक्रिय जीवन का वास्तविक लुत्फ उठा रहे हैं। कर्म न करने से कर्म करना अच्छा है। संसार में कोई भी जीव कर्म किए बिना नहीं रह सकता। नीतिकारों ने कहा भी है-

उद्यमेन हि सिद्धयन्ति कार्याणि न मनोरथैः
नहि सुप्तस्य सिंहस्य प्रविशन्ति मुखे मृगाः

(उद्यम अर्थात परिश्रम करने से ही कार्य सिद्ध होते हैं। मनोरथ से नहीं। सोते हुए सिंह के मुंह में यूं ही हिरन प्रवेश नहीं कर जाते हैं अर्थात भोजन के लिए उसे भी उठकर शिकार करना पड़ता है।)

इसलिए परिश्रम करना चाहिए और उससे डरकर घबराना नहीं चाहिए। कर्म नहीं करेंगे, तो हमें इच्छित वस्तु कैसे मिल पाएगी, इसलिए दिमाग को हर समय व्यस्त रखने का प्रयास करना चाहिए। एक अंग्रेजी कहावत है-

An Empty mind is a Devil's workshop

(खाली दिमाग शैतान का घर होता है।)

यदि हम स्वयं को हर समय किसी-न-किसी कार्य में लगाए रखेंगे, तो हमें बुराइयां नहीं घेर पाएंगी, हम पर दुष्प्रवृत्तियां हावी नहीं हो पाएंगी और हमारा मन ग़लत बातों की ओर प्रवृत्त नहीं होगा।

विद्वानों ने कर्म के भी कई प्रकार स्वीकार किए हैं-कर्म, सुकर्म, विकर्म (दुष्कर्म) और अकर्म। कर्म अर्थात साधारण कार्य, सुकर्म अर्थात अच्छे कर्म मसलन दूसरों की सहायता करना, नेकनीयती, तप, त्याग, दान इत्यादि। विकर्म (दुष्कर्म) अर्थात बुरे कार्य जैसे भ्रष्ट आचरण, किसी को पीड़ा पहुंचाना, बल पूर्वक किसी की वस्तु का हरण करना आदि और अकर्म; कर्म की वह अवस्था है, जिसमें मनुष्य भाग्यवादी बनकर कर्म करना त्याग देता है।

'श्रीमद्‌भगवद्‌गीता' में भगवान श्रीकृष्ण कहते हैं-

"किं कर्म किम कर्मेति कवयोऽप्यत्त मोहिताः।
तत्र कर्म प्रवक्ष्यामि यज्ज्ञात्वा मोक्ष्यसेऽशुभात्॥
कर्मणो ह्यपि बोद्धव्यं बोद्धव्यं च विकर्मणः।
अकंर्मणश्च बोद्धव्यं गहना कर्मणो गतिः॥"

(यह निर्णय करने में बड़े-बड़े बुद्धिमान लोग भी भ्रमित हैं कि कर्म क्या है और अकर्म क्या है? इसीलिए वह कर्म तत्त्व मैं तुम्हें भली-भांति समझाकर बताऊंगा, जिसे जानकर तुम अशुभ से अर्थात कर्म-बंधन से मुक्त हो जाओ। हे अर्जुन! तुम्हें भली-भांति जानना चाहिए कि कर्म का स्वरूप क्या है? निषिद्ध कर्म क्या है तथा अकर्म क्या है? यह जानना इसलिए जरूरी है कि कर्म की गति बड़ी गहन है।)

भगवान श्रीकृष्ण के अनुसार, जीवन को दो भागों में बांटा जा सकता है, क्रिया यानि कर्म तथा अक्रिया यानि अकर्म। क्रिया को स्वधर्म या निष्काम कर्म कहते हैं। अकर्म जीवन की वह क्रिया है, जो हमें नहीं करनी चाहिए।

हर क्रिया कर्म नहीं है। पलकों का झपकना, भोजन करना, सोना, अंग-संचालन इत्यादि कर्म नहीं है। यदि ऐसा होता, तो भूकंप का आना, लहरों का किनारों से टकराना कर्म कहलाता। जब हमारा संकल्प और इच्छा; क्रिया द्वारा जुड़ जाते हैं, तो वह कर्म बन जाता है। बिना संकल्प कर्म में प्राण नहीं आता। संकल्पित कर्म ही कर्मयोग का संपादन करते हैं।

अकर्म; संकल्प रहित कर्म है। अकर्म आलस्य की अवस्था नहीं है। ईश्वर की इच्छा ही जब हमारी इच्छा बन जाती है, तो वह अकर्म बन जाता है।

विकर्म; वे कर्म है जिनके बारे में शास्त्रों और समाज ने निषिद्ध किया है अर्थात जिनसे नैतिकता का उल्लंघन होता है। सारे विपरीत कर्म; विकर्म कहे गए हैं। इनकी उत्पत्ति हमारी निम्न प्रवृत्तियों से होती है। वे हमारे अहंभाव और दुर्वासनाओं से प्रेरित होते हैं।

यदि कर्म कर्त्ताभाव से न किए जाएं, तब वे वासनाओं को जन्म नहीं देते, हमारे अहंभाव को नहीं बढ़ाते। ऐसे दिव्य कर्मों से मनुष्य बंधनों को प्राप्त नहीं होता। दिव्य कर्म आत्मा से उद्‌भूत होते हैं और केवल आत्मा के प्रकाश में ही पहचाने जाते हैं। इसलिए भगवान श्रीकृष्ण द्वारा दी गई शिक्षा का अनुकरण करना चाहिए-

एवं ज्ञात्वा कृतं कर्म पूर्वेरपि मुमुक्षुभिः।
कुरु कर्मैव तस्मात्वं पूर्वैः पूर्वतरं कृतम्॥

(पूर्वकाल में भी तत्त्व दर्शन को जानकर प्राचीन मुमुक्षुओं ने कर्म किए हैं। तुम भी जैसे पूर्वकाल में पूर्वजों ने किया, ऐसे ही कर्मों का संपादन करो।)

शांति कुंज हरिद्वार के संस्थापक और महातपस्वी पं. श्रीराम शर्मा आचार्य ने लिखा है-**"मनुष्य का जीवन एक खेत है, जिसमें कर्म बोए जाते हैं और उन्हीं के अच्छे-बुरे फल काटे जाते हैं। जो अच्छे कर्म करता है, वह अच्छे फल पाता है। बुरे कर्म वाला बुराई समेटता है। कहावत है, आम बोएगा, वह आम खाएगा। बबूल बोएगा, वह कांटे खाएगा। बबूल बोकर आम प्राप्त करना, जिस प्रकार प्रकृति का सत्य नहीं, उसी प्रकार बुराई के बीज बोकर भलाई पा लेने की कल्पना भी नहीं की जा सकती।"**

भगवान श्रीकृष्ण अर्जुन से कहते हैं-

यज्ञार्थात्कर्मणोऽन्यत्र लोकोऽयं कर्मबंधनः।
तदर्थं कर्म कौन्तेय मुक्तसंङः समाचरः॥

(यज्ञ के निमित्त किए जाने वाले कर्मों के अतिरिक्त दूसरे कर्मों में लगा हुआ ही यह मनुष्य समुदाय कर्मों से बंधता है। इसीलिए हे अर्जुन! तू आसक्ति से रहित होकर उस यज्ञ के निमित्त ही भली भांति कर्म कर।)

भारतीय संस्कृति आध्यात्मिक संस्कृति है, देव संस्कृति है, यज्ञीय संस्कृति है। श्रीकृष्ण, अर्जुन को जब कहते हैं यज्ञार्थाय कर्म करो, आसक्ति से मुक्त होकर कर्म करो, तो उनका आशय यही है, अपने लिए नहीं औरों के लिए जियो।

हमारे कर्म चाहे स्वयंसेवी भाव से समाज के लिए किए जा रहे हों अथवा अपने निजी प्रयोजनवश, न केवल यज्ञीयभाव से हों वरन् कुशलतापूर्वक सम्पन्न हों। सच्ची समाज और राष्ट्रसेवा यही है। स्वार्थ से प्रेरित होने वाले कर्म अपने

पीछे वासनाएं ही छोड़ते हैं। इससे हमारे जीवन में अतृप्ति एवं अशांति आएगी। इसलिए कर्म अहंकार से रहित हों।

संसार के अमरीका, फ्रांस, स्विट्जरलैंड, जापान, जर्मनी, ब्रिटेन जैसे विकसित राष्ट्र दूसरों की नजर में वास्तविक कर्मयोगी हैं; लेकिन भारतीय संस्कृति के मानदंड पर यह उनका कर्मयोग नहीं, वरन् कर्म-लिप्सा है।

पं. श्रीराम शर्मा आचार्य कहते हैं- **"ये कर्म भोग के निमित्त हैं, लोक-हित के नहीं। हम अपने स्वार्थ के लिए अपने मित्रों का, माता-पिता का, समाज का, राष्ट्र का सभी का दोहन करके यदि कर्म करते हुए आगे बढ़ना चाह रहे हैं, तो गीताकार की दृष्टि में यह जीवन 'लोकोऽयं' समर्पित है अर्थात बंधन का कारण है। हमारे कर्मों से हमारे समाज की, राष्ट्र की प्रगति हो, उन्नति हो, उत्कर्ष हो, यह लक्ष्य हो, तो हमारा जीवन यज्ञमय है।"**

इन अवस्थाओं में श्रेष्ठ अवस्था सुकर्म की है। हमें कोशिश करनी चाहिए कि हम अच्छे काम करें, दूसरों को कष्ट न पहुंचाएं और सबका भला करने की कोशिश करें। एक उक्ति है-'सबका भला पहले, पीछे अपना भला' लेकिन आजकल तो उल्टी गंगा बह रही है-'पहले अपना भला, उसके पीछे किसी का भला या बुरा हो, हमें क्या मतलब?'

रेस के ट्रैक में प्रतिद्वंद्वी को धक्का देकर पहला स्थान प्राप्त करना किसी भी तरह उचित नहीं कहा जा सकता। 'ट्रैक' पर उसको भी दौड़ने दीजिए, जिसमें क्षमता और प्रतिभा है, वही सफलता प्राप्त करेगा। अच्छे साधनों से प्राप्त की गई सफलता स्थायी होती है।

आजकल ऐसे व्यक्ति को समाज मूर्ख समझता है, जो किसी भी मामले में अपने सद्गुण प्रदर्शित करे। अंत में उसी व्यक्ति की समाज प्रशंसा भी करता है। महाराणा प्रताप, पृथ्वीराज चौहान, गांधी जी, पं. मदनमोहन मालवीय, लालबहादुर शास्त्री, परमहंस रामकृष्ण, स्वामी विवेकानंद सरीखे महापुरुषों को आज उनके सत्कर्मों के कारण ही समूचा विश्व जानता है।

महाराणा प्रताप के काल में अधिकांश राजपूतों ने मुगलों से संधि करके उनसे रोटी-बेटी के संबंध बनाए, लेकिन राणा ने मुगलों की अधीनता नहीं स्वीकारी। काशी हिन्दू विश्वविद्यालय, वाराणसी बनवाने के लिए दान मांगते समय नवाब हैदराबाद ने अपनी जूती उतारकर मालवीयजी की ओर फेंक दी। मालवीयजी ने चौराहे पर उसे ही नीलाम करने के लिए बोली लगवाई। नवाब लज्जित होकर उनका मुरीद बन गया।

पूर्व प्रधानमंत्री लालबहादुर शास्त्री को भारत-पाक युद्ध के दौरान रूस और अमरीका ने तरह-तरह के षड्यंत्रों और घुड़कियों से झुकाने का प्रयास किया, लेकिन सच्चे अर्थों में लौहपुरुष शास्त्रीजी नहीं झुके, फलस्वरूप भारत-पाक समझौते के दौरान ताशकंद में उन्हें अकाल मृत्यु की गोद में सुला दिया गया। परमसंत रामकृष्ण परमहंस को लोग साधना की उच्च अवस्था में देखकर पागल कहते थे। लेकिन समूचा विश्व उनके सुकर्मों के कारण ही आज उनका गुणगान करता है।

ये कुछ उदाहरण हैं कि कष्ट सहकर संघर्ष करते-करते इन महापुरुषों ने समय की भट्टी में अपने-आपको खरा सोना सिद्ध किया। ये लोग चाहते, तो सुविधाएं भोगकर 'समय के साथ' चल सकते थे और मजे मार सकते थे, लेकिन उन्हें ऐसा करना गवारा नहीं था। अब आपको सोच-विचाकर निर्णय लेना है कि अपने कर्मों द्वारा आपको क्या बनना है-राजा मानसिंह, जयचंद, अंगुलिमाल, वाल्मीकि, बुद्ध, महावीर या...!

याद रखिए, समय की धारा के विपरीत जो नाव खेता है, वह ही सफलता प्राप्त करता है। 'लेसी फेयर' (Lasse Faire Policy) को कभी मत अपनाइए यानी 'सब चलता है', ऐसी मानसिकता बड़ी खतरनाक होती है या 'ऐसा हो रहा है, तो हमारा क्या जाता है?' हम भी इस स्थिति में बराबर के दोषी हैं। चाहे लोग हमको कितना भी हतोत्साहित करें, हमारी खिल्ली उड़ाएं या हमारे मार्ग में अवरोध पैदा करें, हमें सुकर्म करने से पीछे नहीं हटना है।

हमें सतत कर्म करने का अभ्यास करना चाहिए; क्योंकि थोड़े-से आलस्य, प्रमाद, विपरीत परिस्थितियों, छोटी-मोटी बीमारियों से यदि हमने कर्म करने से जी चुराया, तो हमारी सफलता संदिग्ध है।

इसलि ए इन अवरोधों को नजरंदाज करके हमें उन्हें प्रेरक मानकर अपना कर्म करते रहना है, तभी सफलता हमारे चरण चूमेगी और वियजश्री स्वयं आकर हमें वरमाला पहनाएगी।

कुछ लोग भाग्य को दोषी मानते हैं कि भाग्य के कारण ही उन्हें सफलता प्राप्त नहीं हुई या हमारे भाग्य में ही अमुक चीज नहीं थी, जो हमें मिलती। यद्यपि इतिहास में ऐसे विरले उदाहरण भी हैं कि जमीन किसी ने तैयार की और फसल किसी और ने काटी! स्व. संजय गांधी और स्व. राजीव गांधी का उदाहरण हमारे सामने है। संजय गांधी राजनीति में पूरी तरह सक्रिय होकर अपनी भूमिका निभा रहे थे और उन्हें भावी प्रधानमंत्री के रूप में देखा जा रहा था, लेकिन सन् 1977 में कांग्रेस के चुनाव हार जाने के कुछ साल बाद एक विमान दुर्घटना में उनकी मृत्यु हो गई। बाद में इंदिराजी ने राजीव गांधी को कुछ दायित्व सौंपे। अपने ही

अंगरक्षकों द्वारा मारे जाने के बाद उनके रिक्त स्थान को भरने के लिए राजीव गांधी को प्रधानमंत्री बनाया गया। इसे आप भाग्य का खेल कह सकते हैं। कुछ ऐसें भी लोग हैं, जिन्हें बिना कर्म किए बैठे-ठाले सब कुछ मिल गया। आप कह सकते हैं उनका भाग्य फला।

दरअसल हम जो कर्म करते हैं; वही बाद में हमारा भाग्य बन जाता है। मुख्य तत्त्व कर्म है। गीता में भगवान ने कर्म को प्रमुख माना है। बिना कर्म किए कुछ भी हासिल नहीं होता। कर्म और भाग्य की परिभाषा को गोस्वामी तुलसीदास ने 'रामचरितमानस' में इस प्रकार कहा है-

कर्म प्रधान विस्व रचि राखा।
जो जस करे, सो तस फल चाखा॥

कर्म ही प्रधान है। जो जैसा करेगा, वह वैसा ही फल पाएगा। कर्म करने के बाद जो फल होगा, उसे आप भाग्य कह सकते हैं। जिन्होंने कर्म किया, गहरे पानी में उतरकर खोजने का प्रयास किया; उन्हें रत्न प्राप्त हुए। जो भाग्य के भरोसे बैठे रहे, उन्हें कुछ भी नहीं मिला।

जिन खोजा, तिन पाइयां,
गहरे पानी पैठ।
मैं बपुरी ढूंढन गई,
रही किनारे बैठ॥

समुद्र की गहराई देखकर उसमें न उतरने का निर्णय लेना तुम्हें अमूल्य रत्नों की प्राप्ति नहीं करा सकता। किनारे बैठकर समुद्र को निहारने से कुछ होने वाला नहीं है!

कर्म करने से संसार में ऐसी कौन-सी वस्तु है, जो प्राप्त नहीं की जा सकती, बस आपको अपनी क्षमताओं पर विश्वास होना चाहिए-

मौत का बेरहम इतिहास बदल सकते हो,
पाप में पुण्य का विश्वास बदल सकते हो।
अपनी बांहों पे भरोसा यदि हो तुमको,
ये तो धरती है आकाश बदल सकते हो।

निष्क्रिय और आलसी व्यक्ति ही बहानेबाजी करते हैं। बहानेबाजी करने से आप दूसरों की नजरों में गिर जाते हैं और लोग आपकी बात को महत्त्व देना बंद कर देते हैं। आलसी व्यक्ति कोई भी कार्य समय पर पूरा नहीं कर पाता। वह दीर्घसूत्री होता है अर्थात काम को 'आज-कल', 'आज-कल' करते हुए टालता जाता है और एक दिन जब वह कार्य को पूरा भी कर लेता है, तब उसका कोई महत्त्व नहीं रहता-

दीर्घसूत्राणि विनश्यति

(दीर्घसूत्री का विनाश होता है।)

इसलिए सक्रिय रहकर आज का काम आज करना चाहिए, कल पर नहीं छोड़ना चाहिए। भविष्य का क्या भरोसा? **कल किसने देखा है? कल हो न हो! आज तो अपना है। उसका भरपूर उपयोग करना चाहिए। कबीरदास जी कहते हैं-**

> **इसलिए सक्रिय रहकर आज का काम आज करना चाहिए, कल पर नहीं छोड़ना चाहिए। भविष्य का क्या भरोसा?**

काल करै सो आज कर, आज करै सो अब,
पल में परलै होएगी, बहुरि करैगो कब?

कल का तो कोई पता नहीं! आज का काम आज ही निपटाना चाहिए। . ..और आज का काम भी अभी निपटाना चाहिए। तभी हमें सफलता प्राप्त हो सकती है।

जो व्यक्ति काम को टालते जाते हैं; उनकी यह आदत में शुमार हो जाता है। अगले दिन उनके समक्ष दोगुना काम करने की चुनौती आ जाती है। उससे अगले दिन तीन गुना...और...! इस तरह काम का ढेर लग जाने पर वे एक साथ सारा काम निपटाने की कोशिश करते हैं। इससे वे 'डिप्रेशन' के शिकार हो जाते हैं और अपने कार्य में गलतियां-दर-गलतियां करते चले जाते हैं, जिससे उनके कार्य की गुणवत्ता पर प्रभाव पड़ता है। वे स्वयं की नजर में अपराधी हो जाते हैं और अंत में उनकी सफलता संदिग्ध हो जाती है। कार्य को टालने वाले व्यक्ति को कभी भी वांछित लाभ नहीं मिल सकता। ट्रेन छूटने के बाद 'स्टेशन' पर पहुंचने से क्या फायदा? ट्रेन तो छूटी ही, आर्थिक नुकसान भी हुआ।

कोई भी कार्य हो, वह न सरल होता है, न कठिन; आपकी संकल्प शक्ति ही उसे कठिन और सरल की श्रेणी में विभाजित करती है। इसलिए पूरी ईमानदारी से आपका कार्य के प्रति समर्पण-भाव और उसे हाथ में आते ही पूरा करने की लगन ही आपको कार्य-सिद्धि दिलाती है। बशर्ते हम काम का हौवा अपने मन में न पालें और उस कार्य को पूरा करने में अपनी संपूर्ण शक्ति लगा दें। कवि दुष्यंत कुमार अपने एक शैर में कहते हैं-

कौन कहता है कि आसमां में छेद हो नहीं सकता,
एक पत्थर तो तबियत से उछालो यारो!

कार्यों को सम्पन्न करने के लिए अपनी प्राथमिकताएं तय करिए। कार्यों की प्राथमिकताओं में आपको (1) दीर्घकालीन, (2) मध्यम और (3) अल्पकालीन कार्यों में उन्हें विभक्त करना होगा। सभी कार्यों को एक साथ लेकर चलने और

उन्हें सम्पन्न करने के चक्कर में आप कोई भी कार्य समय से पूरा नहीं कर सकते। कार्य-विभाजन से आपको अपनी ऊर्जा का भरपूर उपयोग करने का समय मिलेगा और आप बेकार के भटकाव से बच जाएंगे। आपने वह कहावत तो सुनी ही होगी-

आधी छोड़ पूरी को धावै।
आधी रहे न पूरी पावै॥

एक कुत्ता था। उसको संयोगवश एक रोटी मिल गई। वह बहुत प्रसन्न हुआ कि इसे एकांत में बैठकर खाऊंगा। पूर्ण एकांत पाने की इच्छा से वह नदी पार करने लगा। उसे अपनी ही परछाईं नदी में दिखाई दी। उसने सोचा कि पहले इस कुत्ते से रोटी छीन लूं, फिर अपनी खाऊंगा। उसने गुर्राने के लिए जैसे ही मुंह खोला, उसकी रोटी नदी में गिर पड़ी और वह मुंह ताकता रह गया; क्योंकि नदी वाले कुत्ते के पास भी अब रोटी नहीं थी।

दीर्घकालीन प्राथमिकताओं में उन कार्यों को रखिए, जो आपके जीवन के महत् उद्देश्य हों जैसे कि जीवन में आप क्या बनना चाहते हैं अथवा आत्मोद्धार के कार्य, जिनसे यह सिद्ध होता है कि आप संसार में मात्र खाने-पीने के लिए नहीं आए हैं। आपका उद्देश्य अपना और दूसरों का जीवन सुधारना है। परोपकार, दान, जप-तप, योग (प्राणायाम आदि) इस श्रेणी में आते हैं। कछुए की गति से इस दिशा में आगे बढ़िए और अपना जीवन दैवीय बनाइए। इनमें निरंतरता आवश्यक है, तभी आप सफल हो सकते हैं।

मध्यम प्रकार के कार्यों में आप पाँच-दस वर्षों के भीतर सम्पन्न होने वाले कार्यों को रख सकते हैं। मसलन बेटे की पढ़ाई, विवाह योग्य बेटी के हाथ पीले करना अथवा बीमारीविशेष के इलाज के लिए आवश्यक संसाधन जुटाना और इन कार्यों के क्रियान्वयन की दिशा में प्रयास करना।

अल्पकालीन कार्यों को भी समान महत्त्व दें। ये हमारी तात्कालिक आवश्यकताओं की पूर्ति करते हैं। अल्पकालीन कार्यों में टेलिफोन-बिजली का बिल जमा कराना, अपनी दिनचर्या व्यवस्थित करना, घर की साप्ताहिक अथवा मासिक सफाई इत्यादि अन्य छोटे-मोटे काम; जो जीवन में समान महत्त्व रखते हैं।

यदि आप इन कार्यों को वर्गीकृत करके इनको पूर्ण लगन और मेहनत के साथ सम्पन्न करेंगे, तो आप देखेंगे कि आपका हर कार्य व्यवस्थित तरीके से समय पर पूरा हो रहा है। इससे आपको दिली खुशी तो मिलेगी ही, आप सफल व्यक्तियों की श्रेणी में आ जाएंगे।

बहुत से व्यक्ति किसी कार्य को पहले तो भली-भांति शुरू नहीं कर पाते, जब शुरू करने की मानसिकता बनती है, तो 'शुभ समय' का इंतजार करते हैं। ऐसे व्यक्ति किसी कार्य को करने में अपना व्यर्थ समय नष्ट करते हैं।

भगवान ने कुरुक्षेत्र के मैदान में अर्जुन को गीता का उपदेश दे दिया। इसके बाद पूछा कि युद्ध करने के लिए रथ को आगे बढ़ाऊं? अर्जुन बोला: प्रभु! मैं शुभ शगुन की प्रतीक्षा कर रहा हूं-सौभाग्यवती स्त्रियां मंगल-कलश लेकर निकलें, गायें चरने के लिए जा रही हों, हिरन कुलाचें भरते हुए मेरे रथ के सामने से गुजरें...!

यदि हम ऐसे शुभ शगुनों की प्रतीक्षा करते रहेंगे, तो कर्म करने का समय व्यर्थ ही जाया होगा। कार्य की शुरुआत करने के लिए हर पल शुभ है। जो क्षण आपके सामने है, वही अपना है, वही सबसे कीमती भी है। कर्म करिए, हर क्षण आपका भाग्योदय कराएगा। किसी भी कार्य की शुरुआत करनी है, तो अपनी विवेक शक्ति का प्रयोग करते हुए उसके विषय में सम्यक् आकलन कीजिए और उसको अविलंब शुरू कर दीजिए- पूरी दृढ़ता, लगन और निष्ठा के साथ!

हमारे मन में अडिगता हो, निश्चयात्मक वृत्ति हो, कुछ कर गुजरने की ललक हो, तो हमारी सकारात्मक शक्तियां हमारी मदद करती हैं; हमें आगे बढ़ने का उत्साह देती हैं। यदि हमारा मन कमजोर हुआ, हमारी स्थिति डावांडोल हुई, तो हमारी मदद करने वाली शक्तियां तिरोहित हो जाती हैं। हमको शक्तिहीन बनाकर आलस्य और प्रमाद का आगार बना देती हैं। हम भाग्यवादी होकर यह सोचने लगते हैं, किस्मत में जो बदा है, वही होगा!

इसलिए हम जो भी मन में विचारें, उसे शब्दों में व्यक्त करें, फिर उसे क्रियान्वित करें। यही मन-वचन-कर्म की एकता कहलाती है।

अंग्रेजी के प्रसिद्ध नाटककार विलियम शेक्सपियर ने लिखा है-**"शब्दों का कर्म से और कर्म का शब्दों से मेल कराओ।"**

कर्म करने में वचनबद्धता हमें अपने लक्ष्य को प्राप्त करने में सहायक होती है। इससे हमारी संकल्पशक्ति बढ़ती है।

एक व्यक्ति ने बहुत छोटे स्तर से नौकरी की शुरुआत की। वह हर कार्य कर लेता था। उसे किसी भी कार्य को करने में कोई झिझक नहीं होती थी, जबकि दूसरे लोग उसकी इस प्रवृत्ति को देखकर उसकी हंसी उड़ाते थे। धीरे-धीरे अपने काम से वह मालिक का चहेता बन गया। मालिक ने उसे और बड़ी जिम्मेदारी सौंपी और बाद में उसे अपनी कंपनी में एक-चौथाई का

हिस्सेदार बना लिया। कालांतर में वह कंपनी का मालिक बना। उसके मन में इच्छा थी कि एक दिन वह बड़ा आदमी बने, अपने कर्मों से वह बना, जबकि उसकी खिल्ली उड़ाने वाले वहीं-के-वहीं रहे।

एक विचारक कहते हैं-**"यह महत्त्वपूर्ण नहीं है कि क्या काम किया जा रहा है, महत्त्वपूर्ण यह है, उसे किस उद्देश्य और किस भावना से किया जा रहा है?"**

हमें अपने पुरुषार्थ पर भरोसा करके भाग्य की परिकल्पना को स्वीकार नहीं करना चाहिए। कर्म करने पर भाग्यलक्ष्मी स्वयंमेव हमारे पास चली आएगी।

राजा भोज बहुत विद्वान पुरुष थे। एक दिन उन्होंने विचार किया कि अपना धन निर्धनों को बांट देना चाहिए; क्योंकि लक्ष्मी किसी के पास टिककर नहीं रहती। उन्होंने अपने राजकोष को दान में देना शुरू कर दिया। दान लेने वाले लोग तो प्रसन्न हुए, लेकिन मंत्री को चिंता सताने लगी कि ऐसे तो एक दिन खजाना खाली हो जाएगा। उसने राजा के दान करने वाले स्थान पर लिख दिया-**"विपत्ति में धन काम आता है, इसे भविष्य के लिए सुरक्षित रखें।"**

राजा ने यह वाक्य पढ़कर लिख दिया-**"भाग्यशाली के लिए विपत्ति का क्या महत्त्व है?"** मंत्री ने यह वाक्य पढ़कर उसके नीचे लिखा-**"भाग्य यदि कुपित हो जाए तो?"** राजा ने इसके पश्चात् लिखा-**"पुरुषार्थी अपने भाग्य का कोप शांत करने में समर्थ होते हैं। यही नहीं, वे अपने प्रचंड पुरुषार्थ से नए भाग्य-विधान की रचना करते हैं।"** मंत्री ने राजा भोज का आशय जानकर इसके बाद कुछ नहीं लिखा।

वास्तव में प्रचंड पुरुषार्थ 'नए भाग्य' की रचना करने में समर्थ होता है। ऐसा व्यक्ति किसी का मुखापेक्षी नहीं होता। भाग्य का भरोसा मत करो। वह एक ऐसा शत्रु है, जो कभी भी धोखा दे सकता है, आप पर पीठ-पीछे वार कर सकता है। कर्म हमारा मित्र है, जो विपत्ति में हमारा कदम-कदम पर साथ देता है। विपत्ति में हम अपना कर्म करते रहें। हम पर दुष्प्रवृत्तियां हावी न हों; निरालस रहें, तो बुरे दिन भी पलट सकते हैं।

एक व्यक्ति; जो किसी समय बहुत धनवान था; समय के फेर से गरीब हो गया। वह रिक्शा चलाकर अपनी आजीविका कमाने लगा। एक बार उसने अपनी पीड़ा किसी दूसरे व्यक्ति से कही-**"बाबूजी! कभी हम भी मालदार थे, आज रिक्शा खींच रहे हैं।"** उस व्यक्ति ने समझाया, कोई चोरी-डकैती तो नहीं कर रहे, मेहनत कर रहे हो, विपत्ति किस पर नहीं आई? आज धन नहीं

है, कल आ जाएगा। बस धैर्यपूर्वक कर्म, अपना धर्म मानकर करते जाओ, तुम्हें इस स्थिति से छुटकारा अवश्य मिलेगा।

सक्रिय रहने का मूलमंत्र यही है कि आलस्य को कभी भी अपने पास फटकने न दें और आत्मविश्वासपूर्वक निरंतर आगे बढ़ते रहें, मंजिल आपको प्राप्त हो जाएगी। अपनी इच्छाशक्ति को हमेशा प्रज्ज्वलित किए रहें। भारतीय ऋषि मुनियों के सिद्धांत- 'चरैवेति-चरैवेति' को अपने जीवन में उतारें। गति ही जीवन है और जीवन ही गति है। ठहराव मौत है। अपनी शक्ति पर और भगवान पर भरोसा रखें। अपने से पूर्व जन्मे महापुरुषों से प्रेरणा लें, उनके कार्यों को अपना आदर्श बनाएं और तदनुसार कार्य करें।

हाथ पर हाथ रखकर सिर नीचा किए बैठे रहने से कुछ नहीं होगा। इसके लिए सिंह जैसी फुर्ती से उठना होगा और अपना अभीष्ट प्राप्त करना होगा। स्वामी विवेकानंद का प्रेरक वाक्य अपने मन में धारण करना होगा-

"उत्तिष्ठ! जाग्रत प्राप्य वरान्निबोधत"

यदि हर समय जाग्रत रहोगे, सक्रिय रहोगे, तो आपके पास सफलता अपने-आप चलकर आएगी।

●●●

20

बिखराव समेटकर एकाग्र हो जाइए

एकाग्रता किसी भी व्यक्ति की वह आंतरिक शक्ति है, जिससे वह थोड़े ही समय में अपने लक्ष्य को प्राप्त कर सफलता प्राप्त कर सकता है। व्यक्ति की शक्तियां बिखरी हुई होती हैं। वह उन सबको समेटकर एक ही जगह पर केंद्रित कर दे, तो असाध्य को भी सहजता से साधा जा सकता है।

सूर्य की किरणों में सात रंग हैं। यदि हम आतिशी शीशे का प्रयोग करें; तो उन किरणों को एक जगह इकट्ठा करके किसी भी वस्तु को जलाने की शक्ति प्राप्त कर लेते हैं। कंघी को अपनी बगल से रगड़ो, फिर कागज के छोटे-छोटे टुकड़ों को उसके समीप लाओ। वह कंघा उनको अपनी ओर आकर्षित कर लेता है। रगड़ खाने पर उसमें चुंबकीय शक्ति पैदा हो जाती है। पत्थर के कुछ टुकड़ों को दूसरे पत्थरों पर लगातार मारिए, उनमें आग पैदा हो जाती है। बिखरे हुए शक्ति कणों को केंद्रीभूत करके ऊर्जा पैदा करने के ये कुछ उदाहरण हैं।

केंद्रीकरण ऊर्जा पैदा करता है और उससे अपना लक्षित कार्य साधा जा सकता है। एकाग्रता से ब्रह्मांड की बड़ी-से-बड़ी शक्ति को हासिल किया जा सकता है। कुण्डलिनी-जागरण क्या है? प्रत्येक मनुष्य की रीढ़ की हड्डी के नीचे साढ़े तीन कुण्डल मारकर कुण्डलिनी सुप्तावस्था में पड़ी हुई है। हमें उस शक्ति को जगाना है, ताकि वह जागकर षट्चक्रों का भेदन करते हुए सहस्रार चक्र में स्थित शिव तत्त्व से मिल जाए। इसके लिए हमें हठयोग का सहारा लेना पड़ेगा। हठयोग बिना ध्यान लगाए नहीं सध सकता और ध्यान के लिए एकाग्रता की आवश्यकता है। बिना एकाग्रता के कुण्डलिनी-जागरण नहीं हो सकता। एकाग्रता से प्राप्त कुण्डलिनी वह शक्ति है, जिससे मनुष्य त्रिकालदर्शी हो जाता है। एकाग्रता अतींद्रिय शक्ति भी प्रदान कर सकती है। तभी तो कहा है कि एकाग्रता से बड़ी-से-बड़ी शक्ति को वश में किया जा सकता है।

'कहीं पे निगाहें कहीं पे निशाना' वाली स्थिति एकाग्रता भंग होने का प्रमाण है। आप सड़क पर कार से जा रहे हैं। आपका ध्यान सड़क के 'ट्रैफिक' पर है। अचानक आपका ध्यान घर की बातों या दफ्तर के मसलों की ओर चला जाता है। आपकी एकाग्रता भंग हो जाती है और 'डिवाइडर' से आपकी गाड़ी

टकरा जाती है। आप बहुत अच्छे वक्ता हैं। आप सभा में भाषण दे रहे हैं; लोग आपकी बातों को ध्यानपूर्वक सुन रहे हैं। अचानक आपकी एकाग्रता भंग हो जाती है, बोलते-बोलते आपकी जबान लड़खड़ाने लगती है और आप कुछ-का-कुछ बोल जाते हैं।

स्वामी विवेकानंद जब अमरीका गए थे, तब वे एक स्थान पर भाषण दे रहे थे। अचानक एक श्रोता ने पूछा-**"भगवान श्रीकृष्ण में वह कौन-सी शक्ति थी, जिससे लोग उनकी ओर आकर्षित होते थे और अपनी सुध-बुध खो बैठते थे।"** स्वामीजी ने कोई उत्तर नहीं दिया। स्वामीजी अपने भाषण के दौरान थोड़ा पीछे की ओर खिसक जाते थे और उनके श्रोता भी उसी दिशा में खिसकते चले जाते थे। अचानक उन्होंने महसूस किया कि हम लोग तो अपनी जगह से बहुत दूर चले आए हैं। एक श्रोता ने यह बात स्वामीजी के समक्ष रखी। उन्होंने कहा कि इसका कारण एकाग्रता है। आप लोग मेरा भाषण इतनी एकाग्रता से सुन रहे थे कि आपको इसका आभास ही नहीं हुआ। एकाग्रता से व्यक्ति स्वत: ही सम्मोहन की अवस्था में पहुंच जाता है।

एकाग्रता से बिखरे हुए विचार एक सुगठित माला के रूप में आकार लेते चले जाते हैं। स्वामी विवेकानंद ने अमरीका में 'शून्य' पर जब पंद्रह मिनट भाषण दिया, तो लोग अचंभित हो गए। उनके आग्रह पर ही उन्होंने शून्य पर अपने भाषण की अवधि बढ़ा दी। लोगों ने उनकी विचारशक्ति की प्रशंसा की। उनकी एकाग्रता की शक्ति द्वारा ही ऐसा संभव हो सका।

एकाग्रता संकल्पशक्ति से आती है। यदि आप संकल्प के धनी हुए, तो एकाग्रचित्त होकर अपनी मंजिल प्राप्त कर सकते हैं। संकल्प एकाग्रता को बढ़ाने में 'टॉनिक' का कार्य करता है। एकाग्रता वाला व्यक्ति अंतर्मुखी हो जाता है, उसका बाहरी दुनिया से संपर्क टूट जाता है। ज्यादा लोगों के पास बैठने, उनसे वार्तालाप करने आदि कामों से एकाग्रता भंग होती है।

स्वामी रामकृष्ण परमहंस जब एकाग्रचित्त होकर ध्यान द्वारा समाधि में पहुंच जाते थे, तो घंटों बेसुध पड़े रहते थे। सर आइजक न्यूटन; जब अपनी प्रयोगशाला में होते थे, तो उन्हें अपने तन-मन की सुध नहीं रहती थी। उनका खाना घंटों यूं ही ठंडा होता रहता, लेकिन उन्हें पता ही नहीं चल पाता था कि खाना पास में रखा हुआ है। स्वामी विवेकानंद जब बचपन में ध्यान लगाते थे, तो जहरीले सर्प उनके शरीर पर से होकर गुजर जाते थे, लेकिन उन्हें पता ही नहीं चलता था। ऐसा इसलिए संभव हुआ; क्योंकि इन महापुरुषों ने अपनी ऊर्जा का प्रवाह एक दिशा में कर दिया-चाहे वह आध्यात्मिक ऊर्जा हो अथवा वैज्ञानिक!

जो व्यक्ति अपनी संचित ऊर्जा को एक ही दिशा में मोड़ देता है, वह सफल होता है। आपने पवनचक्की या जलचक्की को देखा होगा। सभी दिशाओं में दौड़ने वाली पवन को एकत्र कर उसकी ऊर्जा से चक्की चलाकर बिजली बनाना या बिखरी हुई जल-ऊर्जा को संचित कर विद्युत पैदा करना बिना ऊर्जा-केंद्रीकरण के संभव नहीं है।

एक विद्वान ने कहा है-**"एकाग्रता असंभव को संभव बना देती है। उससे आप अपना मनचीता कर सकते हैं।"**

अपनी शक्ति का अहंकार भी एकाग्रता भंग कर देता है और व्यक्ति जाग्रत नहीं रह पाता। जबकि एकाग्र मन से सतत प्रयास करने वाला जाग्रत रहते हुए उसको परास्त कर सकता है। खरगोश और कछुए वाली 'पंचतंत्र' की कथा में खरगोश को अपनी तेज गति पर बहुत भरोसा था, इसलिए वह दौड़ के दौरान सो गया कि मैं तो धीमी चाल चलने वाले कछुए को पछाड़ ही दूंगा, कछुआ एकाग्र होकर धीरे-धीरे चलता रहा और अपने गंतव्य पर पहुंच गया। एक दार्शनिक के अनुसार-

"बिखराव हमारे पैर में बंधे चक्की के पाट के समान है, जो हमें अपनी सहज-स्वाभाविक गति में नहीं आने देता, जबकि एकाग्रता पैरों में बंधे पहियों के समान है, जो हमारा लक्ष्य शीघ्र प्राप्त करा देती है।"

आपको सुनकर आश्चर्य होगा कि प्रसिद्ध भारतीय दार्शनिक ओशो एक दिन में दो हजार शब्दों को पढ़कर उनको हू-ब-हू याद करने की क्षमता रखते थे। नेताजी सुभाषचंद्र बोस के साथ भी ऐसा ही था। उनको अपने 'कोर्स' का एक-एक शब्द कंठस्थ था। एक बार वे किसी कारणवश अपनी परीक्षा देने देर से पहुंचे। प्राचार्य ने उनको परीक्षा में नहीं बैठने दिया, तब उन्होंने प्राचार्य से कहा-**"महोदय! देख लीजिए, आपका विद्यालय एक 'टॉपर' से वंचित रह जाएगा।"** उनकी यह बात परखने के लिए परीक्षा समाप्त होने से मात्र डेढ़ घंटे पहले उन्होंने नेताजी को परीक्षा देने की अनुमति दे दी। उनके चारों ओर कड़ा पहरा था, लेकिन वे घबराए नहीं। प्रश्नपत्र में नोट था-**"Attempt any five questions"** (कोई से पांच प्रश्न हल कीजिए)। नेताजी ने मात्र एक घंटे में प्रश्न-पत्र के सारे प्रश्न हल कर दिए और उत्तर-पुस्तिका में 'नोट' लिख दिया-**"Check any five question, Please."** (कोई से पांच प्रश्न जांच लीजिए। उनकी उत्तर-पुस्तिका को जांच के लिए लंदन भेजा गया। परीक्षक ने उस पर टिप्पणी लिखी थी-**"The examinee is better than the examiner."** (परीक्षार्थी परीक्षक से अच्छा है।)

ये उनकी एकाग्रता का ही परिणाम था कि उन्होंने निश्चित समयावधि से पहले प्रश्नपत्र हल कर लिया और सारे प्रश्न हल करके परीक्षक को चुनौती दी और परीक्षा में प्राचार्य से किए गए अपने वादे के मुताबिक सर्वोच्च अंक प्राप्त किए।

एकाग्रतासम्पन्न व्यक्ति को अपने-आप पर पूरा भरोसा होता है और अपनी सफलता की घोषणा वह पूर्व में ही करने में सक्षम होता है।

एकाग्र व्यक्ति के जीवन का एक निश्चित उद्देश्य होता है और उस दिशा में वह धीमे-धीमे, लेकिन दृढ़ कदमों से आगे बढ़ता है, जबकि निरुद्देश्य व्यक्ति किसी एक बिंदु पर अपना ध्यान केंद्रित नहीं कर पाता। उसके हर कार्य में बिखराव और जीवन में भटकाव के दर्शन होते हैं। यह आवश्यक नहीं कि एकाग्र होकर लक्ष्य प्राप्त करने के लिए आप बहुत बुद्धिमान हों। बुद्धिमानों में भी भटकाव हो सकता है और यदि एक कम बुद्धि वाला व्यक्ति एकाग्र होकर काम करता है, तो वह भी सफल हो सकता है।

यदि आप लगातार पत्थर पर एक निश्चित जगह चाकू या तलवार को घिसेंगे, तो वह निश्चित रूप से पैनी हो जाएगी और अपना कार्य करने में सक्षम हो जाएगी, बस आपको घिसने वाली जगह नहीं बदलनी है।

यदि आप लगातार पत्थर पर एक निश्चित जगह चाकू या तलवार को घिसेंगे, तो वह निश्चित रूप से पैनी हो जाएगी और अपना कार्य करने में सक्षम हो जाएगी, बस आपको घिसने वाली जगह नहीं बदलनी है।

एकाग्रचित्त व्यक्ति अपनी धुन का पक्का होता है। वह हर कार्य लगन से करता है और हठपूर्वक अपने लक्ष्य को भेदने में सफल होता है। उसके दृढ़ संकल्प, धुन, लगन, कठिन परिश्रम, अनवरत चेष्टा, धैर्य, शांतचित्तता के आगे देवता भी नतमस्तक हो जाते हैं। पहले तो वे विघ्न-बाधाएं उपस्थित करने की कोशिश करते हैं; क्योंकि वह उसकी परीक्षा की घड़ी होती है। लेकिन अंत में वे उसकी प्रशंसा करते हुए आशीर्वाद देते हैं।

एक पंडित था और एक मुसलमान! दोनों में ऊंचाई से कूदने की शर्त लगी। पहले पंडित की बारी थी। उसने पहले गणेशजी, फिर हनुमानजी, फिर भैरवजी, फिर विष्णु भगवान, फिर शंकरजी, फिर दुर्गा मैया का नाम लिया कि मेरी कूदते समय रक्षा करें। जिन-जिन का वह नाम लेता था, वे सभी देवतागण बारी-बारी से उपस्थित हो जाते थे, लेकिन दूसरे देवता का नाम सुनते ही वापस चले जाते थे। जबकि मुंसलमान ने केवल अल्लाह का नाम लिया और नीचे कूद गया।

पंडितजी अपने हाथ-पांव तुड़वा बैठे, जबकि मुसलमान के खरोंच तक नहीं आई। पंडित ने एकाग्रचित्त होकर किसी एक देवी-देवता का आह्वान नहीं किया, इसलिए उसे नुकसान उठाना पड़ा, जबकि मुसलमान ने केवल अल्लाह को पुकारकर अपनी रक्षा की।

पूजा-पाठ करने में मंत्रों-स्तोत्रों आदि से हमें मनवांछित फल की प्राप्ति क्यों नहीं हो पाती; क्योंकि हम एक मन से एक देवता का आह्वान नहीं करते। विभिन्न देवी-देवताओं की पूजा करने से उनकी शक्तियों में परस्पर टकराव होता है और हम असफल हो जाते हैं। यदि हम सतत रूप से एक ही मंत्र-देवता को पकड़े रहें, तो सफलता निश्चित है। जो एक ही बार में सबको साधना चाहता है, वह किसी को नहीं साध पाता।

आजकल लोगों में इतना तनाव, अवसाद, मानसिक रोग, हीन भावना, इतने विकार क्यों हैं? क्योंकि उनकी एकाग्रता भंग हो रही है। तरह-तरह के दृश्यों-परिदृश्यों के कारण वे अपनी आंतरिक ऊर्जा का क्षय कर रहे हैं और उनकी जिंदगी बिना नाविक की नाव की तरह भटक रही है।

किसी व्यक्ति ने अपने बारे में एक साधक से पूछा कि मेरा चित्त बड़ा चंचल है। मैं किसी एक चीज पर टिक कर नहीं रह पाता। एकाग्र होने का उपाय क्या है? उस साधक ने कहा कि सर्वप्रथम सूर्योदय से दो घंटे पूर्व ब्रह्ममुहूर्त होता है, उसमें जागने का प्रयास करो। उस समय जीवनदायिनी प्राणवायु बहती है। नित्य कर्मों से निवृत्त होकर जिस काम पर तुम ध्यान लगाओगे, तुम्हारा मन एकाग्र होगा। धीरे-धीरे तुम्हारी एकाग्रता बढ़ेगी; क्योंकि उस समय जैसा शांत वातावरण पूरे दिन नहीं रहता है। तुम्हें एकाग्र होने का अभ्यास होने पर अपने संकल्पित कार्य को पूरा करने में फिर कोई कठिनाई नहीं होगी। इसके बाद तुम अन्य समय भी एकाग्र रह सकते हो। फिर तुम देखोगे कि तुम सफल व्यक्तियों की श्रेणी में आते जा रहे हो।

एकाग्र होने के लिए ध्यान बहुत सहायक है। किसी भी आसन में बैठकर ध्यान लगाना है। समूची बिखरी शक्तियों को वहां केंद्रित कर विचार-शून्य हो जाना है। इस दौरान ओ३म् का मानसिक जाप करना है। कुछ ही दिनों में आप देखेंगे कि आपकी एकाग्रचित्तता बढ़ रही है और आप हर कार्य में पूरी तन्मयता के साथ जुटने लगे हैं। एकाग्रता बढ़ाने में शवासन बहुत फायदेमंद है। शवासन के निरंतर अभ्यास से आप अपनी बिखरी शक्तियों को समेटकर सफल हो सकते हैं।

●●●

21

प्रशंसा व निंदा गर्त में ले जाती है

एक कथा आती है। भगवान ने जब मनुष्य को पृथ्वी पर भेजा, तो उसको दो थैले दिए। एक उसके अवगुणों से भरा था और दूसरा थैला दूसरों के अवगुणों से! भगवान ने कहा कि दूसरों के दुर्गुणों के थैले का मुंह बंद कर देना और अपने वाला खोलकर उसमें बार-बार झांकना, इससे तुम्हें अपनी कमियां पता लगेंगी, जिनको सुधारकर तुम सफल और खुशहाल जीवन बिता सकोगे। भगवान से उसने ऐसा ही करने का वादा किया, लेकिन पृथ्वी पर आकर उसने अपने अवगुणों वाले थैले का मुंह कसकर बंद कर दिया और दूसरों के अवगुणों वाले थैले का मुंह खोलकर उसमें झांकने लगा! तबसे वह वैसा ही करता चला आ रहा है। पर दोष-दर्शन उसका स्वभाव बन गया है और अपने दोष उसे दिखाई ही नहीं देते!

दुनिया के लोगों की आदत है कि वे अच्छा काम करने पर भी आलोचना करेंगे और बुरा काम करने पर भी! दूसरों के प्रति प्रशंसा के भाव बहुत मुश्किल से उनके गले से बाहर आ पाते हैं। व्यक्ति के उन्नति करने की स्थिति में वे उससे ईर्ष्या करेंगे और प्रतीक्षा करेंगे उस समय की; कि कब वह नीचे गिरे और उन्हें हंसी उड़ाने का मौका मिले। व्यक्ति की उन्नति देखकर उन्हें पैशाचिक संतुष्टि मिलती है।

तुलसीदासजी ने जब 'रामचरितमानस' लिखी, तो काशी के पंडितों ने उनके इस ग्रंथ को मान्यता नहीं दी। इसके विपरीत उन्होंने गोस्वामीजी को तरह-तरह से अपमानित और प्रताड़ित करने का प्रयास किया; क्योंकि वे स्वयं से बड़ा विद्वान किसी को नहीं मानते थे। उन्होंने 'रामचरितमानस' की मंदिर में रखी प्रति को चोरी करवाने का प्रयास किया, लेकिन चोरों को मंदिर के चारों दरवाजों पर राम-लक्ष्मणजी की युगल मूर्ति रक्षा करते हुए मिली। जब इस तरह बात नहीं बनीं, तो उन्होंने कहा कि काशीविश्वनाथ के मंदिर में 'मानस' की प्रति रखने पर यदि विश्वनाथ बाबा इसको मान्यता दे देंगे, तभी हम भी इसे मान्यता देंगे।

सभी हिन्दू धर्मग्रथों के नीचे 'रामचरितमानस' की प्रति को रखा गया और मंदिर बंद कर दिया गया। प्रात:काल जब मंदिर खोला गया, तो 'मानस' की प्रति सभी धर्मग्रंथों के ऊपर रखी मिली और उस पर विश्वनाथ बाबा की 'सही' का

निशान पाया गया। तब सभी पंडित तुलसीदासजी के चरणों में गिर पड़े और उनसे क्षमा मांगी। बाद में पंडितों ने उनको सम्मानित किया।

अधिकारी व्यक्तियों की समाज परीक्षा लेता है और खरे उतरने पर उनको मान्यता देकर उनकी प्रशंसा करता है, लेकिन प्रशंसा का स्तर निंदा से कम होता है। तुलसीदासजी अपनी प्रशंसा से अहंकारशून्य रहे। उन्होंने फिर भी अपने को दीनहीन ही घोषित किया-

मांगि के खाइबो, मसीत पै सोइबो
लैवे को एकु न दैवे को दोऊ

लेकिन अक्सर लोगों में प्रशंसा सुनकर अहंकार आ जाता है कि मैं वास्तव में सुयोग्य हूं, तभी तो लोग मेरी प्रशंसा कर रहे हैं और धीरे-धीरे ये अहंकार उन पर इतना हावी हो जाता है कि वे अपने गलत व्यवहार से लोगों को असंतुष्ट कर देते हैं और पुनः आलोचना के पात्र बन जाते हैं। प्रशंसा को सहज भाव से लेना चाहिए और प्रयास ये करना चाहिए कि दूसरों द्वारा की गई प्रशंसा को सतत बनाए रखा जाए। ये तभी संभव है, जब हम अपने क्रियाकलापों को सही रखें, गुणों में वृद्धि करें और आत्मावलोकन करते रहें।

प्रशंसा करके लोग अपना हित साधते हैं। वे प्रशंसा करके उस व्यक्ति से अपना काम निकलवाने की कोशिश करते हैं। अपना काम न निकलने पर उसकी आलोचना करने और उसके विषय में गलत प्रचार करके उसे बदनाम करने से भी बाज नहीं आते हैं।

जब आप किसी उच्च पद पर आसीन हैं, लोग मधुमक्खियों की तरह आपके इर्द-गिर्द जमा हो जाएंगे। वे आपकी प्रशंसा करते हुए नहीं थकेंगे। जब आप उस पद पर नहीं रहेंगे, वे आपको सूखे पेड़ की तरह त्याग देंगे।

प्रशंसा दो प्रकार की होती है-आत्मप्रशंसा और दूसरों द्वारा की गई प्रशंसा। कुछ लोग अपनी उपलब्धियों का बखान स्वयं अपने मुंह से करते हैं। ऐसा करने में उन्हें असीम आनंद की अनुभूति होती है। वे अपने मुंह मियां मिट्ठू बनते हैं। लोग उनकी कथित उपलब्धियों को सुनकर धीरे-धीरे मुस्कराते हैं। ऐसे मियां मिट्ठू अपनी झूठी-सच्ची बातों का बखान करते हुए रौ में इतना बह जाते हैं कि उन्हें ये याद नहीं रहता कि पिछली बार उन्होंने क्या कहा था! इस तरह उनका झूठ पकड़ा जाता है और उन्हें उपहास का पात्र बनकर अपमानित होना पड़ता है।

एक मियांजी को अपनी प्रशंसा सुनने की आदत थी। इसके लिए वे नित नए झूठ गढ़कर लोगों को सुनाते थे। उन्होंने अपनी बेगम से कह रखा था कि बात जब ज्यादा बढ़ जाए, तो पर्दे के पीछे से वे उन्हें सावधान कर दिया करें। एक बार वे किसी को अपनी 'शिकार-गाथा' सुना रहे थे **"मैं जंगल में चला**

जा रिया था, अचानक मेरा सौ फीट लंबे शेर से पाला पड़ गया। मैंने आव-देखा-न-ताव अपनी बंदूक से गोली दाग दी। शेर मर गया।" बेगम ने उन्हें सचेत किया, तो वे बोले कि थोड़ा आगे बढ़ने पर देखा कि शेर पचहत्तर फीट का था। बेगम ने फिर...! वे बोले कि मेरी जेब में 'इंच-टेप' था, मैंने पास जाकर नापा, तो शेर पचास फीट लंबा निकला। बेगम ने फिर संकेत किया कि झूठ ज्यादा हो गया है। वे बोले-**"बस भी करो बेगम! अब तो मैंने इंच-टेप से नाप लिया है। अब कम नहीं कर सकता।"** इस तरह वे सुनने वालों की नजर में उपहास का पात्र बने। लेकिन आत्मप्रशंसक पर इन बातों का कोई प्रभाव नहीं पड़ता। आत्मप्रशंसा एक धीमा विष है, जो हमारी शक्तियों की धार को मंद कर देता है और हम भोंथरे हो जाते हैं।

कभी-कभी व्यक्ति एक-दूसरे की प्रशंसा करता है-अपना स्वार्थ सिद्ध करने के लिए! 'पंचतंत्र' की गधे और ऊंट की कथा में ऊंट, गधे की आवाज की प्रशंसा करता है और गधा; ऊंट के रूप की प्रशंसा करता नहीं अघाता-

अहो रूपं, अहो ध्वनि!

(वाह क्या रूप है आपका! वाह क्या ध्वनि है आपकी।)

ऐसे दोनों व्यक्ति झूठी प्रशंसा करके एक-दूसरे को धोखा देते हैं। झूठी प्रशंसा से हमेशा सावधान रहना चाहिए।

आजकल के संदर्भ में 'प्रशंसा' का अर्थ 'चाटुकारिता' (**flattering**) से लिया जाता है। प्रसिद्ध अंग्रेजी नाटककार आर.के. नारायण ने अपनी एक रेडियो-वार्ता **'The Sycophant'** में चाटुकारों के गुणों का विस्तार से वर्णन किया है। चाहे राजनेता हो या उच्चाधिकारी-सभी चाटुकारों को पसंद करते हैं। तथाकथित प्रशंसा सुनने वाला व्यक्ति ये जानता है कि ये गुण उसमें नहीं हैं, लेकिन चाटुकारों की जमात से वह यह सब सुनना पसंद करता है और उसे इसमें आनंद आता है। चाटुकार झूठी प्रशंसा करके उस व्यक्ति से अपने नैतिक-अनैतिक सभी कार्य करवाते हैं। अपना उल्लू सीधा करना ही इनका मकसद होता है। आजकल 'use and throw' वाले 'प्रोडक्ट्स' का जमाना है, वैसे ही लोगों की धारणा बन गई है-स्थाई सम्बन्धों से क्या हासिल होगा; बस काम निकालो और वस्तु को कूड़ेदान में फेंक दो। आज सही बात कहने का जमाना नहीं रहा। **'जूता भी मारो, लेकिन मखमल में लपेटकर, चाटुकारिता पसंद करने वाला व्यक्ति खुशी-खुशी सहन कर लेगा।'** उसे परिणाम की चिंता नहीं रहती है। प्रशंसा जब चाटुकारिता में बदल जाए, तो वह समाज को गड्ढे में ले जाती है। आज चाटुकारों के कारण ही समाज और राजनीति-दोनों में सड़ांध आ रही है।

यदि हम अपने जीवन में वास्तविक सफलता प्राप्त करना चाहते हैं, तो प्रशंसा (Praise) और चाटुकारिता ((Flatter Sycophances) दोनों से ही बचना होगा।

यदि हम अपने जीवन में वास्तविक सफलता प्राप्त करना चाहते हैं, तो प्रशंसा (Praise) और चाटुकारिता ((Flatter Sycophances) दोनों से ही बचना होगा।

कहते हैं, चांद में भी कलंक है। सूर्य और चंद्र को राहु ग्रसता है। मोर खूबसूरत होते हुए अपने बदसूरत पैरों को देखकर रोता है। दोष किसमें नहीं है! कोई व्यक्ति सर्वगुणसम्पन्न नहीं है, लेकिन हमें व्यक्ति या वस्तु का उजला पक्ष देखना चाहिए। चांद में कलंक है, लेकिन है कितना खूबसूरत। मोर के पैर बदसूरत हैं, लेकिन उसके पंख कितने सुंदर हैं। वह नाचता कितना अच्छा है! सूर्य को प्रात:काल-सायंकाल देखें, तो कितना अच्छा लगता है। उसमें जीवनी शक्ति देने की क्षमता है। कुत्ते के दांत कितने अच्छे होते हैं। लेकिन व्यक्ति किसी के व्यक्तित्व का उजला पक्ष न देखकर उसके दोषों को ही देखता है।

निंदा बुरी नहीं, यदि वह भले के लिए की गई हो। निंदा हमें आत्मावलोकन कर अपने में सुधार करने और आगे बढ़ने की प्रेरणा देती है। कबीरदास जी ने तो निंदकों को सदैव अपने पास रखने के लिए कहा है, जो बिना साबुन-पानी के हमारे स्वभाव को निर्मल बनाने में सहायक होते हैं-

निंदक नियरे राखिए, आंगन कुटी छबाय,
बिन पानी साबुन बिना , निरमल करत सुभाय।

निंदा करने वाले की भावना कैसी है, इस पर विचार करना चाहिए। अगर हमारी मां सुबह हमारे देर तक सोने की आदत और हमारे आलस्य से गुस्सा है और वह कहती हैं-**"क्या मुर्दे की तरह पड़ा रहता है। उठकर कुछ हाथ-पैर हिलाया कर।"** तो उसमें उसकी भावना खराब नहीं है। वह चाहती है, उसका बेटा कर्म करके उसका नाम रोशन करे।

स्वामी रामदेव की निंदा करते हुए एक बार एक व्यक्ति ने मुझसे कहा था-**"पहले रामदेव क्या थे, टूटी-सी साइकिल पर हरिद्वार में घूमते थे, आज बन गए हैं स्वामी रामदेव।"**

एक व्यक्ति ने एक बार एक नामी एम.एस. डॉक्टर की निंदा करते हुए कहा था-**"अब ये डॉक्टर हो गए हैं, बचपन में इसकी नाक टपकती थी।"**

उपरोक्त दोनों उदाहरणों से स्पष्ट है कि इन लोगों का उद्देश्य मात्र निंदा के लिए निंदा करना है। कोई सकारात्मकता इस निंदा में नहीं है।

व्यक्ति निंदा करने में दूसरों के गुणों को एकदम नकार देता है; क्योंकि यदि भूलवश वह उसके गुणों का बखान करने लगेगा, तो इससे उसका हित प्रभावित होगा। राजनीति में यही प्रवृत्ति पाई जाती है। जो काम सरकार में रहते किसी दल ने किए, वही कार्य यदि विपक्षी दल की सरकार बनने पर वह कर रहा है, तो

वे उसकी निंदा करेंगे, क्योंकि वे इस समय विपक्ष में हैं। इसमें उनका हित-साधन है। यही हाल मुद्दों का है, विपक्ष में रहते हुए तमाम वायदे करेंगे, लेकिन सरकार में आते ही भूल जाएंगे और उनकी निंदा करेंगे। चुनाव आने पर दोबारा उन्हें वे मुद्दे याद आ जाएंगे।

निंदा करना और निंदा सुनना-दोनों ही पाप हैं। हमारी रसना (रस+ना) जिसमें रस नहीं है;.उसे निंदा रस में आनंद आता है। रस न होने के कारण ही वह विषयों की ओर लपकती है। यदि इस पर नियंत्रण कर लिया जाए, तो 'निंदा-सुख' से बचा जा सकता है। इसके लिए हम मौन का आश्रय लें। कम बोलें। बोलें तो नाप-तौलकर बोलें। सार्थक बोलें; क्योंकि इस छोटी-सी जुबान के निरर्थक प्रयोग के दूरगामी परिणाम होते हैं। इसी से अपने पराए और पराए अपने हो जाते हैं। इसी से दोस्त व दुश्मन बनते हैं। दूसरों की निंदा करने के बजाय अपने गिरेबान में झांकें कि हम क्या हैं?

हम परिचितों की निंदा तो करते ही हैं; जिनसे हमारा कोई ताल्लुक नहीं है, उनकी भी निंदा करने में रस लेते हैं। **"देखो! लंगड़ा कैसा बौरा रहा है।" "काना है, तो ये जलवे हैं, अगर अच्छा होता, तो न जाने क्या करता?"** अपने चेहरे के चेचक के दाग हमें नहीं दिखाई पड़ते, दूसरों के दोष देखेंगे। अरे भाई! किसी का कुछ पता थोड़े ही है, कब किसका कौन-सा अंग बेकार हो जाए।

लोग किसी भी विकलांग और अशक्त की मजाक बनाएंगे, किसी भी व्यक्ति के दुःखों-कष्टों को देखकर, उसकी निंदा करेंगे, खुश होंगे और जब स्वयं वैसे हो जाएंगे, तो सहानुभूति चाहेंगे।

निंदा करने वाला व्यक्ति जब तक अपनी भड़ास नहीं निकाल लेगा, तब तक चुप नहीं बैठेगा। उसके पेट में दर्द होता रहेगा। यदि आप उसकी बात नहीं सुनेंगे, तो बेवजह आपकी निंदा करने लगेगा। इसलिए उसकी बात सुनना तो चाहिए, लेकिन उसकी गलत बातों को ग्रहण नहीं करना चाहिए-**"सार सार को गाहि रहे, थोथा देत उड़ाय"** अगर उसमें कोई सार है, तो ग्रहण करिए और बाकी को भूसे की तरह उड़ा दीजिए।

> **निंदा करने वाला व्यक्ति जब तक अपनी भड़ास नहीं निकाल लेगा, तब तक चुप नहीं बैठेगा।**

एक व्यक्ति प्रतिदिन भगवान बुद्ध की 'आवभगत' उनकी निंदा करके करता था। रास्ते से गुजरने पर वह उनको गालियां देता था, लेकिन वे उससे कुछ नहीं कहते थे। उनके शिष्यों ने कहा-**"भगवान! आप कहें, तो हम इसे सबक सिखा दें।"** भगवान बुद्ध ने कहा-**"नहीं! यदि मैं तुम्हें पत्थर भेंट करूं, तो**

क्या तुम ग्रहण करोगे? नहीं न! इसी प्रकार ये व्यक्ति मुझे जो गालियां दे रहा है, उन्हें मैं ग्रहण ही नहीं कर रहा हूं। इसलिए मुझे लग ही नहीं रही हैं।"

यदि हम व्यक्ति के गुणों पर दृष्टिपात करना सीख लें, तो हम पाएंगे कि जिस व्यक्ति को हम खराब कहकर उसकी निंदा कर रहे थे, उसमें अवगुण बहुत कम हैं। फिर हम उस व्यक्तिविशेष का सम्मान कर उसकी प्रशंसा करने लगेंगे। वह हमारा प्रेरणास्रोत भी बन सकता है; क्योंकि हो सकता है कि अन्य व्यक्तियों में जो गुण हों, वे हममें नहीं हों।

निंदा से हमारी ऊर्जा नष्ट होती है। इससे हासिल भी कुछ नहीं होता। लाभकारी कार्य न होने के कारण हम इसे क्यों अपनाएं, जिसमें हमारा खर्च-ही-खर्च हो। इसलिए हम प्रशंसा और निंदा से यथासंभव बचें, तभी अपनी ऊर्जा को सकारात्मक कार्यों में लगाकर जीवन सफल बना सकते हैं।

●●●

22

संतोष में ही वास्तविक सुख है

बहुत दिया देने वाले ने तुझको,
आंचल ही न समाए तो क्या कीजे!

एक प्रसिद्ध गीत की ये पंक्तियां असंतोषी मनुष्य के जीवन की कितनी बड़ी सच्चाई बयान कर रही हैं। भगवान ने हमारी योग्यता से ज्यादा हमको दिया है, फिर भी हम हर समय असंतुष्ट रहते हैं, हर समय उससे शिकायत करते रहते हैं; क्योंकि हम अपनी अनंत इच्छाओं के दास हैं। कामनाओं का ज्वर हमें हमेशा परेशान करता रहता है। हवस की हड्डी हमारे मुंह लग जाती है, उसको हम कुत्ते की तरह चूसते रहते हैं, लेकिन तृप्ति के बजाय वह हमारा मुंह लहूलुहान कर देती है।

हमारी एक इच्छा पूरी होने पर हम दूसरी की ओर लपकते हैं, फिर तीसरी...चौथी...और इस तरह हम कामनाओं के जंगल में भटकते फिरते हैं और हमें उससे बाहर निकलने का रास्ता नहीं सूझता।

आप एक प्रयोग करके देखिए। कुछ दिनों के लिए जंगल में चले जाइए। वहां आप देखेंगे कि जो भी रूखा-सूखा आपको मिल रहा है, उसी में आपको आनंद आ रहा है, संतुष्टि मिल रही है। आप किसी से कोई शिकायत नहीं कर रहे; बल्कि प्रभु को धन्यवाद दे रहे हैं, प्रभु! ऐसा ही जीवन हो, तो कितना अच्छा! जैसे ही आप शहर की सीमा में प्रवेश करते हैं, आप पर चिंताएं हावी हो जाती हैं। आपके मन में कामनाओं का ज्वार उफान मारने लगता है। ईर्ष्या, द्वेष, लालसा आदि आपके शरीर में अपने काले पंजे गड़ा देते हैं।

इस आपाधापी वाले युग में भौतिकता हम पर हावी है। प्रतिस्पर्द्धा का दु:ख हमें सालता है। अपने से अच्छा जीवन-यापन करने वाले व्यक्ति से जब हम अपनी तुलना करते हैं, तब हमें हीनता का बोध होता है और हम भी तथाकथित प्रगति की अंधी दौड़ में शामिल हो जाते हैं। हम ऐसे अंधे कुएं हो जाते हैं, जिसमें जितनी भी धन-सम्पत्ति डाल दी जाए, फिर भी वह भरता नहीं है। वास्तव में हम दूसरों की प्रगति से असंतुष्ट हैं। अपनी असफलताएं हमें इतनी परेशान नहीं करती हैं, जितनी दूसरों की सफलताएं!

एक धनाढ्य व्यक्ति को देखिए। आपको बाह्य रूप से लगता है कि वह बहुत खुश है, उसके पास किसी चीज की कमी नहीं, लेकिन आपने उसकी आंतरिक स्थिति जानने की कोशिश नहीं की। वह असामाजिक तत्त्वों से डरा रहता है कि ये मेरे साथ कोई गलत वारदात न कर दें। इन्कमटैक्स वालों की मेरे प्रतिष्ठान पर कहीं 'रेड' न पड़ जाए। शेयर-बाजार में उसका पैसा लगा हुआ है। शेयर-सूचकांक ऊपर-नीचे होने पर उसकी हृदय-गति में उच्चावचन होता रहता है। वह अपने लड़के की गलत आदतों और सोहबत से परेशान है। व्यवसाय में अति व्यस्त रहने के कारण वह घर को नहीं देख पाता। वह अनेक रोगों का शिकार है। उसे रात को चैन की नींद नहीं आती है। लेकिन आपकी नजर में वह बहुत खुश है।

एक मजदूर है। दिन भर हाड़-तोड़ मेहनत करता है। रूखा-सूखा खाकर रात को चैन की नींद सोता है। उसका तन-मन स्वस्थ है, कमी केवल धन की है, लेकिन वह भगवान पर भरोसा करता है। वह किसी से शिकायत नहीं करता। उसकी काया निरोगी है। वह चिंता से कोसों दूर है। आपकी नजर में वह 'बेचारा' है लेकिन वास्तव में वह अपने जीवन से संतुष्ट है कबीरदासजी कहते हैं-

रूखा सूखा खाय के ठंडा पानी पी।
देख पराई चूपरी मत ललचावै जी॥

जब हम घी से चुपड़ी हुई दूसरे की रोटी को देखकर ललचाते हैं, तभी हमारे मन में असंतोष घर करता है। अपनी रूखी-सूखी रोटी से हमें कोई शिकायत नहीं है। जब हम अपने वर्तमान से असंतुष्ट हो जाते हैं, तब हम पर क्षोभ, व्यग्रता, असंतुष्टि जैसी नकारात्मक प्रवृत्तियां हावी हो जाती हैं और हम दुःखों को अनजाने-अनचाहे आमंत्रित कर लेते हैं।

जीवन में महत्त्वाकांक्षी होना अच्छी बात है, लेकिन महत्त्वाकांक्षा का अतिक्रमण जीवन को नरक बना देता है।

जीवन में महत्त्वाकांक्षी होना अच्छी बात है, लेकिन महत्त्वाकांक्षा का अतिक्रमण जीवन को नरक बना देता है। **अपनी वर्तमान स्थिति से संतुष्ट होकर पूर्ण ईमानदारी, सच्चाई, लगन व निष्ठा से यदि हम अपने लक्ष्य को प्राप्त करने के लिए जुट जाएं, तो हमारे मन में भी संतोष-धन आ सकता है।** कहा गया है-

गोधन, गजधन, बाजिधन और रतन धन खान।
जब आवै संतोष धन, सब धन धूरि समान॥

चाहे हम गौ, हाथी, घोड़ा और रत्नरूपी धन कितना भी इकट्ठा कर लें, हमें संतोष नहीं मिल सकता। जब जीवन में संतोष रूपी धन आता है, तो ये सारे कथित धन धूल के समान लगने लगते हैं।

संतोष का शब्दिक अर्थ तुष्टि है अर्थात् मन का तृप्त हो जाना। जो व्यक्ति किन्हीं भी कठिनाइयों, विपत्तियों और विफलताओं में अपने मन को क्षुब्ध नहीं होने देता, वही वास्तव में संतोषी है। आध्यात्मिक दृष्टि से संतोष का एक अर्थ और भी है, जो भी आपके पास उपलब्ध है, उसके लिए ईश्वर को धन्यवाद देना। आधे-अधूरे प्रयत्नों से जो कुछ भी जीवन में प्राप्त हो जाए, उसी में मन मारकर रह जाना और श्रेष्ठ के लिए प्रयत्न छोड़ देने का नाम 'संतोष' नहीं है। हम अपने जीवन को श्रेष्ठ बनाने के लिए पूरी शक्ति के साथ प्रयत्न करें; फिर चाहे सफलता मिले या विफलता; उसी में तृप्त हो जाएं, तब ही संतोषीवृत्ति आ सकती है।

लेकिन हमें हर चीज अपने पुरुषार्थ से प्राप्त नहीं होती। संसार में प्राप्त अनेक वस्तुओं के लिए हमें भगवान का अनुग्रह स्वीकार करना ही पड़ेगा। सूर्य जगत का प्राण है, उसे क्या हमने बनाया है? उसके बिना जीवन की कल्पना भी नहीं की जा सकती। जिस प्राणवायु के कारण हम एक पल भी जीवित नहीं रह सकते, क्या मनुष्य ने बनाई है? पृथ्वी, आकाश, पोषण देने वाले प्राकृतिक उपादान, गति देने वाली जैविक क्रियाएं क्या हमारी देन हैं? यह सब भगवान की कृपा का फल है। जब हर चीज हमारे हाथ में नहीं है, तो फिर असंतोष कैसा?

प्रसिद्ध कवि डॉ. हरिवंश राय बच्चन कहते थे-**"कोई काम हुआ, अच्छा। न हुआ, तो और भी अच्छा!"** ऐसी संतोषी वृत्ति होनी चाहिए।

एक भगवद्भक्त साधक थे। वे हर वस्तु को भगवान को अर्पित करके ही उसे ग्रहण करते थे। एक बार उनके नौकर ने लौकी की सब्जी बनाई। उन्होंने भगवान का भोग लगाया और बड़े प्रेम से प्रसाद पाया। बाद में जब नौकर ने खाना खाया, तो उसे लौकी कड़वी लगी। उसने वह सब्जी नहीं खाई। उसने तुरंत अपने मालिक से जाकर कहा कि आपने बताया नहीं कि लौकी कड़वी थी। उन्होंने बड़े प्रेमपूर्वक उसे समझाया-**"जब भगवान ने कड़वी लौकी ग्रहण कर ली, तो हमने प्रसाद के रूप में उसे पा लिया। अब शिकायत का सवाल कहां उठता है? आज भगवान को मुझे यही खिलाना था।"** उनकी संतोषीवृत्ति को देखकर नौकर अचंभित रह गया।

जो भी मिला, उसे भगवान की कृपा मानिए और जो नहीं मिला, उसमें भी उन्हीं की कृपा है।

मन में संतोष लाने के लिए दूसरों से तुलना करने की बजाय स्वयं से अपनी तुलना करना सीखिए। दूसरों से तुलना करने वाली वृत्ति एकदम तो छूटेगी नहीं, इसके लिए आपको तैयारी करनी होगी। आप अपने स्वजनों, परिजनों और आस-पड़ोस वालों से तुलना करना बंद कीजिए। आत्मविकास

करने के लिए यह देखिए हमारी स्थिति कल की अपेक्षा आज कैसी है? पिछले वर्षों की तुलना में इस वर्ष हमने प्रगति की है अथवा अवनति? अपनी स्थिति की समीक्षा कीजिए और सोचिए-विचारिए कि श्रेष्ठ बनने के लिए, अपनी बेहतरी के लिए क्या उपाय किए जा सकते हैं? केवल मानसिक व्यायाम से काम नहीं चलने वाला। सम्यक् चिंतन-मनन के बाद उस पर अमल भी किया जाए, तो हमें अच्छे परिणाम प्राप्त हो सकते हैं।

संतोषप्राप्ति के लिए मन को क्षुब्ध करने वाली और निराशाजनक स्थितियां से बचना चाहिए। उन व्यक्तियों से दूर रहना चाहिए, जो हमारे मन, सोच और संकल्प को प्रभावित करते हैं। अपने विश्वास को स्थिर रखना चाहिए।

एक प्रसिद्ध आयुर्वेदिक दवा कंपनी के संस्थापक धन-संपदा के होते हुए भी मूंग की दाल का पानी पीते थे। एक प्रसिद्ध वैद्य अक्सर कहा करते थे-**"यदि किसी दिन घी से खाली, तो एक दिन नौन (नमक)-मिर्च से खाओ। किसी दिन अच्छे कपड़े पहन लिए, तो एक दिन जान-बूझकर फटे कपड़े पहनो। तुम अपने-आप ऐसा नहीं करोगे, तो भगवान करा देंगे। इससे तुम्हारे मन में संतोष आ जाएगा और जीवन सुख से बीतेगा।"**

वास्तविक सुख प्राप्त करने के लिए मन में संतोष धारण करना आवश्यक है; क्योंकि **'संतोषं परमं सुखम्' (contentment is the greatest happiness of life.)** वास्तविक प्रसन्नता संतोष से ही आती है, संसार के अन्य सुख तो छलावा मात्र हैं।

मरते समय आपके साथ कुछ भी नहीं जाएगा, फिर इतनी 'हाय-हाय' आखिर क्यों? किसके लिए?

सिकंदर की मृत्यु नजदीक थी। वह शैय्या पर पड़ा हुआ अपने स्वजनों व सैनिकों को उपदेश दे रहा था। उसने बाद में कहा-**"इतना धन जो मैंने कमाया है, मेरे साथ रख दो, मैं उसे अपने साथ ले जाऊंगा।"** सभी ने एक स्वर से कहा-**"धन-संपदा तो किसी के साथ नहीं जाती। केवल व्यक्ति के अच्छे-बुरे कर्म उसके साथ जाते हैं।"** वह निराश होकर बोला कि मैंने बे-वजह इतनी मारकाट की, दौलत लूटी। संतोष नहीं रखा। उसने आदेश दिया कि मौत के बाद कब्र से उसके हाथ बाहर निकाल दिए जाएं, जिससे लोग नसीहत ले सकें कि इतनी दौलत होने पर भी सिकंदर खाली हाथ गया।

जीवन में सफलता प्राप्त करने में संतोष की बहुत बड़ी भूमिका है। इसके लिए आवश्यक है कि हम तृष्णा, वासना, ईर्ष्या और द्वेष के जंगलों में न भटकें; बल्कि विकास के रास्ते पर पूर्ण लगन व निष्ठा से आगे बढ़ते जाएं।

●●●

23

आत्मविश्वास से लबरेज़ रहिए

आत्मविश्वास एक व्यक्ति की वह पूंजी है, जिससे वह अपने जीवन में कठिन-से-कठिन परिस्थितियों से सहज ही मुकाबला कर सकता है। जिसका आत्मविश्वास डगमगा जाता है, वह लाख संसाधन होते हुए भी कभी सफल नहीं हो सकता।

आत्मविश्वास दो शब्दों से मिलकर बना है-आत्म+विश्वास अर्थात् स्वयं में विश्वास। स्वयं की क्षमताएं, योग्यता, शक्ति को भली-भांति पहचानना और उसके अनुरूप अपने कार्यों को करना ही आत्मविश्वास कहलाता है। योग्यता हर व्यक्ति में होती है, उसमें दूसरों के समक्ष कुछ कर दिखाने की चाहत भी होती है, लेकिन उसे विश्वास नहीं होता कि मैं यह कार्य कर भी पाऊंगा! इसलिए वह असफल हो ज़ाता है। कुछ लोगों में आत्मविश्वास तो होता है, वे कुछ सार्थक करना भी चाहते हैं; परन्तु उनके मन में एक अनजाना डर बैठा हुआ होता है कि अगर मैं असफल हो गया, तो लोग क्या कहेंगे? कुछ सामाजिक प्राणी भी ऐसे होते हैं, जिनका उद्देश्य ही हर बात में मीन-मेख निकालना होता है, वे किसी भी अच्छा काम करने वाले व्यक्ति को हतोत्साहित करते हैं-**"अरे! ये किस पचड़े में पड़ रहे हो। बड़ा कठिन काम है, लेने-के-देने पड़ जाएंगे।"** उनकी नकारात्मक टिप्पणियां सुनकर आगे बढ़ने वाला व्यक्ति कार्यविशेष से अपने कदम पीछे खींच लेता है। इस तरह वह शुरुआत करने से पहले ही किसी कार्य का अंत कर देता है। यदि वह उस 'नकार' को नजरंदाज करके अपना कार्य जारी रखता, तो वह सफलता प्राप्त कर सकता था।

मैं एक ऐसे आई.पी.एस. अधिकारी को जानता हूं, जिन्होंने आई.ए.एस. की मुख्य परीक्षा देने के बाद ही अपने परिचितों में यह घोषणा कर दी थी कि उनका चयन होना निश्चित है। उनकी बात को लोगों ने बड़े हल्के ढंग से लिया। उनका चयन हो जाने पर सबके मुंह पर ताले लग गए। वास्तव में उन अवकाशप्राप्त अधिकारी में आत्मविश्वास कूट-कूटकर भरा था, इन्हें अपनी योग्यता पर भरोसा था, इसलिए वे परीक्षा में सफल हुए।

ब्रिटेन के प्रधानमंत्री डिजरायली को अपने-आप पर इतना भरोसा था कि सांसद बनने पर किसी बात पर टिप्पणी करते समय ज़ब उनके साथी सांसद उनका मजाक बनाने लगते थे, तो वे सहज रूप में कह दिया करते थे कि आज नहीं तो कल इसी संसद में आपको मेरी बात पूरे ध्यान से सुननी पड़ेगी। बाद में वे दो बार ब्रिटेन के प्रधानमंत्री चुने गए-ऐसा था उनका आत्मविश्वास! जिसके ब़लबूते उन्होंने अपने जीवन का अभीष्ट प्राप्त किया।

हर व्यक्ति में बीज की तरह अनन्त संभावनाओं वाला वृक्ष छिपा रहता है। उसकी शक्तियां सुषुप्तावस्था में पड़ी रहती हैं। अपनी सुषुप्त शक्तियों को पहचानने के लिए कुछ व्यक्तियों को जगाने के लिए उत्प्रेरक की आवश्यकता होती है, जो उसे उसकी शक्तियों की याद दिलाता रहे।

महात्मा कबीरदास जी कहते हैं-

कस्तूरी कुंडल बसै मृग ढूंढै वन मांहि।
ऐसे घट-घट राम हैं दुनिया देखे नांहि॥

('कस्तूरी मृग' की नाभि में कस्तूरी का वास है। उसकी तीव्र सुगंध से वह मृग परेशान हो जाता है, और उसकी थाह पाने को जंगल-जंगल भटकता फिरता है।)

कस्तूरी मृग की तरह सारी शक्तियां हमारे पास हैं, हममें ही समाई हुई हैं, लेकिन हम उन्हें पाने के लिए इधर-उधर भटकते फिरते हैं।

पवनपुत्र हनुमानजी बचपन में बहुत शरारती थे। वे ऋषि-मुनियों को परेशान करते थे, अतः उन्होंने उन्हें अपनी सारी शक्तियों को भूल जाने का श्राप दे दिया। साथही यह भी कह दिया था कि जब कोई अन्य व्यक्ति उनको उन शक्तियों की याद दिलाएगा, तब उन्हें अपने 'अतुलित बल' का ध्यान आ जाएगा।

सीतामाता की खबर लाने के लिए समुद्र-पार किसी को भेजना है। किसी में इतनी शक्ति नहीं। अचानक जामवंत जी ने हनुमानजी को उनका 'अपरिचित बल' याद दिलाते हुए कहा-

का चुप साधि रहा बलवाना!

और...यह सुनते ही हनुमानजी को अपना सोया हुआ बल याद आ गया और वे 'जय श्रीराम' का उद्‌घोष करते हुए समुद्र-पारकर सीतामाता की खोज करने के लिए निकल पड़े।

जामवंतजी के वचनों ने वास्तव में उत्प्रेरक का काम किया, जिससे हनुमानजी में आत्मविश्वास जागा।

सिकंदर महान विश्व विजेता था। वह अति महत्त्वाकांक्षी था। उसके उत्प्रेरक के विषय में बहुत कम लोगों को पता है। वह एक बुढ़िया थी। जब भी वह किसी राज्य को जीतकर आता था, नृत्य-संगीत और शराब की महफिल में आकण्ठ डूब जाता। तब वह बुढिया उसके पास आकर कहती, **"बस हो गया।**

अपने को इसी से संतुष्ट कर लेगा। एक-दो राज्य से क्या, तुझे तो विश्व-विजेता बनना है, विश्व-विजेता!" और सिकंदर सारे ऐशो-आराम छोड़कर किसी दूसरे देश या राज्य को फतह करने निकल पड़ता था। युद्ध करते समय उसे उस वृद्ध महिला के शब्द निरन्तर ध्यान रहते और वह पूर्ण आत्मविश्वास के साथ मोर्चा खोलता और जीत हासिल करता था।

याद कीजिए शिवाजी के शौर्य और पराक्रम को! उनमें आत्मविश्वास कूट-कूट कर भरा था। अकेले दम पर उन्होंने अपना साम्राज्य स्थापित किया। उनके आत्मविश्वास के पीछे उनकी माँ जीजाबाई की प्रेरणा थी। बचपन से ही वे शिवा को वीरों की कहानियां सुनाया करती थीं और वैसा ही बनने की प्रेरणा देती थीं।

महाभारतकालीन पात्र अभिमन्यु ने अपनी माता के गर्भ में चक्रव्यूह-भेदन की कला सीख ली थी। जब युद्ध में गुरु द्रोणाचार्य द्वारा रचे गए चक्रव्यूह को भेदने की बात आई, तो सभी योद्धा निराश हो गए, लेकिन बालक अभिमन्यु ने सगर्व कहा कि मैं चक्रव्यूह-भेदन कर दूंगा। उनके आत्मविश्वास के पीछे उनकी मां के गर्भ के समय की प्रेरणा काम कर रही थी। दुर्भाग्यवश वे छह द्वार ही भेदना जानते थे, सातवां नहीं। सातवां द्वार है। उनकी मृत्यु का कारण बना। युद्ध में जीत-हार अथवा वीरगति तो होती ही है, लेकिन योद्धा का आत्मविश्वास उसे इतिहास में अमर कर देता है।

आत्मविश्वास को जाग्रत करने में किसी व्यक्ति अथवा प्रकृति के किसी उपादान की सद्प्रेरणा भी बहुत महत्व रखती है।

यदि किसी व्यक्ति में कोई शारीरिक अथवा अन्य तरह की कमी है, तो वह अपने जीवन में उचित ढंग से कार्य नहीं कर पाता, चाहे उसमें कितनी भी योग्यता क्यों न हो!

सफलतापूर्वक किसी कार्य को करने के बजाय उसका सारा ध्यान अपनी कमी की तरफ ही लगा रहता है। इससे उसका आत्मविश्वास डगमगा जाता है और उसकी शक्तियां चुकने लगती हैं।

हिंदी के प्रसिद्ध भक्तकवि सूरदास अंधे थे, लेकिन उनकी रचनाएं साहित्य में अद्वितीय हैं। 'पद्मावत' के कवि मलिक मोहम्मद जायसी की एक आंख खराब थी, लेकिन उनके आत्मविश्वास के कारण उनकी काव्य-प्रतिभा का लोहा सभी ने माना। याद करिए अंग्रेजी कवि जॉन मिल्टन (John Milton) को, जिन्होंने 'Paradise Lost' पेराडाइज लास्ट जैसी अनुपम कृति लिखी। वे मात्र 44 वर्ष की उम्र में अंधे हो गए थे। उनके आत्मविश्वास को देखिए कि उन्होंने जीवन से हार न मानते हुए लिखने की एक तरकीब खोज निकाली। वे अपनी कविताओं को दो छोटी बच्चियों को 'डिक्टेट' कराते थे। प्रसिद्ध भौतिकशास्त्री

स्टीफन हाकिन्स हर समय व्हील चेयर पर रहते हैं। प्रसिद्ध सामाजिक कार्यकर्ता बाबा आम्टे बिस्तर पर रहते थे; क्योंकि उनकी रीढ़ की हड्डी में तकलीफ थी। सूचना-प्रसारण मंत्री जयपाल रेड्डी विकलांग हैं। उनकी शारीरिक अक्षमता के बावजूद उनके आत्मविश्वास में कहीं कोई कमी नहीं दिखाई पड़ती। कहने को तो तैमूर लंग एक आततायी आक्रमणकारी था। लंगड़ा होते हुए भी वह एक वीर योद्धा था। उसमें गजब का आत्मविश्वास था। इसी क्रम में भारत कोकिला सरोजिनी नायडू आती हैं। वे काली थीं, लेकिन उनकी आवाज कोयल जैसी थी। उन्हें Nightingale of India कहा जाता है।

कभी-कभी गरीबी, हीनकुल आदि भी आत्मविश्वास को डिगा देते हैं। जो व्यक्ति इन बातों को नजरअंदाज कर आत्मविश्वास से अपने रास्ते पर आगे बढ़ता जाता है, वह सफल हो जाता है।

भक्तकवि संत रविदास जाति के चमार थे। उनकी रचनाएं भक्तों की कंठहार हैं। बाबासाहेब डॉ. भीमराव अम्बेडकर ने निम्न जाति में जन्म लेते हुए भी उस समय की विषम सामाजिक परिस्थितियों में अपना रास्ता चुना और निरंतर संघर्ष करते हुए सफल हुए। उन्होंने इतने विषयों में एम.ए. व अन्य डिग्रियां प्राप्त कीं, जिसकी बराबरी कोई व्यक्ति आज तक नहीं कर सका। दलित नेता कांशीराम और उ.प्र. की मुख्यमंत्री मायावती के उदाहरण हम सबके सामने हैं, जिन्होंने अपने अडिग आत्मविश्वास के बलबूते ऊंचाइयों को छुआ और सामाजिक क्रांति ला दी।

आत्मविश्वास आलोचना से भी डिग जाता है! समाज की यह आदत होती है कि वह हर कार्य की आलोचना करता है, चाहे वह अच्छा हो या बुरा! जो व्यक्ति आलोचना से तटस्थ रहता है, वह आत्मविश्वासपूर्वक आगे बढ़ता जाता है। जो आलोचना में उलझकर निराश हो जाता है, वह सफलता प्राप्त नहीं कर पाता; क्योंकि उसका आत्मविश्वास चुक जाता है।

इसलिए आलोचना से घबराना नहीं चाहिए, आलोचना से अपने में निरंतर सुधार करना चाहिए और आत्मविश्वासपूर्वक अपने लक्ष्य की ओर बढ़ना चाहिए। लोग सीता माता की आलोचना करने से नहीं चूके। एक अदना-से धोबी ने अपनी पत्नी से कह दिया कि भगवान राम ने तो अपनी पत्नी को रख लिया, लेकिन मैं तुझे अपने घर में नहीं रखूंगा। कंस से युद्ध करने के लिए जब भगवान श्रीकृष्ण और उनके भाई बलरामजी उधार की राजसी पोशाक पहनकर आए, तो फिर से एक धोबी ने उनके वस्त्रों पर टिप्पणी कर उनकी आलोचना की, लेकिन वे आलोचना से विचलित नहीं हुए। भगवान राम और श्रीकृष्ण ने इन टिप्पणियों से अविचलित रहकर अपने कर्त्तव्य का पालन किया।

आलोचना को स्वस्थ मानसिकता से ग्रहण करना चाहिए और उसे एक चुनौती के रूप में लेना चाहिए। आलोचक को अपना काम करने दो और तुम अपने काम में लगे रहो। यदि तुम उनका विरोध करोगे, तो विरोध और बढ़ेगा। तुम शांत रहो। अपने मन में उनको स्थान मत दो। तुम्हें उस पत्थर की मूर्ति की तरह दिखना है, जिस पर पक्षियों द्वारा की गई बीट का कोई असर नहीं पड़ता। अपने आत्मविश्वास से अपने आलोचकों को कुछ बनकर दिखाओ। आज तुम चुप हो, कल तुम्हारी सफलता से उनका मुंह बंद हो जाएगा-

कल मेरी तरह मुझको सलाम आप करेंगे,
मैं चुप रहूंगा कलाम आप करेंगे।

संत तुलसीदास ने 'रामचरितमानस' जैसा विश्व-प्रसिद्ध ग्रंथ लिखा। वे युवावस्था में अपनी पत्नी पर इतने आसक्त थे कि एक बार उनके प्रेम में पागल होकर अपनी ससुराल गए, तो मुर्दे को नाव समझकर नदी पार की और सांप को रस्सी समझकर उसके सहारे छत पर चढ़ गए। उनकी पत्नी रत्नावली ने उन्हें धिक्कारा-

'अस्थि-चर्ममय देह मम तासों इतनी प्रीत!'

इस मल-मूत्र से भरी हुई देह से इतनी आसक्ति! यदि इतनी प्रीति आपको भगवान में हो जाए, तो आपका जीवन सुधर जाए।

तुलसीदास की इस आलोचना ने उनमें अपार आत्मविश्वास जाग्रत कर दिया और वे महान कवि बने।

जो व्यक्ति अपने उद्देश्य के प्रति गंभीर होता है उसमें एक उन्मादी लगन होती है, एक जुनून होता है। उसमें गजब का आत्मविश्वास होता है। वह अपनी धुन का पक्का होता है। उसे अपने कार्य के अतिरिक्त अन्य कोई बात नहीं सुहाती। वह अपने आत्मविश्वास से कह उठता है-

इस जीवन का उद्देश्य नहीं है,
श्रान्त भवन में टिके रहना।
किंतु पहुँचना उस सीमा तक
जिसके आगे राह नहीं।।

इस जीवन का उद्देश्य नहीं है,
श्रान्त भवन में टिके रहना।
किंतु पहुँचना उस सीमा तक
जिसके आगे राह नहीं।।

अपने में आग पैदा करो। खाली पड़े पत्थरों की तरह वक्त बिताने से क्या फायदा? उन पत्थरों को रगड़कर आग पैदा करो। जब तुम अपने जीवन में एक ध्येय बना लोगे, तो सफलता के द्वार अपने-आप खुलते चले जाएंगे। क्या हुआ एक दरवाजा नहीं खुला तो? तुमने आत्मविश्वासपूर्वक उसे खोलने के लिए पूरा प्रयास नहीं किया। आगे वाले दरवाजे खुलने के लिए तुम्हारे एक 'जोरदार धक्के' का इंतजार कर रहे हैं।

जब आप अपने एक निश्चित उद्देश्य में एक बार सफल हो जाते हैं, तो फिर आपमें आत्मविश्वास पैदा हो जाता है। फिर अगले उद्देश्य को प्राप्त करने में आपको ज्यादा परेशानी नहीं होती है।

यदि हमारे मन में किसी भी कार्य को करने की ललक और इच्छाशक्ति है, तो हमारे आत्मविश्वास को कोई भी शक्ति डिगा पाने में कामयाब नहीं हो सकती। फिर प्रकृति में अंतर्निहित समस्त गुप्त शक्तियां पग-पग पर हमारी सहायता करती हैं, अपना आशीर्वाद देती हैं।

हमारा आत्मविश्वास हमारे एक सच्चे हितैषी मित्र के समान है, तो आपत्काल में हमारी निःस्वार्थ मदद करता है। वह हमें समय आने पर उचित मार्गदर्शन देता है। वह हमारी मां के समान है, जो हमें जमीन पर मजबूती से कदम रखना सिखाती है और लड़खड़ाने पर अपने आंचल में स्थान देती है।

जो व्यक्ति अपने पुरुषार्थ पर विश्वास रखकर जीवन में आगे बढ़ता है, उसमें आत्मविश्वास का पुट स्वयं आ जाता है। वह किसी तरह सांसारिक प्रलोभनों में आसक्त नहीं होता है। कर्म ही उसके जीवन का मूल होता है। वह भाग्यवादी विचारधारा का विरोधी होता है। वह आश्रय लेना नहीं, देना जानता है। वह अपने आत्मविश्वास द्वारा अपने भाग्य का स्वयं निर्माता बन जाता है। वह सच्चा कर्मयोगी होता है।

एक बार महाराजा अशोक के राज्य में अकाल पड़ा। जनता भूख और प्यास से त्रस्त हो उठी। राजा ने तत्काल राज्य में अनाज के भंडार खुलवा दिए। सुबह से लेने वालों का तांता लगता और शाम तक न टूटता। एक दिन संध्या हो गई। जब सब लेने वाले निपट गए, तब एक कृशकाय बूढ़ा उठा और उसने अन्न मांगा। बांटने वाले थक चुके थे, अतः उन्होंने डांटकर कहा कि कल आना अब खैरात बंद हो गई।

तभी एक हृष्ट-पुष्ट शरीर के नवयुवक जैसा व्यक्ति उधर आया और उसने बांटने वालों से कहा, बेचारा बूढ़ा है। मैं देख रहा हूं, यह बड़ी देर से बैठा है। शरीर से दुर्बल होने के कारण सबसे पीछे रह गया है। इसे अन्न दे दो। उस वाणी में कुछ ऐसा प्रभाव था कि बांटने वालों ने उसे अन्न दे दिया। उस नवयुवक की सहायता से उसने गठरी बांध ली। अब गठरी उठे कैसे? तब वही युवक बोला-लाओ मैं ही पहुंचाए देता हूं। वह गठरी उठाकर उस वृद्ध के पीछे-पीछे चलने लगा।

बूढ़े का घर थोड़ी दूर पर रह गया था, तभी एक सैनिक-टुकड़ी उधर से गुजरी। टुकड़ी के नायक ने घोड़े पर से उतरकर गठरी ले जाने वाले को फौजी अभिवादन किया। उस व्यक्ति ने संकेत से आगे कुछ भी बोलने को मना कर

दिया। फिर भी बूढ़े की समझ में कुछ-कुछ आ गया। वह वहीं खड़ा हो गया और कहने लगा, सच-सच बताइए आप कौन हैं? वह व्यक्ति बोला, मैं नौजवान हूं और तुम वृद्ध हो, दुर्बल हो-बस इससे अधिक परिचय व्यर्थ है। चलो बताओ, तुम्हारा घर किधर है? पर बूढ़ा अब तक पूरी तरह पहचान चुका था। वह उस नवयुवक के पैरों में गिर पड़ा और क्षमा मांगते हुए बड़ी मुश्किल से बोला, प्रजापालक, आप सच्चे कर्मयोगी हैं।

सम्राट अशोक के समान ही स्वयं पर विश्वास करने वाले कर्मयोगी अनायास ही यश और प्रतिष्ठा पा जाते हैं; यद्यपि उन्हें इसकी कामना नहीं होती।

हमारे विचारों की एकता ही हमें आत्मविश्वास से लबरेज रहना सिखाती है। यदि हम अपने मन में दरिद्रतापूर्ण विचारों को स्थान न दें; मन को कमजोर होने से रोकें; मन की शक्तियों को एक निश्चित दिशा में मोड़कर केंद्रीभूत कर लें; तो स्वतः ही आत्मविश्वास का समंदर हमारे अंतस्तल में हिलोरें मारने लगेगा और हम यह जानते हुए भी कि हमारी अपनी सीमाएं हैं, अपने जीवन में फतह-दर-फतह हासिल करते चले जाएंगे। अपनी विरोधी शक्तियों पर पूरी ताकत से प्रहार करेंगे और उन्हें हराकर ही दम लेंगे। हमें अपने मन से सभी अनजाने, अदृश्य भय निकालने होंगे। मन में उत्साह का संचार करना होगा।

जापान में एक सेनापति था-नोबुनागा। यद्यपि उसके पास सैन्य-टुकड़ी और हथियारों की कमी थी, लेकिन वह अपने आत्मविश्वास के बल पर अपने साहस और पराक्रम से शत्रुओं के छक्के छुड़ा देता था।

एक बार वह युद्ध के लिए तैयारी कर रहा था, तो उसने देखा कि उसके सैनिकों के हौंले पस्त पड़े हुए हैं, उनमें जीत का जज्बा खत्म हो गया है। उसने मन-ही-मन एक योजना बनाई। उसने सैनिकों को एक मंदिर में इकट्ठा कर कहा, मेरे पास एक सिक्का है। मैं तीन बार सिक्के को उछालूंगा, यदि तीनों बार हैड आया, तो जीत हमारी होगी और यदि तीनों बार टेल आया, तो हार होगी। यह सब इस देवता की प्रेरणा से होगा। उसने अपने इष्ट देवता के समक्ष सिक्का उछाला और तीनों बार 'हैड' ही आया। यह देखकर उसके सैनिक जोर-जोर से चिल्लाने लगे, 'हम जीतेंगे, हम ही जीतेंगे'। युद्ध हुआ और उन मुट्ठी भर सैनिकों ने अपने शत्रुओं के दांत खट्टे कर दिए।

बाद में उसने अपनी जीत को देवता की प्रेरणा से मिली जीत बताया। एक अवसर पर उसने उस 'प्रेरणा' की सच्चाई अपने सैनिकों को यह बताई कि सिक्के के दोनों ओर हैड ही था, लेकिन उसने आपके खोए हुए आत्मविश्वास को पुनः प्राप्त करने में अहम भूमिका निभाई।

अगर आप अपने मन में किसी उच्च लक्ष्य के प्रति पूर्ण समर्पण भावना पैदा कर लेंगे और अपने बुद्धिचातुर्य, कुशलता, निष्ठा एवं लगन से उसको प्राप्त करने में जुट जाएंगे तो जापानी सेनापति नोबुनोगा की तरह आपकी सफलता निश्चित है। आपका सिक्का आपके जीवन में हर बार 'हैड' की ओर ही संकेत करेगा। गर्व से अपनी दृष्टि सदैव क्षितिज की ओर और पैर जमीन पर रखिए। ख्याली पुलाव मत पकाइए, हवा में किले मत बनाइए। अपने सपनों को अमलीजामा पहनाइए।

आपका 'ड्रैस कोड' देखिए। क्या उसमें बेतरतीबी है? कपड़े गंदे रहते हैं या कभी-कभी बिना 'प्रैस' के ही काम चल जाता है। यदि ऐसा है तो उसमें सुधार लाइए। कपड़े महंगे न हों कोई बात नहीं। त्रे सलीके से पहनने चाहिए, इस बात का दूसरों पर प्रभाव पड़ता है। आपका 'ड्रैस कोड' आपके आत्मविश्वास को दर्शाता है।

किसी भी व्यक्ति के सामने अपनी बात गंभीरता और दृढ़ता से रखिए। यदि ऐसा नहीं है, तो आपके आत्मविश्वास में कहीं-न-कहीं कमी है। उसे सुधारिए। एक आइना रख लीजिए और एकांत में बैठकर उसके समक्ष बोलने का अभ्यास कीजिए। आप देखेंगे; आपमें निरंतर सुधार हो रहा है। आपके आत्मविश्वास में वृद्धि हो रही है।

फ्रांसीसी कवि कार्नेगी के अनुसार-**"ज़ब स्वर्ग स्वयं अपनी बाहें फैलाता है, तो जिसका हृदय मूर्च्छित है, वह किसी चीज के योग्य नहीं होता। मनुष्य में विश्वास का अभाव हो, तो प्रायः स्वर्ग को अपने पास देखकर भी वह अविश्वास कर उसे वापस भेज देता है।"**

अपनी जीवनी शक्ति का विश्वास कर आत्मविश्वासी बनिए। आप देखेंगे, स्वर्ग आपके पास आकर आपका दरवाजा खटखटा रहा है। निराशा को छोड़कर आशा का दामन थामिए। असफलताएं आएं, तो आएं। बार-बार गिरिए, बार-बार उठिए, कभी-न-कभी तो सफलता प्राप्त होगी। घोड़े का सवार ही गिरता है। गिरोगे नहीं, तो संघर्ष की शक्ति कैसे आएगी? यदि आत्मविश्वास होगा, तो सारे संकट पानी के बुलबुलों की तरह फूट जाएंगे, खुद को दीन-हीन, अयोग्य, लाचार, सुस्त, बेकार, दिशाहीन, लुंज-पुंज, असमर्थ क्यों मान बैठे हो, तुम्हारा जन्म किसी महत् उद्देश्य के लिए हुआ है, इसलिए नकारात्मकता को झटक फेंकिए। आप देखेंगे आपमें दिव्य ऊर्जा प्रवाहित हो रही है और सूर्य की तरह स्वयं प्रकाशित हो रहे हैं।

●●●

24

शब्दों की मार बड़ी गहरी होती है

हमारे प्राचीन ग्रंथों में 'शब्द' को परब्रह्म कहा गया है। यह इस बात से भी स्पष्ट है कि वर्णमाला में प्रयुक्त होने वाला प्रत्येक वर्ण; एक देवता का प्रतिनिधित्व करता है और वर्णों के पारस्परिक संयोजन से 'शब्द' की व्युत्पत्ति होती है। इसलिए शब्द अत्यंत पवित्र होते हैं। ईसाई धर्मग्रंथ 'बाइबिल' के 'ओल्ड टेस्टामेंट' में कहा गया है–

In the very beginning of the world, there was word and the word was God

(संसार के प्रारंभ में केवल शब्द था और शब्द ईश्वर था।)

अन्य धर्मग्रंथों में भी शब्द को ईश्वर-तुल्य माना गया है।

जब हम अपनी जीभ से कोई भी शब्द उच्चारित करते हैं, तो उसका प्रभाव कहीं-न-कहीं अवश्य पड़ता है। अच्छे शब्दों का अच्छा प्रभाव होता है और बुरे शब्दों का बुरा प्रभाव होता है। प्रिय बोलने से संसार का प्रत्येक प्राणी प्रसन्न हो जाता है और अप्रिय बोलने से सब पर नकारात्मक प्रभाव पड़ता है। मनुष्यों की बात छोड़िए, यदि पशु-पक्षियों से भी प्रेम से बोला जाए, तो वे भी पालतू हो जाते हैं और दुत्कारने पर हमसे दूर भागते हैं। प्यार की भाषा एक नन्हा-सा शिशु भी समझता है। मीठा बोलने पर वह आपको देखकर हंसेगा, आपकी गोद में आने का प्रयास करेगा और कडुवा बोलने पर वह रोएगा और आपके पास आने से डरेगा।

शब्दों का तात्कालिक और दीर्घकालिक-दोनों तरह का प्रभाव पड़ता है। यदि आपने किसी को गाली दे दी या अपशब्द बोल दिए, तो इसका तात्कालिक प्रभाव उसके क्रोध के रूप में देखने को मिल सकता है। यदि आप उससे किसी भी रूप में शक्तिशाली हुए, तो वह चुप हो जाएगा, लेकिन उसकी मुख-मुद्रा बता देगी कि उसको आपकी बात का बुरा लगा है।

एक बार महाराज युधिष्ठिर ने राजसूय यज्ञ के दौरान एक ऐसा निर्माण कराया, जिसमें जल में थल और थल में जल का आभास होता था। जब दुर्योधन को उस यज्ञ में आमंत्रित किया गया, तो वह थल पर अपने वस्त्र ऊपर उठाकर चलने लगा तथा जल में थल का आभास होने पर उसकी गति सामान्य थी, जिससे वह जल में फिसलकर गिर पड़ा। द्रोपदी यह दृश्य ऊपर से देख रही थी।

उसकी यह स्थिति देखकर वह हँस पड़ी और कहने लगी-**"अंधों के अंधे ही पैदा होते हैं!"**

दुर्योधन अपने इस अपमान पर खून का घूंट पीकर रह गया। बाद में प्रतिशोधवश उसने क्या किया, यह सर्वविदित है।

केवल द्रौपदी के शब्दों के ज़हर- बुझे बाणों से महाभारत जैसे महायुद्ध का सूत्रपात हुआ और भारी जनहानि हुई। द्रौपदी के शब्दों का दीर्घकालिक प्रभाव हुआ।

इसलिए शब्दों का प्रयोग कंजूस के धन की तरह करना चाहिए। उन्हें बहुत नाप-तौलकर अपने मुंह से निकालना चाहिए। बहुत-से व्यक्ति हर समय कुछ-न-कुछ बोलते रहते हैं। वे यह ध्यान नहीं देते कि किस समय क्या बोलना है और कितना बोलना है? इससे उनकी शक्ति के स्रोत निरंतर सूखते रहते हैं; क्योंकि बोलने से शक्ति क्षय होती है। आत्मशक्ति विकसित करने का सबसे सरल उपाय है-कम-से-कम बोलना और सोच-समझकर बोलना।

महात्मा कबीरदासजी ने कहा है-

ऐसी वाणी बोलिए, मन का आपा खोय
औरन को शीतल करे, आपहु शीतल होय

(ऐसी वाणी बोलनी चाहिए, जिससे मन का आपा खो जाए। जिसमें मिठास हो, जो दूसरों को ठंडक पहुंचाए और इससे स्वयं भी शीतलता का अनुभव हो।)

वाणी में यदि मिठास हो, तो दूसरों का दिल अनायास ही जीता जा सकता है। इससे सुनने वाले को शांति मिलती है और स्वयं भी शांति का अनुभव होता है। मीठी वाणी अमृत के समान होती है और कड़वी वाणी विष के समान! जिस प्रकार विष सारे शरीर को विकृत कर देता है, उसी प्रकार के कटु वचन होते हैं। मीठे वचन औषध के समान हैं, जो शरीर में जाकर व्यक्ति को रोगमुक्त करती है, जबकि कडुवे वचन तीर के समान हैं; जो सारे शरीर को कष्ट पहुंचाते हैं। महात्मा कबीरदासजी के शब्दों में-

मधुर वचन हैं औषधी, कटुक वचन हैं तीर।
श्रवन द्वार तें संचरै, सालैं सकल सरीर॥

परमसंत श्री रामचंद्र केशवदेव डोंगरेजी महाराज अपने प्रवचनों में अक्सर कहा करते थे-**"समस्त पाप की जड़ आंख और जिह्वा है। इसलिए मनुष्य को उन पर संयम रखने का अभ्यास करना चाहिए।"**

वास्तव में आंख और जीभ ही समस्त पाप कराती है। आंख विकृत हुई, तो पाप हुआ और जिह्वा विकृत हुई, तो शरीर बिगड़ा और जीवन में उपद्रव शुरू हुए।

जो व्यक्ति अधिक बोलते हैं; उनके मुंह से अक्सर झूठ निकलता है। उन्हें याद ही नहीं रहता कि पूर्व में अमुक व्यक्ति से उन्होंने क्या-क्या बोला था? उनका झूठ समय आने पर पकड़ा जाता है। अपनी वाणी का कम प्रयोग करने वाला व्यक्ति अपनी कही हुई बात को भलीभांति याद रखता है और समय आने पर उसे दूसरों के सामने शर्मिंदा नहीं होना पड़ता।

मौन में बड़ी शक्ति होती है। यदि व्यक्ति मौन रहने का अभ्यास करना सीख ले, तो वह अप्रिय परिस्थितियों से स्वयं को बचा सकता है। गांधीजी मौन रहने के अभ्यासी थे। वे आत्मशक्ति और आंतरिक ऊर्जा के संचयन के लिए इसका निरंतर अभ्यास करते थे। संत आचार्य विनोबाभावेजी भी ऐसा ही करते थे। मौन में शब्दों के तीरों को भोथरा करने की शक्ति होती है। आपने देखा होगा कि जैन मुनि अपने मुंह पर सफेद पट्टी बांधे रहते हैं, ताकि वाणी पर संयम रखा जा सके। नीतिकारों ने कहा है-

उद्योगे नास्ते दारिद्रयं, जपतो नास्ति पातकम्।
मौने च कलहो नास्ति, नास्ति जागरितो भयम्॥

(उद्योग से दरिद्रता नहीं होती, जप से पातक नहीं होता, मौत से कलह नहीं होती और जागने से भय नहीं होता।)

मौन से कलह को दूर किया जा सकता है। कलह से बचने का सही और उचित समाधान मौन ही है। हमारे हिंदू धर्म में इसीलिए माघ मास की अमावस्या को 'मौनी अमावस्या' की संज्ञा दी गई है, ताकि मनुष्य अपनी वाणी पर वर्ष में कम-से-कम एक बार तो संयम रख ले। वर्ष में एक बार का मौन भी उसके लिए लाभदायक सिद्ध होगा। वैसे हमें महीने में एक बार मौन रहने का अभ्यास करना चाहिए। यदि एक सप्ताह में एक बार मौन रख सकते हैं, तो सबसे अच्छा!

एक व्यक्ति बहुत बक-बक करता था। एक बार उसने अपने खेत में चने की फसल पैदा की। फसल जब खूब लहलहाने लगी, तो उसने देखा कि उसकी फसल को कोई जानवर रात में आकर चर जाता है। उसके पैरों के निशान से उसने ये अनुमान लगाया कि हो-न-हो ये कोई हाथी ही है! एक रात वह खेत के एक कोने में छिपकर बैठ गया। उसने देखा कि आसमान से एक हाथी उसके खेत में उतरा और फसल चरने लगा। फसल चरने के बाद जब वह वापस जाने लगा, तो वह उसकी पूंछ पकड़कर लटक गया। वह समझ गया कि यह इंद्र का ऐरावत हाथी है। उसने सोचा कि इस हाथी के साथ वह भी सीधा स्वर्ग पहुंच जाएगा। जब उससे बोले बिना न रहा गया, तो हाथी से पूछ बैठा-**"तुम ऐरावत**

हाथी हो।" हाथी बोला-"**हाँ।**" "**तो मेरे छोटे-से खेत के चनों से तुम्हारा इतना बड़ा शरीर कैसे तृप्त हो जाता है?"** उसने अपने हाथ फैलाते हुए कहा और नीचे गिरकर मर गया।

जो व्यक्ति अपनी वाणी पर संयम नहीं रख पाते, उनकी वाणी में शक्ति नहीं रहती। उसका दूसरों पर असर नहीं पड़ता। जो व्यक्ति झूठ बोलते हैं; उनकी वाणी का सत्य नष्ट हो जाता है। पूर्व में ऋषि-मुनि आशीर्वाद या श्राप जो कुछ भी दे देते थे, वह फलित हो जाता था; क्योंकि वे कम बोलते थे और सत्य बोलते थे। इसलिए अपनी वाणी में यथासंभव सच का प्रयोग करना चाहिए। नीतिकार कहते हैं-

सत्यं ब्रूयात प्रियं ब्रूयात, न ब्रूयात सत्यमप्रियम

(सत्य बोलो, प्रिय बोलो, अप्रिय सत्य मत बोलो।)

सत्य बोलने में इतनी शक्ति है कि वह किसी को जीवन-दान दे सकता है और किसी की मौत का कारण भी बन सकता है। जब अश्वत्थामा नामक हाथी को पांडवों ने मार दिया, तो युद्धरत गुरु द्रोणाचार्य के समक्ष जाकर कहा गया कि अश्वत्थामा मारा गया। उन्होंने सत्यवादी युधिष्ठिर के मुंह से यह समाचार सुनने की बात कहीं। जब युधिष्ठिर ने **'अश्वत्थामा हतो नरो वा कुंजरो'** कहा, तब उन्होंने विश्वास किया और उनके समाधिस्थ होते ही अर्जुन ने उनका सिर काट लिया।

यदि हम अप्रिय सत्य बोलेंगे, तो किसी भी व्यक्ति को अच्छा नहीं लगेगा। यदि किसी विकलांग व्यक्ति से उसके विकल अंग विशेष को इंगित कर उससे गलत व्यवहार करेंगे, तो उसके दिल को अवश्य ठेस पहुंचेगी।

पूर्व प्रधानमंत्री श्री लालबहादुर शास्त्री अक्सर कहा करते थे-**"जो व्यक्ति अपनी वाणी का दुरुपयोग नहीं करता, वह अपने मित्रों की संख्या में वृद्धि करता है। उसके शत्रुओं की संख्या स्वयमेव कम होती चली जाती है।"**

यदि हमारी वाणी से हमारे शत्रुओं की संख्या में वृद्धि हो जाती है, तो एक दिन हमें हानि उठानी ही पड़ती है। इसलिए हमें अपनी वाणी के प्रति हरदम सचेत रहना चाहिए।

यदि हमारी वाणी से हमारे शत्रुओं की संख्या में वृद्धि हो जाती है, तो एक दिन हमें हानि उठानी ही पड़ती है। इसलिए हमें अपनी वाणी के प्रति हरदम सचेत रहना चाहिए।

भगवान बुद्ध का जब मरण-काल निकट आया, उन्होंने अपने शिष्यों को बुलाकर उपदेश दिए। उन उपदेशों में से वाणी के संयम का उपदेश इस प्रकार है-

"भिक्षुओ! बोलना कम, करना ज्यादा! जितना ज्यादा बोलोगे, उतना ही तुम्हारा सम्मान गिरेगा। उथले लोग ही बहुत बकवास करते हैं। तुम जो बोलो, ठोस, मर्यादित, थोड़ा, अनुभूत और विश्वासपूर्वक बोलना। उस थोड़े-से भी बड़ा प्रयोजन सधेगा।"

वास्तव में **'अध जल गगरी छलकत जाय'** वाली कहावत अधिक बोलने वाले लोगों पर चरितार्थ होती है, जबकि जल से भरा घड़ा (गंभीर व्यक्ति) अधिक शब्द नहीं करता, वह धीर-गंभीर रहता है। नदियां अधिक शोर करती हैं, समुद्र में अपनी गहराई के कारण गंभीरता होती है।

आजकल लोग अपनी जीभ पर संयम रखना नहीं जानते। जब देखो, कुछ-न-कुछ बोलते रहेंगे। वे ज्यादा बोलकर दूसरों के समक्ष अपने-आपको 'स्मार्ट' सिद्ध करना चाहते हें; अपनी विस्तृत जानकारी का प्रदर्शन करना चाहते हैं। चुप रहने वाला या अपनी वाणी का संयमित प्रयोग करने वाला उनकी दृष्टि में मूर्ख है।

हमारे बोलने के ढंग और बोलते समय प्रयुक्त किए जाने वाले शब्दों से हमारे स्तर का पता चलता है। उससे हमारी पहचान हो जाती है। समझदार व्यक्ति हमें उसी स्तर का मानकर व्यवहार करता है।

जंगल में एक संत तपस्या कर रहे थे। एक राजा शिकार की खोज़ में जंगल में बहुत दूर जाकर अपने मंत्री व सैनिकों से बिछुड़ गया। सब एक-दूसरे को तलाश कर रहे थे। एक सैनिक ने संत के पास जाकर कहा-**"ऐ बुड्ढे! क्या तूने यहां से किसी को गुजरते हुए देखा? जल्दी बता"** संत के कुछ न बोलने पर उसने फिर कहा-**"बता न, चुप क्यों है?"** संत के फिर भी कुछ न कहने पर वह वापस चला गया। इसके बाद मंत्री आया, उसने आते ही कहा-**"क्यों रे बाबा! क्या यहां से कोई तेरे सामने से गुजरा था?"** संत फिर भी चुप रहे। अंत में राजा आया और उसने संत से पूछा-**"संत प्रवर! प्रणाम करता हूं। क्या आप यह बताने की कृपा करेंगे कि आपकी नजरों के सामने से कोई व्यक्ति अथवा समूह गुजरा था?"** संत ने अपने नेत्र खोलकर कहा-**"आप उच्च कुल के हैं, आइए बैठिए!"** उन्होंने राजा का यथोचित सत्कार किया। राजा के यह पूछने पर कि आपने कैसे पहचाना?, उन्होंने कहा-**"कुछ देर पहले कुछ और लोग यहां से गुजरे थे, उनके और आपके पूछने के ढंग ने मुझे आपकी पहचान करा दी। आपकी विनम्रता, शालीनता और शिष्टाचार से निश्चित ही आप उच्च कुल के प्रतीत हुए।"**

शब्दों के तीर एक बार छूटने के बाद तरकस में वापस नहीं आते, इसलिए हमें सोच-समझकर इन तीरों को छोड़ना चाहिए। कहा भी है-**"मुंह से निकली**

बात और तरकस से निकला तीर कभी वापस नहीं लौटते" इसलिए इनका संयमित प्रयोग करना चाहिए।

एक व्यक्ति अपनी पत्नी की ज्यादा बोलने की आदत से बहुत परेशान था, लेकिन वह उस पर बहुत विश्वास करता था। जब कुछ लोगों ने उसकी शिकायत की कि वह बातों-बातों में घर के राज दूसरों को बता देती है, तो उसे सहसा विश्वास नहीं हुआ। उसने उसकी परीक्षा लेने की ठानी।

एक दिन वह तरबूज को थोड़ा-सा काटकर एक थैले में रखकर घर ले आया और अपनी पत्नी से बोला-**"देख! इसमें एक आदमी का कटा हुआ सिर है, मैं खूंटी पर इसे टांग देता हूं। किसी से कहना मत।"** पत्नी ने हामी भर दी। थैले से तरबूज के रिसते हुए रस को वह खून समझ बैठीं और उसने सहज रूप से पति की बातों पर विश्वास कर लिया।

उसने पति के जाते ही बाहर जाकर अपनी पड़ोसन से सारी बात बता दी। पड़ोसन से उसने कहा-**"किसी से कुछ कहना मत!"** पड़ोसन ने हामी भर ली। धीरे-धीरे पड़ोसन से ये बात पूरे कस्बे में फैल गई और पुलिस उस व्यक्ति को गिरफ्तार करने उसके घर आ पहुंची। तब उस व्यक्ति ने वह थैला खूंटी से उतारकर पुलिस को दिखाया। पुलिस हैरान रह गई। उस व्यक्ति ने कहा कि मैंने अपनी पत्नी की परीक्षा ली थी। आज इसके कारण मैं जेल की सलाखों के पीछे होता। मैंने इसको अपना राज बताकर कितनी बड़ी भूल की।

कुछ लोगों के पेट में बात पचती ही नहीं है। कहते हैं कि औरत बात नहीं पचा पाती। अपने अनुभव के आधार पर मैं कह सकता हूं कि पुरुष भी बात नहीं पचा पाते। कभी-कभी ईर्ष्यावश या दूसरों की नजरों में उनके खैरख्वाह साबित होने के कारण भी लोग चुगली के रूप में अपनी वाणी का गलत प्रयोग करते हैं। वे बात में नमक-मिर्च लगाकर कह देते हैं; जिससे दो लोग एक-दूसरे के दुश्मन हो जाते हैं, वे सच्चाई जानने की कोशिश नहीं करते और चुगलखोर पर सहसा विश्वास कर लेते हैं। वाणी ही है, जो पल भर में आग लगा सकती है, आग बुझा सकती है, किसी को हंसा सकती है और किसी को रुला सकती है।

'आल्हाखंड' वीरता पूर्ण महाकाव्य है। इसके सुनने वालै की रग-रग में वीरता का संचार हो जाता है। एक बार गांव की चौपाल पर बैठकर एक व्यक्ति 'आल्हा खंड' का पाठ कर रहा था। दो दुश्मन बड़े मनोयोग से ये पाठ सुन रहे थे। अचानक उसके मुंह से निकल पड़ा-

जाको बैरी सामने बैठो ताको जीवे को धिक्कार!

देखते-देखते दोनों दुश्मनों ने अपने हथियार निकाल लिए और आपस में भिड़ गए। दोनों ने एक-दूसरे को मार दिया।

आजकल घर, परिवार, पड़ोसियों, गली-मुहल्ले के लोगों, रिश्ते-नातेदारों, मित्रों आदि के बीच जो सम्बन्धों की खाइयां चौड़ी होती जा रही हैं; उनमें कहीं-न-कहीं वाणी के असंयम का योगदान है।

भारतीय परम्परा में सोलह संस्कारों का महत्त्वपूर्ण स्थान है। अब तो उन संस्कारों में केवल जन्म, विवाह और मृत्यु संस्कार ही प्रमुख रूप से किए जाते हैं। पहले बच्चे के कुछ बोलने से पहले उसकी जिह्वा पर सोने की छड़ शहद में डुबोकर उससे 'ॐ' लिखा जाता था; ताकि वह अपने जीवन में शुभ और मीठा बोले।

कुछ लोग मीठा बोलते हैं; लेकिन उनके दिल में कलुष होता है। वे ऐसी मीठी छुरी की भांति हैं, जो गुप्त रूप से प्रहार करती है। ऐसे व्यक्तियों से सावधान रहना चाहिए। कुछ लोग बोलते तो कड़ुवा हैं, लेकिन उनके वचन हमारे लिए हितकारी होते हैं। ऐसे लोग नीम के वृक्ष के समान होते हैं, जो होता तो कड़ुवा है, लेकिन हमें अनेक प्रकार से फायदा पहुंचाता है। बाहर से कठोर दिखने वाला व्यक्ति उस नारियल के समान होता है जिसके भीतर मीठा पानी और गरी छिपी हुई है। माता-पिता, सच्चा मित्र आदि इसी श्रेणी में आते हैं।

यदि हम अपनी वाणी का समयोचित प्रयोग करने का मंत्र सीख लेंगे, तो हम जीवन में सफलता प्राप्त करने में कामयाब हो सकते हैं। आत्मसंयम से यह संभव हो सकता है। आवश्यकता है इस बात की कि हम अपनी वाणी को मृदु, शिष्ट व सुसंस्कृत बनाएं।

●●●

25

अहंकारः विनाश का मूल

अहंकार पतन का कारण होता है। अहंकारी व्यक्ति समाज का नुकसान तो करता ही है, अपने को भी उत्पीड़ित करता है। अहंकारी व्यक्ति को समाज पसंद नहीं करता। हो सकता है अहंकारी के पास धन, सत्ता आदि हो, जिसके कारण लोग उससे कुछ न कह पाने की स्थिति में हों, लेकिन पीठ-पीछे वह उनकी दृष्टि में 'खलनायक' होता है। अहंकारी नाना प्रकार के रोगों का शिकार हो जाता है, जिनमें मानसिक अवसाद, तनाव, रक्तचाप जैसी बीमारियां मुख्य हैं।

अहंकारी अपने को सबसे बड़ा समझता है। वह **'Boss is always right'** की तरह **'हमेशा सही'** होता है। वह दूसरों से अपनी बात मनवाने की कोशिश करता है, चाहे वह बात दूसरों की नजर में गलत ही क्यों न हो! उसका अहंकार इतना बड़ा होता है कि दूसरे की सही बात भी उसे गलत लगती है। अपनी इसी हेयदृष्टि के कारण वह अक्सर मुंह की खाता है, लेकिन फिर भी वह स्वयं को सुधारना नहीं चाहता । वह दूसरों से सीख नहीं लेना चाहता। वह दूसरों की बात मानने में अपना अपमान महसूस करता है।

एक बुढ़िया और उसके लड़के की कथा आती है। उसका लड़का अपने जीवनकाल में किसी से हारा नहीं था। एक बार की बात है; दो लोग बुढ़िया के पास आकर कहने लगे, **"अम्मा! हमने तेरे लड़के को हरा दिया। हम सीधे उसी के पास से चले आ रहे हैं।"** बुढ़िया ने अचम्भे से कहा, **"अच्छा! ऐसा तो कभी हो ही नहीं सकता और आगे भी नहीं होगा।"** वे दोनों ही लोग रोकर कहने लगे, **"अम्मा! तेरी बात सोलहो आना सही है। अब ये बता दे कि उसे कोई हरा क्यों नहीं सकता?"** बुढ़िया बोली, **"उसे कोई इसलिए नहीं हरा सकता; क्योंकि वह जानता तो है, लेकिन मानता नहीं।"**

अहंकारी बुढ़िया के बेटे की तरह होता है, जो जानता तो है, लेकिन मानता नहीं। उसकी आंखों पर अज्ञान की केंचुल चढ़ी होती है, जो उसको सही रास्ता नहीं दिखाती। कुछ लोग बुढ़िया की तरह अपने फायदे के लिए दूसरों का अहंकार पोषित करते हैं। यदि वह चाहती, तो उचित मार्गदर्शन देकर अपने लड़के को सही रास्ते पर ला सकती थी, लेकिन उसने ऐसा नहीं किया।

'अहं' दो प्रकार के होते हैं-आंतरिक अहं और बाह्य अहं। आंतरिक अहं होना अच्छी बात है, इससे व्यक्ति को कार्य करने की शक्ति प्राप्त होती है और वह अपनी क्षमताओं व योग्यता पर भरोसा करके आगे बढ़ता है। बाह्य अहं खतरनाक होता है। यही उसे मनुष्य नहीं रहने देता, उसे पाश्विक आचरण करने पर विवश कर देता है और उसकी बरबादी का कारण बनता है। अहं अच्छा है। जब यह आकार ग्रहण कर लेता है, तब नुकसानदेह हो जाता है।

इतिहास में ऐसे-ऐसे उदाहरण हैं कि उच्च पद पर रहने वाले व्यक्ति में अहंकार नाममात्र को भी नहीं था। वह चाहता, तो अपने अहंकार का प्रदर्शन कर दूसरे का शोषण कर सकता था, लेकिन उसकी अहंकारशून्यता ने उसे जन-जन का प्रिय बना दिया।

अमरीका के प्रथम राष्ट्रपति अब्राहम लिंकन एक बार घोड़े पर सवार होकर कहीं जा रहे थे। रास्ते में उन्होंने देखा कि एक आदमी लकड़ी के एक भारी लट्ठे को कुछ मजदूरों से उठवा रहा है। लट्ठा भारी होने के कारण वे उसको उठाने में कामयाब नहीं हो रहे थे। यह देखकर वह उन पर बहुत गुस्सा हो रहा था और उन्हें दांत पीस-पीसकर गालियां दे रहा था। चूंकि वह सेना का 'कॉरपोरल' था, अतः उसे अपने पद का अहंकार था। भला वह उन मजदूरों की सहाय्रता कैसे कर सकता था!

लिंकन ने जब यह दृश्य देखा, तो वे अपने घोड़े से नीचे उतरे, उन मजदूरों के पास पहुंचे और लट्ठे को उठवाने में उनकी मदद की। मजदूर तो खुश हो गए, लेकिन वह अहंकारी 'कॉरपोरल' बेचैन हो उठा। जब उसे बाद में यह पता लगा कि अमरीका के राष्ट्रपति अब्राहम लिंकन ने स्वयं मजदूरों की मदद की थी, तो वह उनसे माफी मांगने राष्ट्रपति भवन पहुंचा।

ये घटना एक अहंकारी और एक अहंकारशून्य व्यक्ति के चरित्र को प्रदर्शित करती है।

दूसरी घटना महापुरुष ईश्वरचंद्र विद्यासागर से सम्बन्धित है। एक बार विद्यासागरजी एक रेलवे स्टेशन पर किसी ट्रेन से उतरे। उसी समय एक व्यक्ति 'कुली-कुली' की आवाज लगाते हुए जोर-जोर से चीख रहा था। यद्यपि उसके पास सामान अधिक नहीं था, लेकिन वह 'बड़े आदमी' होने के अहंकार के कारण अपना सामान नहीं उठा रहा था। जब कोई कुली नहीं आया, तो वह आदमी बेचैन हो उठा। ईश्वरचंद्रजी से जब सहा नहीं गया, तब उन्होंने उस व्यक्ति का सामान उठाया, स्टेशन के बाहर रखा और चुपचाप अपने रास्ते चले गए। उस व्यक्ति ने जब एक जलसे में विद्यासागरजी को देखा, तो वह बहुत

लज्जित हुआ; क्योंकि उसने उनका नाम तो बहुत सुन रखा था, लेकिन उनके दर्शन नहीं किए थे।

अहंकाररहित होकर कार्य करने वाला व्यक्ति निश्चित सफलता प्राप्त करता है। इतिहास गवाह है जिस-जिस व्यक्ति ने अहंकार किया, उसका अहंकार अवश्य नष्ट जरूर हुआ। कबीरदासजी कहते हैं-

इक लख पूत सवा लख नाती।
ता रावन घर दिया न बाती॥
लंका-सो कोट समुद्र-सी खाई।
ता रावन की खबर न पाई॥

रावण के एक लाख बेटे और सवा लाख नाती थे, लंका-सा किला और उसके चारों ओर समुद्र-सी खाई थी। ऐसे ऐश्वर्य सम्पन्न और बलशाली रावण का उसके अहंकार के कारण क्या हश्र हुआ; यह सभी व्यक्ति जानते हैं।

बकरी ने मैं-मैं करी
ताने कटाओ सीस
मैना ने मैं-ना करी,
कुटुम भए दस-बीस

बकरी 'मैं-मैं' करती है, उसका सिर कटता है। मैना; मैं-ना करती है अर्थात् अहंकाररहित है, तो उसका परिवार दिन-दूना; रात-चौगुना बढ़ता है।

अहंकार न होने पर व्यक्ति में विनम्रता तो आती ही है, वह मानरहित होकर दूसरों को सम्मान देने लगता है। इस संसार में योग्य व्यक्तियों की कोई कमी नहीं है। कहा भी है-

"मर्द ते मर्द धनरे
घर नहीं तो बाहर बहुतेरे"

इस संसार में एक-से-एक प्रतिभावान लोग विद्यमान हैं। 'घर' में ही घुसे रहने से कोई लाभ नहीं होता, बाहर निकलकर देखने से पता चलता है कि हम कितने पानी में हैं! फिर किस बात पर अहंकार हम लोग करते हैं? सारी शक्तियां ईश्वर की दी हुई हैं, फिर उन पर क्या इतराना। आज ये हमारी हैं, कल को किसी और की हो जाएंगी। संसार में स्थायी कोई वस्तु नहीं है। फिर अस्थायी वस्तुओं के लिए इतनी हायतौबा क्यों?

जिस व्यक्ति में अहंकार नहीं होता, उसमें दैवीय गुण स्वत: आ जाते हैं। जहां अहंकार होगा, वहां दैवीय सत्ता नहीं होगी। दैवी कृपा तो अहंकाररहित होने पर ही मिलेगी। कबीरदासजी कहते हैं-

जब 'मैं' था तब हरि नहीं, अब हरि है 'मैं' नांहि।

सब अंधियारा मिट गया, जब दीपक देख्या मांहि॥

जिस व्यक्ति में अहंकार नहीं होता, उसमें दैवीय गुण स्वतः आ जाते हैं। जहां अहंकार होगा, वहां दैवीय सत्ता नहीं होगी।

अहंकारशून्य व्यक्ति के मन से विकारों के सारे अंधेरे मिट जाते हैं और उसके दिल में दैवीय गुणों का दीपक जल उठता है, जो उसका हल पल उचित मार्गदर्शन करता है।

इसलिए हर संभव प्रयास ये हो कि अहंकार हमारे पास फटकने न पाए, तभी हम राग-द्वेष से मुक्त होकर सफलता के निर्धारित लक्ष्य की ओर आसानी से बढ़ सकते हैं। फिर सफल होने की संभावनाएं अधिक हो जाएंगी।

भतृहरि नामक संस्कृत के प्रसिद्ध कवि ने अपने 'नीतिशतकम्' में अहंकार शून्य व्यक्तियों के दैवीय गुणों का वर्णन करते हुए उन्हें सत्पुरुष कहा है। उन्होंने मध्यम कोटि के अहंकारशून्य व्यक्तियों और अपने थोथे अहंकार से दूसरों को कष्ट पहुंचाकर प्रसन्न होने वाले निकृष्ट लोगों के विषय में भी चर्चा की है-

एते सत्पुरुषाः परार्थघटकाः स्वार्थन्पिरित्यज्य ये।
सामान्यास्तु परार्थमुद्यमभृतः स्वार्थाविरोधेन ये॥
तेऽमी मानुषराक्षसाः परहितं स्वार्थाय निहनन्ति ये।
ये तुघ्नन्ति निरर्थकं परहितं ते केन जीनी महे॥

(कुछ लोग किसी प्रकार के पुरस्कार की इच्छा से रहित तथा अपने व्यक्तिगत सुख-सुविधाओं की चिंता किए बिना ही सर्वदा दूसरों के कल्याण-साधन में लगे रहते हैं। इन्हें सत्पुरुष कहा जाता है। ये लोग अपनी असुविधाओं पर ध्यान दिए बिना ही सर्वदा दूसरों की सहायता में लगे रहते हैं। सामान्य कोटि के लोग अपनी इच्छाओं और कामनाओं की पूर्ति हेतु कार्य करते हुए भी यथासाध्य दूसरों की मदद करते हैं। नरदेहधारी कुछ ऐसे राक्षस भी हैं, जो अपने स्वार्थ के लिए किसी का सिर काटने जैसे जघन्य अपराध से भी पीछे नहीं हटते और बिना किसी लाभ के ही दूसरों को पीड़ित करने वालों को कौन-सी संज्ञा दी जाए, यह मुझे नहीं मालूम।)

जिसका अहंकार विगलित हो गया हो, वह निःस्वार्थ भाव से दूसरों की मदद करता है। उसे परोपकार में आनंद की प्राप्ति होती है, जबकि अहंकारी व्यक्ति को परपीड़न में पैशाचिक तुष्टि मिलती है। ऐसे लोग 'भुविभार भूताः' अर्थात् धरती पर बोझ हैं, जो मनुष्य के रूप में पशु हैं।

अहंकार शून्यव्यक्ति में विनम्रता होती है, वह दूसरों के समक्ष अपना पक्ष मृदु शब्दों में व्यक्त करता है। वह कटु वचनों के प्रयोग करने से बचता है क्योंकि दूसरों के दिल को ठेस पहुंचाना उसे नहीं आता। दूसरों के दिलों पर चोट करना भगवान को नाराज करने के समान है। वह सेवाभावी होता है। वह 'नर-सेवा को नारायण-सेवा' मानता है। उसमें असीम धैर्य होता है। वह किसी भी कार्य में जल्दबाजी नहीं करता। धैर्य के कारण ही उसका हर कार्य समय पर सुव्यवस्थित तरीके से होता है। धैर्य रखने से उसकी आंतरिक शक्तियां दृढ़-से-दृढ़तर होती चली जाती हैं। उससे वह निरंतर ऊर्जावान बना रहता है। इससे उसको मन की वास्तविक शांति प्राप्त होती है।

उसको क्रोध नहीं आता। कभी स्वाभाविक रूप से क्रोध आने की स्थिति में वह उसके मूल कारण को तलाशकर उसका शीघ्र ही निदान कर लेता है; क्योंकि वह 'श्रीमद्भगवद्गीता' के इस वचन पर विश्वास करता है-

"क्रोध से भ्रम उत्पन्न होता है। भ्रम से स्मृतिलोप, स्मृतिलोप से बुद्धिनाश और बुद्धिनाश हो जाने के फलस्वरूप व्यक्ति का सर्वनाश हो जाता है।"

वह हर परिस्थिति में सम रहता है। उसे किसी बात की चिंता नहीं सताती; क्योंकि वह विश्वास करता है कि हर चीज का एक निश्चित विधान होता है, तो चिंता क्या करना!

वह दूसरों के साथ मैत्री भाव से व्यवहार करता है। वह अपने व्यवहार से शत्रुओं को भी अपने अनुकूल ढाल लेता है। उसके शत्रु भी उसके स्वभाव की प्रशंसा करते हैं। वह हर समय प्रसन्न रहता है, जिससे उसका स्नायु मण्डल स्वस्थ रहता है। वह किसी से घृणा नहीं करता और राग-द्वेष से परे होता है; क्योंकि वह सभी प्राणियों को भगवान का प्रतिरूप मानता है।

सच्चा प्रेम सभी प्रकार के भयों का नाश कर देता है।

वह सभी से प्रेम करता है। प्रेम करने में वह प्रतिदान नहीं चाहता। इसीलिए वह निर्भय होता है; क्योंकि ईसा मसीह के शब्दों में-**"सच्चा प्रेम सभी प्रकार के भयों का नाश कर देता है।"**

वह बाह्य और आंतरिक रूप से सच्चा होता है। वह दिखावा पसंद नहीं करता और न ही स्वयं पाखण्ड और ढोंग का सहारा लेता है। ओशो के विचार में-

"सच्चे व्यक्ति में अहंकार नहीं होता, इसलिए उसे समाज की आवश्यकता नहीं पड़ती। समाज आपको अहंकार देता है और आप अहंकार का आनंद लेने के इच्छुक रहते हैं। इसीलिए आपको समाज पर निर्भर रहना पड़ता है। समाज ही आपके अहंकार का पोषण कर सकता है।"

आजकल लोगों का दोहरा-तिहरा व्यक्तित्व होता है। उनके एक चेहरे पर कई मुखौटे चढ़े होते हैं, जिससे समाज उनकी असलियत नहीं जान पाता। ऐसे व्यक्ति सोचते-विचारते कुछ और हैं, बोलते कुछ और हैं और करते कुछ और हैं। उनकी सर्प जैसी वक्र गति होती है। सर्प अपनी बांबी में हो तब ही सीधा चलता है, लेकिन ये ऐसे विषधर हैं; जिनमें सीधापन है ही नहीं! अपने अहंकार को तुष्ट करने के लिए ऐसे लोग बेईमानी, स्वार्थ, फरेब, मक्कारी, धोखेबाजी, झूठ आदि का सहारा लेते हैं। ऐसे वर्णसंकर लोग अपना साध्य साधने के लिए व्यक्ति को सीढ़ी की तरह इस्तेमाल करते हैं।

दूसरी ओर अहंकाररहित व्यक्ति सीधा-सच्चा और सरल स्वभाव का होता है। वह निष्कपट, निष्कलंक होता है। उसकी सच्चाई के कारण स्वार्थी तत्त्व उसे मूर्ख समझते हैं और अपना हित साधते हैं। वह बिना किसी प्रतिकार के उनके काम आता है। वह उनकी दुष्ट प्रवृत्तियों पर उनसे नाराज नहीं होता। उन्हें क्षमा-दान दे देता है। वह ओछे लोगों के प्रति अपने बड़प्पन का परिचय देता है।

वह अपनी प्रशंसा से प्रसन्न नहीं होता और न निंदा से दुःखी होता है। प्रशंसा से अहंकार आता है, जिससे व्यक्ति फूलकर कुप्पा हो जाता है। अहंकार शून्य व्यक्ति अपनी प्रशंसा का गुलाम नहीं होता, इसलिए उसका पतन नहीं होता। वह लोगों की टिप्पणियों पर ध्यान न देकर अपना कर्त्तव्य-पालन करता है।

एक बार एक आगंतुक ने स्वामी रामतीर्थ से कहा-**"लोग आपको पसंद नहीं करते। स्वामी रामतीर्थ ने उत्तर दिया-"सेब अच्छा लगने पर लोग उसे खा जाते हैं; बेर अच्छा लगने पर वे उसे भी खा जाते हैं; मांस अच्छा लगने पर वे उसे भी खा जाते हैं। अच्छा है, वे मुझे पसंद नहीं करते अन्यथा, वे मुझे भी खा गए होते।"**

जिस प्रकार स्वामी रामतीर्थ निरहंकारी थे और उन पर लोगों की पसंदगी-नापसंदगी का प्रभाव नहीं पड़ा, उसी प्रकार अहंकार शून्य व्यक्ति तटस्थ होता है।

नारदजी की पहुंच सभी देवी-देवताओं तक है। वे निर्द्वन्द्व-निर्बाध रूप से किसी के पास आ-जा सकते हैं। एक बार वे कुछ ऋषि-मुनियों के साथ विष्णु लोग गए और उनसे अहंकारपूर्वक कहने लगे-**"मैं जैसे ही विष्णु भगवान के पास पहुंचता हूं, वे तुरंत मुझे बुला लेते हैं, जबकि अन्य लोगों को उनसे मिलने में प्रतीक्षा करनी पड़ती है।"** जब वे क्षीरसागर पहुंचे, तो देखते हैं कि विष्णु क्षीरसागर से गायब हैं। नारदजी ज्ञानी तो हैं ही, तुरंत समझ गए कि भगवान ने मेरे अहंकार का मर्दन करने के लिए ही ऐसा किया है।

वे आर्त्तस्वर में पुकारने लगे-**"प्रभु! मैंने अहंकारवश ऐसा कह दिया था। मुझे क्षमा करो प्रभु!"** भगवान विष्णु ने उनको दर्शन देकर कृतार्थ किया।

उनकी ही एक दूसरी कथा है। एक बार नारदजी को अभिमान हो गया कि उन्होंने काम को जीत लिया है। वे अहंकार के वशीभूत हो भगवान शंकर के पास पहुंचे। उनसे बोले **"प्रभु! मैं कामजयी हो गया हूं।"** भगवान शंकर बोले–**"ठीक है, मुझसे तो कह दिया तुमने, लेकिन भगवान विष्णु से मत कहना।"** नारदजी कहां मानने वाले थे, सीधे भगवान विष्णु के पास पहुंचे और उनसे भी अपने कामजयी होने की बात कही। भगवान विष्णु मुस्कराकर चुप हो गए।

भगवान विष्णु ने माया रची। एक सुंदर नगरी का निर्माण कर दिया। वहां की राजकुमारी का स्वयंवर आयोजित हुआ, तो उसमें बड़े-बड़े राजा भाग लेने गए। विवाह की इच्छा से नारदजी भी वहां पहुंचे। वे स्वयं को बहुत सुंदर समझ रहे थे और मण्डप में आती हुई राजकुमारी से यह अपेक्षा कर रहे थे कि वह उनके गले में ही वरमाला डालेगी; क्योंकि वे ही सबसे सुंदर हैं। सभी लोग उनकी व्यग्रता और उनके चेहरे को देख-देखकर हंस रहे थे। राजकुमारी ने वरमाला वहां उपस्थित भगवान विष्णु के गले में डाल दी। वे राजकुमारी लक्ष्मी जी थीं। नारदजी ने दूसरों की सलाह पर जब अपने चेहरे को शीशे में देखा, तो उन्हें अपना चेहरा बंदर जैसा लगा। वे क्रुद्ध हो गए। वे इस बात से भी क्रोधित थे कि भगवान विष्णु का वरण स्वयंवर में किया गया। इन दोनों बातों में उन्हें भगवान विष्णु का षड्यंत्र लगा, अतः उन्होंने अहंकारवश भगवान विष्णु को शाप दिया–**"जिस प्रकार मैं पत्नी की चाह में तड़प रहा हूं, उसी प्रकार तुम भी अपनी पत्नी के वियोग में तड़पोगे।"**

उत्तेजना शांत होने पर उनको महसूस हुआ कि कुछ गलत हो गया है। उन्होंने भगवान विष्णु से अपने शाप के लिए क्षमा मांगी। भगवान बोले, यह सब मेरी लीला थी नारद! तुम्हारा इसमें कोई दोष नहीं है।

नारदजी ने कहा–**"प्रभु! मेरा शाप तो असत्य नहीं हो सकता, लेकिन आपकी सहायता बंदर, रीछ व भालू ही करेंगे, तब आप अपनीं पत्नी को ढूंढ़ पाने में कामयाब हो पाएंगे।"**

अहंकारी व्यक्ति स्वयं को सबसे गुणवान मानता है, जबकि अहंकार के कारण उसमें अधिकांशतया दुर्गुण होते हैं। अपना काम न बनता देख वह क्रोधित होकर दूसरों का अनिष्ट करने के लिए तत्पर हो जाता है। उसका विवेक नष्ट हो जाता है और वह अक्सर गलत निर्णय लेता है। नारद जैसे महापुरुष तो अपनी गलती स्वीकार भी लेते हैं, लेकिन वह अपनी गलतियों को स्वीकारने के लिए तैयार नहीं होता। वह स्वयं को सदैव सही समझता है।

वह तथाकथित 'स्व' के दायरे में ही सिमटा रहता है। वह इस दायरे से बाहर आकर देखना ही नहीं चाहता। वह दूसरों को अपनी दूषित मानसिकता का गुलाम बनाकर रखना चाहता है, इसके लिए वह अनेक प्रकार से यत्न करता है।

वास्तव में यदि किसी व्यक्ति ने 'स्व' में प्रवेश कर लिया, तो उसे आत्मसाक्षात्कार हो जाता है, लेकिन उसका 'स्व' एक दिखावा मात्र होता है। इसीलिए वह आत्मवंचना और आत्मप्रदर्शन का शिकार होता है। वह दूसरों से अनायास बेवजह प्रतिस्पर्द्धा करने लगता है। वह स्वयं को सर्वश्रेष्ठ और अपने कार्यों को सर्वोत्कृष्ट मानता है। वह दूसरों को हेयदृष्टि से देखता है। उसका अहं इतना बढ़ जाता है कि दूसरे उसको बौने नजर आने लगते हैं। वह अपने मिथ्या अहं के कारण सबसे विरोध मोल लेने लगता है। वह दूसरों का अपमान करने से नहीं चूकता और उन्हें उनकी 'औकात' बता देता है। वह चारों तरफ से शत्रुओं से घिर जाता है। उसका कोई हितैषी नहीं रहता। लेकिन इतने पर भी वह सचेत नहीं होता। उसका अहंकार उसके पांव में बंधे उस पत्थर के समान होता है, जिससे वह संसाररूपी नदी पार करना चाहता है। वह आत्म परिष्कार की जगह आत्मघात का रास्ता चुन लेता है और अपनी ही लगाई हुई आग में एक दिन जलकर भस्म हो जाता है।

अहंकार को विसर्जित करने का सबसे अच्छा तरीका है-सबसे प्रेम करना। प्रेम में वह शक्ति है, जो मानव को मानवेतर प्राणी बना देती है। सांसारिक प्राणियों के गुण-ग्राहक बनो, उनके दोषों की तरफ ध्यान मत दो। संसार ईश्वर की रचना है और बहुत सुंदर है, तो भगवान के बनाए हुए प्राणी सुंदर नहीं होंगे क्या? हम उनसे प्रेम करना सीखें। कोई प्राणी अपनी आदतवश या अन्य किसी कारण से यदि आपको कष्ट देता है, तो उससे प्रतिशोध लेने की कोशिश न करें, वरन् उसे मनोरोगी समझकर क्षमा कर दें और उससे प्रेम करें, आपमें दैवीय गुणों का समावेश होता चला जाएगा।

जिना सरमिनारा लिखती हैं-**"ज्यों ही व्यक्ति अपने संपर्क में आने वाले अप्रिय या मतभेद रखने वाले लोगों से सचमुच प्रेम करना सीख लेता है, वह बंधनमुक्त हो जाता है।"**

प्रेम की सर्वसमर्थ शक्ति में विश्वास करके अहंकार को त्यागकर हम सभी बंधनों से मुक्त हो सकते हैं, फिर हमें राग-द्वेष, ईर्ष्या, मोह, माया, मद, लोभ, मात्सर्य जैसे विकार रूपी राक्षस परेशान नहीं करेंगे। हमारे अंदर बिव्य शक्तियों का अवतरण स्वयं होने लगेगा। दया, सहानुभूति, सहकार, परोपकार, क्षमा, धृति, शुचिता जैसे विचार हमारे अंदर अपने-आप उतरने लगेंगे और हम लक्ष्य के प्रति समर्पण-भाव रखते हुए निरंतर प्रगति करेंगे। अहंकारशून्य व्यक्ति ही वास्तव में अपने जीवन में सफलता प्राप्त करता है।

●●●

26

अनुशासन स्वयं को संवारने की कला है

अनुशासन का अर्थ है अपने पर शासन करना। संसार में लोग दूसरों पर शासन तो कर लेते हैं, लेकिन खुद पर शासन करना बहुत कठिन है। जिस व्यक्ति ने अपने जीवन में अनुशासन का महत्त्व समझ लिया, उसकी सफलता असंदिग्ध हो जाती है। उसका प्रत्येक क्रियाकलाप नपा-तुला होता है। वह अपने जीवन में हर कदम बहुत सोच-समझकर उठाता है। वह अपने मन रूपी हाथी को नियंत्रित करने के लिए स्वयं महावत बनकर अंकुश का प्रयोग करता है।

हम दूसरों को अनुशासन का पाठ पढ़ाते हैं, लेकिन समय आने पर स्वयं अनुशासनहीनता का प्रदर्शन करते हैं। बच्चे की प्रथम पाठशाला उसका घर होती है। जब वह अपने घर में अपने पिता को बात-बात पर गाली देते देखेगा, सिगरेट-शराब पीते देखेगा, अपनी मां से लड़ते-झगड़ते देखेगा, तो उसके बालमन पर क्या प्रभाव पड़ेगा? एक दिन वह भी यह सब करने की कोशिश करेगा। फिर आप चाहें उसको कितनी भी शिक्षा दें कि बेटे! सिगरेट-शराब पीना अच्छी बात नहीं, तो भी उस पर कोई असर नहीं पड़ेगा। पहले आपने उसके सामने अमर्यादित होकर स्वयं अनुशासन भंग किया। आप इसमें किसका दोष मानेंगे?

बच्चा सीधा-सच्चा और सरल होता है; एक कोरी 'स्लेट' की तरह, जैसा उस पर लिख दिया, वैसा-का-वैसा ही उसके मन पर अंकित हो गया। आपके परिचित आपसे मिलने आपके घर आते हैं। आप उनसे मिलना नहीं चाहते। आप अपने बच्चे से कह देते हैं-**"बेटा! अंकल से जाकर बोल दो कि पापा घर पर नहीं हैं।"** बेटा है झील के पानी जैसा पारदर्शी! अंकल से जाकर कहता है-**"अंकल-अंकल! पापा ने कहा है कि पापा घर पर नहीं हैं।"** आपकी उस समय क्या हालत होगी, आप स्वयं समझ सकते हैं। आप यदि उसे जीवन में झूठ न बोलने का अनुशासन सिखाएंगे, तो क्या वह आपकी बात मानेगा? उसके मन में बैठ गया कि जब पापा झूठ बोलते हैं, तो मैं सच क्यों बोलूं? आपने

स्वयं अनुशासन भंग किया, फिर आप अपने बच्चों और समाज से अनुशासन की उम्मीद कैसे कर सकते हैं?

अपने बच्चे को एक व्यक्ति ने शिक्षा दी–**"बेटा! भगवान हर जगह है। वह हमारे हर काम को देखता है। तुम संसार की नजरों से खुद को बचा लो, लेकिन उसकी नज़रों से नहीं बचा सकते।"** बच्चे के मन में यह बात घर कर गई।

एक दिन वह व्यक्ति रात को एक खेत में चोरी करने के उद्देश्य से घुसा। उसने अपने पुत्र को खेत की मेंड़ पर यह देखने के लिए खड़ा कर दिया कि उसे कोई देख तो नहीं रहा है! व्यक्ति अपने काम में जुट गया। थोड़ी देर बाद बच्चा बोला–**"बापू! कोई देख रहा है।"** वह व्यक्ति हड़बड़ाकर खेत के बाहर आ गया और बोला, **कौन देख रहा है?** बच्चा बोला–**"भगवान। बापू! आपही ने तो कहा था कि हमारे हर काम को भगवान देखता है।"** बच्चे की बात सुनकर वह व्यक्ति बहुत लज्जित हुआ और बिना चोरी किए वापस घर आ गया। भविष्य में उसने कभी चोरी नहीं की।

हम दूसरों को अनुशासन की सीख देकर स्वयं उसका पालन करने में चूक कर देते हैं। जबकि जो शिक्षा हमने दूसरों को दी है, उसका अनुपालन स्वयं करना चाहिए। यह तभी संभव है, जब हम स्वयं पर नियंत्रण करें।

हमने पूर्व में सिखों के प्रथम गुरु गुरुनानक देव जी के उस प्रसंग का जिक्र किया था, जिसमें एक महिला उनके पास आकर अपने बच्चे के अधिक गुड़ खाने की शिकायत करती है। वे स्वयं गुड़ बहुत खाते थे, इसीलिए उन्होंने उस समय उससे कुछ नहीं कहा। महिला को उन्होंने एक सप्ताह बाद आने के लिए कहा। जब महिला अपने बच्चे के साथ आई, तब उन्होंने उस बच्चे से गुड़ खाने के लिए मना किया। महिला द्वारा यह पूछने पर कि एक सप्ताह बाद उन्होंने बच्चे को गुड़ खाने से क्यों मना किया? वे बोले–**"मैंने एक सप्ताह में अपनी गुड़ खाने की आदत में सुधार किया। स्वयं को अनुशासित किया, तब मैं बच्चे से अधिक गुड़ न खाने की बात कहने की हिम्मत जुटा पाया।"**

बच्चे ने उस दिन से गुड़ न खाने का संकल्प लिया। यह इसलिए संभव हो सका; क्योंकि गुरु नानकदेवजी के स्वात्मानुशासन से उनकी बात का असर उस पर पड़ा।

आज बच्चों में उद्दंडता निरंतर बढ़ रही है। वे आक्रामक हो रहे हैं, दिग्भ्रमित हो रहे हैं। मां-बाप की बात नहीं मान रहे हैं, अध्यापकों का अपमान कर रहे हैं, उन पर आक्रमण कर रहे हैं, वृद्धों को सम्मान नहीं दे रहे हैं; तो इसका कारण

मात्र इतना है कि मां-बाप, अध्यापक-सबका नैतिक पतन हो गया है। वे स्वयं अनुशासित नहीं हैं, तो बच्चों से अनुशासन की अपेक्षा कैसे कर सकते हैं? विद्यालयों में 'नैतिक शिक्षा' पाठ्यक्रम में शामिल कर ली जाती है। अध्यापक कक्षा में भाषण देकर चले जाते हैं। लेकिन पाठ्यक्रम में शामिल बातों पर खुद अमल नहीं करते। छात्रों के सामने सिगरेट-शराब पीते हैं। उनके कंधे पर हाथ रखकर यारों की तरह बात करते हैं। उनको 'मोहरा' बनाकर उनका शोषण करते हैं फिर छात्रों से यह उम्मीद कैसे की जा सकती है कि वे उनका सम्मान करेंगे?

एक बेटा अपने पिता को उसकी वृद्धावस्था में घर से बाहर निकाल रहा था। उसका पिता उसे ऐसी अवस्था में 'घर-निकाला' न देने की बात कह रहा था। वह बेटे के सामने गिड़गिड़ा रहा था। कह रहा था-**"बेटे! मैं इस बुढ़ापे में कहां भटकूंगा? मुझे मत निकाल!"**

जाड़े के दिन थे। उसने पिता को ओढ़ने के लिए एक कंबल दिया, तो उसका बेटा बोला-**"पापा! बाबा के कंबल में से आधा कंबल मैं अपने पास रखूंगा; क्योंकि जब मैं आपको निकालूंगा, तब यह कंबल काम आएगा।"** पिता की आंखें फटी-की-फटी रह गईं। उसने अपने पिता से माफी मांगी और उन्हें ससम्मान घर में रखा।

जिस समय हमारी आंखों पर विकारों की केंचुल चढ़ी होती है, हमें अच्छा-बुरा कुछ दिखाई नहीं देता। वक्त आने पर हम यह अपेक्षा करते हैं कि हमारे साथ कुछ भी बुरा न हो। लेकिन हमें अनुशासन भंग करने की सजा अवश्य मिलती है। घर में सब कुछ होते हुए भी मां-बाप वृद्धाश्रमों में पड़े हुए हैं। आपने उन्हें वृद्धाश्रमों में भेजा है, तो आप भी अपनी वृद्धावस्था में दर-दर की ठोकरें खाने के लिए तैयार हो जाइए।

पहले संयुक्त परिवार होते थे। हर तरफ अनुशासन होता था। बच्चे मां-बाप का आदर करते थे। उनके सामने नजर उठाकर बात नहीं करते थे, अपनी जुबान नहीं खोलते थे, यहां तक कि विवाहित बेटा भी पूर्ण अनुशासन में रहता था। इससे घर के बच्चों पर अच्छे संस्कार पड़ते थे और वे जीवन भर अनुशासनबद्ध रहते थे। आज एकल परिवारों ने अनुशासन बिगाड़ दिया है। कोई किसी की इज्जत नहीं करता, सब बिना नाथ के बैल जैसे हो गए हैं।

गुरुकुल शिक्षा प्रणाली के समय ब्रह्मचारी गुरु के आदेशानुसार कार्य करते थे। उनमें सर्वत्र अनुशासन देखने को मिलता था। किसी की हिम्मत नहीं थी कि जो गुरु की आज्ञा का उल्लंघन करे। भगवान श्रीराम और लक्ष्मण गुरु विश्वामित्र के साथ राक्षसों का वध करने के लिए जाते हैं। राक्षसों का वध करने के बाद

विश्वामित्र उन्हें सीता-स्वयंवर में प्रतिभाग करने के लिए जनकपुर ले जाते हैं। लक्ष्मणजी की जनकपुर देखने की इच्छा है, इसलिए भगवान श्रीराम गुरु विश्वामित्र से लक्ष्मणजी को जनकपुर दिखाने की इच्छा प्रकटकर उनसे आज्ञा मांगते हैं-

परमविनीत सकुचि मुसुकाई। बोले गुरु अनुसासन पाई॥
नाथ लखन पुरु देखन चहहीं। प्रभु सकोच डर प्रगट न कहहीं॥
जौं राउर आयसु मैं पावउ। नगर देखाइ तुरत लै आवउ।

यह शिष्य का अनुशासन है कि बिना गुरु-आज्ञा के भगवान श्रीराम-लक्ष्मण जनकपुर देखने नहीं जाएंगे। यदि आज का छात्र होता, तो गुरु से बिना पूछे ही जनकपुर देखने खिसक लिया होता, लौटने पर 'सॉरी' बोलकर अपने कर्त्तव्य की इतिश्री कर लेता।

एक गुरु का शिष्य था-उपमन्यु!- बहुत आज्ञाकारी, अनुशासनबद्ध! गुरु ने उसको गाएं चराने का काम सौंप रखा था। वह सुबह गाएं चराने जाता और शाम को लौटता। वह खूब हृष्ट-पुष्ट दिखाई देता था। एक दिन गुरु ने उससे पूछा-"**उपमन्यु! तुम जंगल में क्या खाते हो, जो इतने स्वस्थ दिखाई देते हो?**" उसने कहा-"**गुरुदेव! मैं जंगल में भूख लगने पर गायों का दूध पी लेता हूं।**" गुरु ने भविष्य में उसे गायों का दूध पीने से मना कर दिया, फिर भी उसके स्वास्थ्य पर कोई असर नहीं पड़ा। गुरुदेव ने पुनः उसके पहले की भांति स्वस्थ रहने का कारण पूछा, तो उसने कहा-"**गुरुदेव! मैं बछड़े के मुंह से निकलने वाले झागों को चाटकर अपनी भूख मिटाता हूं।**" गुरुदेव ने कहा-"**तब तो गायों के बछड़े तुम पर दया कर अधिक झाग छोड़कर स्वयं भूखे रह जाते होंगे!**" उन्होंने उससे झागों को भी न पीने के लिए कह दिया।

एक दिन शाम को जब उपमन्यु वापस नहीं लौटा, तो गुरुदेव को चिंता हुई। वे उसे खोजने जंगल में गए। उसे पुकारने पर उपमन्यु बोला-"**गुरुदेव! मैं यहां एक कुएं में पड़ा हुआ हूं। मैं अंधा हो गया हूं।**" तुम्हारी यह हालत कैसे हुई, यह पूछने पर वह बोला-"**आपने झाग न चाटने के लिए कहा था। बहुत जोर की भूख लगने पर मैंने आक के पत्ते खा लिए और अंधा होकर इस कुएं में गिर पड़ा।**" गुरुदेव द्वारा अश्विनीकुमारों की आराधना करने की आज्ञा देने पर, उसने उनकी आराधना की और उसको अपनी खोई हुई दृष्टि वापस मिल गई।

उपमन्यु आत्मानुशासन की मिसाल है। गुरु-आज्ञा उसके लिए सर्वोपरि थी। वह चाहता, तो आसानी से अनुशासन भंग कर सकता था। गुरुदेव जंगल में उस पर दृष्टि तो रख नहीं रहे थे, लेकिन उसने ऐसा नहीं किया और अपने अनुशासन के बल पर उनका प्रिय शिष्य बन गया।

हमारे ऋषि-मुनियों और महापुरुषों का समूचा जीवन अनुशासनबद्ध था। उन्होंने स्वयं की सीमाएं तय कर रखी थीं। उनका हर कदम नपा-तुला, संतुलित और समय में निबद्ध होता था, तभी तो उन्होंने साधारण मानव के स्तर से ऊपर उठकर समाज में अपना आदर्श स्थापित किया। यदि भूलवश उनका अनुशासन भंग हो जाता था, तो वे स्वयं को दण्ड भी देते थे।

एक बार एक शिष्य से गुरु के प्रति अपराध हो गया। उसके गुरुदेव ने तो उससे कुछ नहीं कहा, लेकिन वह पश्चात्ताप की अग्नि में निरंतर जल रहा था। उसने एक दिन मौका पाते ही गुरुदेव से पूछ लिया-**"गुरुदेव! मैंने आपका अनुशासन भंग किया है, मैं अपराधी हूं। कृपया यह बताइए कि इस अपराध का दंड क्या है?"** गुरुदेव ने कहा कि तुम पश्चात्ताप की अग्नि में जल रहे हो, बस इतना काफी है। उसके बार-बार पूछने पर गुरुदेव ने कहा-**"शास्त्रों में ऐसा लिखा है कि गुरु के अपराधी को तिनके की आग में जलकर भस्म हो जाना चाहिए।"** शिष्य ने भूसे के ढेर की आग में जलकर स्वयं को समाप्त कर लिया।

आज का शिष्य स्वयं को दण्ड देने के बजाय अनुशासन भंग होने पर गुरु को ही दण्ड देने की सोचता है। पहले जब कोई भी बच्चा गुरु के पास पढ़ने जाता था, तो उसके मां-बाप कहते थे कि मास्सा'ब! 'हाड़-हाड़ हमारे, मांस-मांस आपका। अगर ये कोई गलती करे, तो खूब मारना, हम आपसे शिकायत करने नहीं आएंगे। अध्यापक गलतियों पर उसे खूब मारते थे, लेकिन उनके पास कोई शिकायत करने नहीं जाता था। लेकिन आज यदि 'टीचर' बच्चे को मार देता है, तो उसके मां-बाप अपने 'लाड़ले' की शिकायत लेकर उसकी छाती पर सवार हो जाते हैं। परिणामतया बच्चे उच्छृंखल होते जा रहे हैं। उनका हौसला इतना बढ़ गया है कि आठवीं का छात्र जरा-सी बात पर झगड़ा होते ही अपने घर से पिस्तौल लाकर अपने साथी को मौत के घाट उतार देता है।

अनुशासन किसी पर जबरन नहीं थोपा जा सकता। वह तो स्वप्रेरणा से अंदर से उभरकर बाहर आता है। हमने देखा है कि जिन बच्चों पर हर समय पाबंदी लगाई जाती है, उनकी हर बात पर टोका-टाकी की जाती है, वे पहले तो कुंठित होते हैं, बाद में विद्रोही बन जाते हैं। बच्चे को अनुशासन का पाठ पढ़ाया जाए

और उस पर बारीकी से दूर से नजर रखी जाए, तो अच्छा! उन्हें प्यार से समझाया जाए और बार-बार गलतियां करने पर ही दंडित किया जाए।

राष्ट्रपिता महात्मा गांधी ने अपनी मां के समझाने पर विदेश में स्वानुशासन रखा। उनके मित्रों के कहने पर भी उन्होंने अनुशासन भंग नहीं किया। उन्होंने जीवन भर अनुशासन में रहकर कार्य किया और निरंतर सफलता प्राप्त की। अनुशासन भंग होने पर वे स्वयं को व्रत रखकर या मौन रहकर प्रताड़ित करते। पूर्व प्रधानमंत्री लालबहादुर शास्त्री का पूरा जीवन अनुशासन की मिसाल है। उन्होंने जो नियम अपने लिए लागू कर रखे थे, उसी का पालन उनकी पत्नी और बच्चे करते थे। किसी की मजाल नहीं कि कोई अनुशासन भंग कर दे!

एक बड़ी मजेदार घटना उनके जीवन की है। शास्त्रीजी रात का खाना अपने परिवार के साथ ही खाते थे। उन्हें रसगुल्ले बहुत प्रिय थे। भोजन के अंत में सबको एक-एक रसगुल्ला वे स्वयं अपने हाथों से देते थे। उनका कोई भी बच्चा यदि गलती करता था, तो रात के भोजन के अंत में उसे रसगुल्ला नहीं दिया जाता था, इससे उसे अपनी गलती का एहसास हो जाता था। वह अपनी गलती के लिए क्षमा मांगता था और भविष्य में उसे न दुहराने का वादा करता था, तब उसे पुनः रसगुल्ला दिया जाता था।

अनुशासन-पालन का उनका यह अपना तरीका था। अनुशासनबद्ध जीवन-चर्या अपनाकर शांतिकुंज, हरिद्वार के संस्थापक पं. श्रीराम शर्मा आचार्य ने अद्भुत शक्ति और दिव्यता प्राप्त की। एक साधारण मानव से वे महामानव बन गए। मध्य रात्रि एक बजे से प्रातःकाल पाँच बजे तक अनवरत चार घंटे नित्यप्रति गायत्री-जप करना उनकी चर्या का अंग था। उनकी इस चर्चा में कभी कोई व्यवधान नहीं आया। चाहे उनके समक्ष कितनी भी विषम परिस्थितियां क्यों न आई हों! इस तरह उन्होंने 24-24 लाख के 24 गायत्री-पुरश्चरण किए और गायत्री-साक्षात्कार किया। वे गाय को जौ खिलाकर उसके गोबर में से जो जौ के दाने निकलते थे, उन्हें बीन-साफ कर उनकी रोटी बनवाते थे और गाय की छाछ से खाते थे। यह व्रत उन्होंने आजीवन निभाया।

ऐसे तपस्वी प्रणम्य हैं। धन्य है उनका अनुशासन! हम अनुशासन के मामले में प्रकृति से भी प्रेरणा ले सकते हैं। प्रकृति अनुशासन का जीवंत रूप है। सूर्य-चंद्र व तारागणों का समय पर निकलना; अस्त होना, ऋतुओं का समय पर आना, पशु-पक्षियों की चर्या आदि ऐसे उदाहरण हैं, जिनमें पग-पग पर अनुशासन के दर्शन होते हैं। हमसे तो पशु-पक्षी श्रेष्ठ हैं, जो स्वानुशसन में रहते हैं। मनुष्य का किसी कार्य के करने का काल निश्चित नहीं है। पशु-पक्षियों का प्रजनन

काल निश्चित है। वे भूख लगने पर ही खाएंगे, पेट भर जाने पर आप कितना भी खिलाने की कोशिश करिए, वे अपना मुंह फेर लेंगे। पेट में अफारा हो जाने पर भोजन छोड़ देंगे। निश्चित समय पर सोएंगे, जागेंगे। वे कभी बीमार नहीं पड़ते। हमें प्रकृति से अनुशासन सीखना होगा, तभी हम अपने जीवन में सफलता प्राप्त कर सकते हैं।

यदि हमें अपने जीवन में सफलता के स्वर्णिम सोपानों पर चढ़ना है, तो हमें अपने पूर्वजों, प्रकृति आदि से शिक्षा ग्रहणकर अनुशासन का पाठ सीखना होगा।

यदि हमें अपने जीवन में सफलता के स्वर्णिम सोपानों पर चढ़ना है, तो हमें अपने पूर्वजों, प्रकृति आदि से शिक्षा ग्रहणकर अनुशासन का पाठ सीखना होगा। **हमसे उम्र में छोटा व्यक्ति भी हमको अनुशासन सिखा सकता है। नचिकेता, ध्रुव, प्रह्लाद, एकलव्य, शुकदेव, वामन जैसे वैदिक-पौराणिक पात्र हमारे प्रेरणास्रोत हो सकते हैं। स्वानुशासन में रहकर हम अपने आप में सुधार कर अपना और अपने राष्ट्र का भला कर सकते हैं। अनुशासन हमारी सफलता को सुनिश्चित करने में महती भूमिका निभा सकता है।**

●●●

27

विनम्रता व शिष्टता दैवीय गुण हैं

विनम्रता और शिष्टता किसी भी व्यक्ति के ऐसे गुण हैं, जिनका आश्रय लेकर वह विपरीत-से-विपरीत परिस्थितियों के संकट को भी आसानी से टाल सकता है। ये दो ऐसे आभूषण हैं, जो अन्य गुणों की सारी पूंजी खर्च हो जाने पर आपद्‌काल में उसके काम आकर उसको सहारा देते हैं। इससे आप विरोधियों को भी अपना बना सकते हैं। यदि आप अपने आलोचकों, शत्रुओं की आक्रामकता का उत्तर विनम्रता से देंगे, तो आपके सामने तो नहीं; वे आपकी पीठ-पीछे एक दिन आपकी प्रशंसा अवश्य करेंगे।

एक लड़के की विमाता अपने सौतेले पुत्र के साथ बहुत दुर्व्यवहार करती थी। उसको खूब जली-कटी सुनाती और कभी-कभी मारने के लिए भी उद्यत हो जाती, लेकिन वह उससे कुछ नहीं कहता था। केवल आंखों में आंसू भरकर सिर नीचा किए रहता। इस पर वह कहती **"क्यों! क्या तेरे मुंह में जुबान नहीं है? गूंगा-बहरा है क्या?"** इस बात पर वह सिर्फ इतना कहता-**"मां! आप मेरे भले के लिए ही कहती हैं। मैं बहुत गलतियां करता हूं।"** यह बात सुनकर वह अपने पैर पटकते हुए बाहर चली जाती। जबकि वह अपने सगे बच्चों से कुछ कहती, तो वे उसे बात-बात पर टका-सा जवाब दे देते। वह खून का घूंट पीकर चुप रह जाती।

जब कभी वह अपनी परिचित सहेलियों के साथ बैठती, तो अपने सौतेले लड़के की तारीफ करते हुए कहती कि उसने आज तक मुझे कभी पलटकर जवाब नहीं दिया, जबकि मेरे बच्चे नालायक निकल गए हैं।

हमारे संस्कृत ग्रंथों में विनम्रता की प्रशंसा करते हुए कहा गया है-

"विद्या ददाति विनयम्, विनयाद्याति पात्रताम्"

(विद्या विनय देती है और विनय पात्रता देता है।)

विद्यासम्पन्न व्यक्ति विनम्र बन जाता है, जैसेकि फलदार वृक्ष फल आने पर झुक जाते हैं; ताकि लोग उनका सदुपयोग कर सकें। विनम्र व्यक्ति में सद्‌गुणों को ग्रहण करने की पात्रता आ जाती है। लेकिन आजकल तो इस कथन का उल्टा देखने को मिल रहा है। आवश्यक नहीं कि विद्यासम्पन्न व्यक्ति विनम्र हो ही! वह उद्दंड भी हो सकता है और सफलता भी अर्जित कर सकता है। एक

विनम्र और शिष्ट व्यक्ति को मूर्ख समझकर उसका उपहास उड़ा सकता है और उससे अपना उल्लू सीधा कर सकता है। लेकिन विनम्र और शिष्ट व्यक्ति के सद्गुणों का लोहा आखिरकार सभी को मानना पड़ता है।

पुराणों में भृगु ऋषि की एक कथा आती है। एक बार भृगु, भगवान विष्णु से मिलने क्षीरसागर में गए। उन्होंने देखा कि भगवान शेष-शय्या पर विराजमान हैं और माता लक्ष्मी उनके चरण दबा रही हैं। भृगु ने जब यह दृश्य देखा, तो मायावश भगवान को गलत समझकर कहा-**"मैं जिस विष्णु की पूजा करता हूं, वह तो कामी है, जो एक स्त्री से अपनी सेवा करा रहा है।"** क्रोध में आकर उन्होंने भगवान की छाती पर लात मार दी। भगवान ने उनके चरण पकड़कर कहा-**"ऋषिवर! आपके चरणों में चोट तो नहीं लगी; क्योंकि मेरा वक्षस्थल वज्र से भी कठोर है और आपके चरण-कमल अति कोमल हैं।"**

कवि रहीमदासजी ने इस घटना का उल्लेख करते हुए अपने एक दोहे में कहा है-

"का रहीम हरि को घट्यो जो भृगु मारी लात"

(रहीमदासजी कहते हैं कि भगवान श्रीहरि का क्या घट गया, जो भृगु ऋषि ने उनके लात मार दी।)

भगवान विष्णु की विनम्रता के समक्ष भृगु पानी-पानी हो गए और उनसे क्षमा-याचना की। भगवान विष्णु क्रोधित हो जाते, तो ऋषि की क्रोधाग्नि में उनका क्रोध घी का कार्य करता।

इस कथा का ही दूसरा पहलू भी है। ऋषि की अशिष्टता देखकर लक्ष्मीजी बोलीं-**"भृगु! तुमने मेरे पति का अपमान किया है। आज से मैं ब्राह्मणों के यहां नहीं जाऊंगी।** इस बात पर क्रोधित होते हुए भृगु ने कहा-**"मैं एक ऐसा ग्रंथ रच जाऊंगा कि जिस किसी ब्राह्मण के पास यह ग्रंथ होगा, वह कभी दरिद्र नहीं रहेगा।"** ऋषिवर ने तब 'भृगु संहिता' की रचना की।

किसी भी व्यक्ति की क्रोधाग्नि को केवल विनम्रता के शीतलजल से शांत किया जा सकता है। क्रोध से तो क्रोध ही भड़कता है।

विनम्रता और शिष्टता से पराए भी अपने हो जाते हैं। हमारी वाणी से ही हमारा शिष्टाचार प्रकट होता है और विनम्रता झलकती है। अतः वाणी पर संयम बहुत आवश्यक है। प्रिय बोलने से सभी प्राणी प्रसन्न होते हैं। प्रिय बोलने वाले के प्रत्येक हाव-भाव से शिष्टाचार की झलक मिलती है, जो उसे औरों से अलग करती है। वह अपने मौन से ही बहुत-कुछ कह सकता है, जिससे दूसरा व्यक्ति प्रभावित हुए बिना नहीं रह सकता-

प्रिय वाक्य प्रदानेन सर्वे तुष्यन्त जन्तवाः।
तस्माद् तदैव वक्तव्यं वचने का दरिद्रता॥

विनम्र बनने के लिए वचनों की सम्पन्ता बहुत काम आती है। वचन बोलने में कृपणता नहीं करनी चाहिए; क्योंकि हर व्यक्ति प्रिय बोलने से संतुष्ट होता है। यदि दूसरे व्यक्ति के साथ अच्छा व्यवहार करेंगे, उसका सम्मान करेंगे, उसके साथ शिष्टाचार से पेश आएंगे, विनम्र होंगे, तो लाख विरोधी होने के बावजूद एक दिन उसकी अंतरात्मा उसको धिक्कारेगी और वह आपके सामने नतमस्तक हो जाएगा। हमारा व्यवहार एक दर्पण है, जो हमें हमारी सच्चाई दिखाता है। यदि हम चाहते हैं कि दूसरे व्यक्ति भी हमसे शिष्टाचार से पेश आएं, विनम्रता दिखाएं, तो हमें भी उनके साथ वैसा ही व्यवहार करना होगा। विनम्रता वह गुण है, जिसके आगे क्रूर-से-क्रूर व्यक्ति भी आत्मसमर्पण कर देता है।

भगवान बुद्ध एक बार जंगल में कहीं जा रहे थे। उस मार्ग में डाकू अंगुलिमाल का बहुत आतंक था। भगवान बुद्ध को लोगों ने उस मार्ग से जाने के लिए मना किया, लेकिन वे नहीं माने। डाकू अंगुलिमाल अपने 'शिकार' को मारकर उसकी अंगुलियां काट लेता था और उनकी माला बनाकर अपने गले में पहनता था। भगवान बुद्ध निर्भय होकर उस रास्ते पर बढ़ते गए। उनका सामना अंगुलिमाल से हुआ। अंगुलिमाल आक्रामक होकर उनकी ओर झपटा, तभी बुद्ध ने कहा-**"अंगुलिमाल!"** विनम्रता उनके चेहरे से टपक रही थी। उन्होंने उसकी आंखों-में-आंख डालकर देखा और उसका हाथ वहीं जकड़ गया। वह तलवार फेंककर उनके चरणों में गिर पड़ा।

भगवान बुद्ध की विनम्रता के आगे एक क्रूरतम डाकू नतमस्तक हो गया और सदैव के लिए उनका शिष्य बन गया।

विनम्र और शिष्ट व्यक्ति अपने आलोचकों और शत्रुओं से भी घृणा नहीं करता; क्योंकि उसके मन में किसी से बदला लेने या किसी से द्वेष करने की भावना नहीं होती। वह क्षमादान देने में विश्वास करता है। वह मानता है कि सब-कुछ परिस्थितियोंवश हो रहा है। वह हर बात का मनोवैज्ञानिक पहलू देखकर उसका समाधान करने की कोशिश करता है।

अमरीका के राष्ट्रपति अब्राहम लिंकन के बहुत से विरोधी थे, जो बात-बात में उनकी आलोचना करने और उन्हें नीचा दिखाने की कोशिश करते थे, लेकिन लिंकन पर इस बात का कोई असर नहीं पड़ता। वे अपनी विनम्रता, शालीन व्यवहार और शिष्टाचार जैसे अमूल्य गुणों से उनका दिल जीतने की कोशिश करते। यदि उनका विरोधी योग्य होता, तो वे उसकी प्रशंसा करते और उसका सम्मान करते हुए उसके लिए उचित पद भी देते। उनके विरोधी उनके इस गुण की दबी जुबान से प्रशंसा करते थे।

आपने कविता की वह पंक्ति तो सुनी होगी-

जो ताकूं कांटे बुवे, वाय बो तू फूल

जो तेरे मार्ग में कांटे बिछाए, उसके लिए तू फूल बो-यही सीख विनम्र व्यक्ति देता है। वह कांटे से कांटा नहीं निकालता। उसके विरोधी अपना कार्य करते हैं, और वह अपना! जब वे अपनी दुष्टता नहीं छोड़ सकते, तो विनम्र व्यक्ति अपनी शालीनता कैसे छोड़ सकता है?

गांधीजी को एक व्यक्ति ने थप्पड़ मारा, तो उन्होंने अपना दूसरा गाल भी उसकी ओर कर दिया कि इस पर भी मारो! दूसरे गाल पर थप्पड़ मारने से भी वह पीछे नहीं हटा। यदि कोई संवेदनशील व्यक्ति होता, तो दूसरे गाल पर थप्पड़ मारने में उसकी अंतरात्मा कांप जाती। लेकिन कभी-कभी ऐसे विनम्र व्यक्ति को लोग दब्बू, कायर, मूर्ख आदि समझते हैं, तभी तो गांधीजी की बात के विपरीत नेताजी सुभाषचंद्र बोस ने कहा था-**"यदि कोई मेरे एक गाल पर थप्पड़ मारता है, तो मैं उसके गाल पर घूंसा मारकर उसका जबड़ा तोड़ दूंगा।"**

लेकिन गांधीगिरी का ही लोहा दुनिया आज भी मानती है। विनम्रता के आगे आततायी की भी रूह कांप जाती है।

विनम्र व्यक्ति अहंकारशून्य हो जाता है। वह प्रकृति के सभी प्राणियों में समभाव देखता है। उसकी अहंकारशून्यता ही उसे सर्वत्र सम्मान का पात्र बनाती है। सम्मान पाने पर भी उसमें घमंड नहीं आता, बल्कि वह पहले से और अधिक विनम्र हो जाता है। वह सबकी भलाई के लिए प्रार्थना करता है। वह वैश्विक प्राणी हो जाता है और इस समूची पृथ्वी को अपना कुटुंब मानता है।

महात्मा गांधी को जब नाथूराम गोडसे ने गोली मारी, तो गांधीजी ने उसके बारे में कहा था-**"इसको दण्ड मत देना!"**

जब ईसा मसीह को 'क्रूस' पर लटकाया गया, तो उन्होंने 'गॉड' से प्रार्थना की-

"Forgive them O Lord! Because they don't know what they are doing?

(हे ईश्वर! इन्हें माफ कर देना क्योंकि वे यह नहीं जानते कि वे क्या कर रहे हैं?)

विनम्रता की यह सर्वोच्च सीमा है। विनम्रता दैवीय गुण विकसित करती है और व्यक्ति को मानवीय धरातल से ऊंचा उठाकर उसमें देवत्व जगाती है।

शालीन व्यक्ति धीर-गंभीर होता है। वह सागर जैसा होता है, जिसमें कई नदियों का जल समाहित हो जाता है, फिर भी वह अपनी सीमा नहीं लांघता। उसमें असंख्य रत्न होते हैं, लेकिन उसकी गहराई का कोई पता नहीं लगा सकता, जबकि अशिष्ट और अशालीन व्यक्ति छोटी-छोटी बरसाती नदी-नालों की तरह होते हैं, जो अपनी सीमाएं लांघ जाते हैं।

विनम्र व्यक्तियों की चाल-ढाल सधे हुए कदमों वाली होती है। उनमें स्थिरता रहती है। उनके किसी क्रियाकलाप में हड़बड़ाहट नहीं होती। चेहरे पर शांति और मुस्कान उनकी पहचान होती है। वह नींव की ईंट की तरह होते हैं, जो लोगों की नजरों से दूर होते हुए अपना काम बिना प्रचार के करना पसंद करते हैं। वे बकवादी नहीं होते, शब्द-संतुलन उनकी पहचान होती है। वे चुपचाप रहकर अपना काम करना पसंद करते हैं। एक विद्वान के अनुसार-**"किसी भी व्यक्ति का सुसंस्कृत व्यवहार और सबको अपना बनाने की क्षमता उसके विनम्र और शालीन होने का प्रमाण है। वह अपनी सीमाएं पहचानता है और कभी भी लक्ष्मण-रेखा नहीं लांघता।"**

एक सज्जन रेलगाड़ी से सफर करते स्टेशन पर उतरे और 'कुली-कुली' पुकारने लगे, लेकिन कोई कुली नहीं आया। अचानक उन्हें सामने लुंगी बांधे हुए एक व्यक्ति दिखाई दिया। उन्होंने उससे कहा कि वह उनका सामान स्टेशन से बाहर 'ऑटो रिक्शा' में रख दे। बिना उत्तेजित हुए उस लुंगी वाले ने जवाब दिया-**"श्रीमान्! मैं इस ट्रेन का प्रथम श्रेणी का यात्री हूं। आप तलाशिए, कोई कुली आपको अवश्य मिल जाएगा।"** इतना कहकर वह 'ट्रेन' के ए. सी. वाले डिब्बे में चढ़ गया। उसकी विनम्रता और शिष्ट-शालीन व्यवहार से वे सज्जन प्रभावित हुए बिना नहीं रह सके। उनकी जगह अन्य कोई व्यक्ति होता, तो कहता-**"क्या मैं तुम्हें कुली नजर आ रहा हूं? दिखता नहीं क्या?"** लेकिन लुंगी वाले सज्जन ने बड़ी आसानी से अपने क्रोध पर काबू पाकर अप्रिय स्थिति को टाल दिया।

विनम्र व्यक्ति क्रोधी नहीं होते। क्रोध आने पर वे उसको पी जाते हैं। वे झगड़े को टाल देते हैं।

विनम्र व्यक्ति क्रोधी नहीं होते। क्रोध आने पर वे उसको पी जाते हैं। वे झगड़े को टाल देते हैं। **विनम्र व्यक्ति में अपार धैर्य होता है। उसकी सहनशक्ति अच्छी होती है। वह अपनी विनम्रता और सहनशीलता के कारण क्रूर और हठी व्यक्तियों को झुकाने में कामयाब हो जाता है।**

निथाई और मथाई दो भाई थे। बड़े ही उद्दंड और क्रूर स्वभाव के! भगवद्भजन में उनका मन नहीं लगता था और वे अच्छे लोगों को सताते थे। आवारा घूमना, ढेर सारा भोजन करना और लोगों को अपनी शारीरिक शक्ति से परेशान करना-यही उनकी दिनचर्या थी। उनके गांव में एक बार एक वैष्णव संत आए। उन्होंने जब निथाई-मथाई के विषय में सुना, तो उन्हें भगवद्भजन में रमाने का संकल्प ले लिया। वे जब उन दुष्टों के पास जाकर कहते-**'हरि बोल'**, तो

वे उन्हें गालियां देते, उनको मारने दौड़ते, लेकिन संत का प्रयास जारी रहा। एक बार तो हद हो गई! जब वे उनसे **'हरि बोल, बोल, हरि बोल!'** कह रहे थे, उन्होंने एक भारी घड़ा उनके सिर पर मार दिया, जिससे उनका सारा शरीर लहूलुहान हो गया, तब उन संत ने उन्हें पकड़कर अपनी छाती से लगा लिया और **'हरि बोल, हरि बोल'** कहने लगे। अचानक निथाई-मथाई का हृदय परिवर्तित हुआ और वे **'हरि बोल, हरि बोल'** कहते हुए नाचने लगे और बाद में महान संत बने।

उन संत पुरुष की विनम्रता, अपार धैर्य, साहस, संकल्पशक्ति के कारण निथाई-मथाई जैसे दुष्टों का हृदय-परिवर्तन हो गया।

अशिष्ट व अशालीन व्यवहार का परिणाम कभी सुखद नहीं होता। इससे स्वयं का मन-शरीर तो विकारग्रस्त होता ही है, दूसरों को भी इससे कष्ट होता है। वे भी प्रतिक्रियास्वरूप वैसा ही व्यवहार करने लगते हैं। यह व्यवहार आकर्षण की जगह विकर्षण पैदा करता है और व्यक्ति में सकारात्मक ऊर्जा का स्तर धीरे-धीरे कम होता जाता है। अपने व्यक्तित्व में चुंबकीय बल पैदा करने और अपनी सकारात्मक ऊर्जा का स्तर पूर्ववत् बनाए रखने अथवा उसमें वृद्धि करने के लिए हमें विनम्र बनना ही होगा। इससे हमें सभ्य और सुसंस्कृत नागरिक के रूप में पहचान मिलेगी। हमें अपनी पहचान एक ऐसे शिष्ट व्यक्ति के रूप में बनानी है, जो राग-द्वेष रहित, ईर्ष्या-कटुता को त्यागने वाला, लोभ-दंभ-क्रोध से सदा दूर रहने वाला, परोपकारी और सबका भला चाहने वाला हो।

मात्र स्वयं तक सीमित रहने वाला, स्वार्थी, पाखंडी व्यक्ति सच्चे अर्थों में विनम्र नहीं हो सकता। इसके लिए हमें प्राणिमात्र के प्रति संवेदनशील बनना होगा। उनके दु:ख-दर्दों; अच्छे-बुरे दिनों में उनका साथ देना होगा, तभी हम सच्चे अर्थों में विनम्र व शालीन बन पाएंगे।

लेकिन आजकल के इस संक्रमित युग में विनम्रता, शालीनता व शिष्टता को लोग ऋणांक देते हैं। ऐसे व्यक्तियों को मूर्ख समझकर दूसरे उनका उपहास करते हैं। ये जमाना आतंकवाद का है, अत: हर व्यक्ति शक के दायरे में है। अपने काम से काम रखने वाला व्यक्ति पसंद किया जाता है। यदि आप विनम्र व शालीन दिखने की कोशिश करेंगे, तो लोग आपकी ओर शक की सुई घुमा देंगे, लेकिन सच्चाई एक दिन लोगों की आंखें खोल देती है। आप अपना काम करते रहिए।

●●●

28

छोटी-छोटी बातों की उपेक्षा हानिकारक है

व्यक्ति के जीवन में छोटी-छोटी बातें बहुत महत्त्व रखती हैं। उनकी अपेक्षा करने पर उस पर बड़ा संकट आ सकता है। हम लोग अक्सर उन पर ध्यान नहीं देते हैं और अपनी नादानी से अपना काम बिगाड़ लेते हैं।

बीज छोटा है जरूर; लेकिन उसमें विशाल वृक्ष छिपा हुआ है। हमने उसको जमीन में बो तो दिया, लेकिन उसके विकास के लिए आवश्यक पानी, प्रकाश, हवा, खाद इत्यादि का ध्यान नहीं रखा, तो वह असमय ही कुम्हला जाएगा। एक शिशु है; है तो वह नन्हा-सा, लेकिन मां उसका कितना ध्यान रखती है! पानी की तरफ तो नहीं जा रहा, आग तो नहीं छू रहा, बिजली को तो नहीं पकड़ रहा, मुंह में कोई ऐसी-वैसी चीज तो नहीं डाल रहा...न जाने कितनी छोटी-छोटी बातें हैं, जिनका हर समय ख्याल रखकर वह उसको 'बड़ा' कर पाती है। यदि मां छोटी-छोटी बातों की उपेक्षा करने लगे, तो शिशु का विकास संभव नहीं।

एक फिल्म आपने देखी, आपको बहुत पसंद आई। आपने उसे संपूर्णता में देखा, लेकिन आपने कभी विचार किया कि उसको सफल बनाने में छोटे-से-छोटे कार्यकर्ता का कितना योगदान है! आप तो फिल्म के हीरो-हीरोइन और निर्देशक की प्रशंसा करेंगे। यदि फिल्म-निर्माण में सहयोगी कोई भी छोटा कार्यकर्त्ता अपनी जिम्मेदारी भली-भांति नहीं निभाता, तो क्या फिल्म का यह रूप उभरकर आपके समक्ष आ सकता था?

यदि हम रेत के नन्हें कणों के योगदान को नकार दें, तो क्या पर्वत की कल्पना की जा सकती है। बूंदों के अस्तित्व को नकारकर महासागर के रूपाकार का वर्णन नहीं किया जा सकता। हमें अपने जीवन में छोटी चीजों का महत्त्व समझना ही होगा।

एक बार पूर्व प्रधानमंत्री लालबहादुर शास्त्री पाकिस्तान यात्रा पर गए। वे कद में छोटे थे, लेकिन गुणों में बहुत बड़े थे। पाकिस्तान के शासक लियाकत अली खान सात फुट के जवान थे। जब दोनों एक-दूसरे से रू-ब-रू हुए, तो खान साहब उनके कद को देखकर अनायास हंस पड़े और व्यंग्य से बोले-**"शास्त्री**

जी! मेरे सामने आप बहुत छोटे-से दिखते हैं।" खान साहब ने सोचा, शास्त्री जी निरुत्तर होकर बगले झांकने लगेंगे, लेकिन शास्त्रीजी तपाक से बोले-**"तभी तो आप सिर झुकाकर बात कर रहे हैं और मैं सिर उठाकर बात कर रहा हूं।"**

वास्तव में शास्त्रीजी का छोटा कद उस समय उनके लिए गर्व का विषय बन गया था।

आपने चींटी को देखा होगा। वह एक-एक दाना इकट्ठा करती है और अपने बिल में खाद्य-सामग्री का ढेर लगा देती हैं। प्यास से मरते व्यक्ति के मुंह में पानी की दो बूंदें ही अमृत का कार्य करेंगी। भूखे व्यक्ति के लिए आपकी बेकार बासी रोटी भी संजीवनी का कार्य करेगी।

भगवान बुद्ध ने कहा है-**"मनुष्य को कोई भी कार्य करते समय उस पर पूरी शक्ति से टूट पड़ना चाहिए। छोटे-छोटे कामों की उपेक्षा करना या उन्हें हल्के ढंग से लेना दुर्बलता और मूर्खता की निशानी है।"**

महात्मा गांधी के जीवन की अनेक घटनाएं हैं जो हमें सिखाती हैं कि छोटी चीजों को भी संभालकर रखना चाहिए। वे किसी बेकार समझे जाने वाली चीज को भी बेकार नहीं जाने देते थे, समय पर उसका भी सदुपयोग कर लेते थे।

भारत के स्वतंत्रता आंदोलन में महात्मा गांधी के आह्वान पर अनेक महिलाओं ने अपने जेवर दान कर दिए। एक सभा में गांधीजी के भाषण के पश्चात् एक महिला अपने सारे जेवर उनकी चादर में डालकर चली गई। उनके सहयोगी ने उन्हें सहेज लिया। वापस आने पर जब उन्होंने जेवरों को देखा, तो पता चला कि कान के एक 'ऐरन' का छोटा-सा पेंच गायब है। गांधीजी परेशान हो गए। उन्होंने अपने सहयोगी से अविलम्ब सभास्थल पर जाकर उसे ढूंढ़ने के लिए कहा। यद्यपि दूसरे व्यक्ति की दृष्टि में यह मूर्खतापूर्ण कार्य हो सकता है **"दान की बछिया है, उसके हर दांत की पड़ताल करेंगे क्या?"** लेकिन गांधीजी को चैन कहां? जेवरों के ढेर में छोटे-से पेंच की फिक्र! सहयोगी गए और वहां से ढूंढकर उस पेंच को लाए, तब गांधीजी को चैन पड़ा।

एक महिला घरेलू खर्च में से रोजाना एक रुपया बचाती थी। उसने बचत करने के बाद उस रकम को कभी नहीं गिना। रकम धीरे-धीरे जमा होती रही। किसी कारणवश उसके पति की नौकरी छूट गई, वह पैसे-पैसे को मोहताज रहने लगा। अचानक उस महिला को अपनी जमा की हुई रकम की सुध आई। उसने देखा कि उसके पास आठ हजार रुपए हैं। उसने वह रकम अपने पति को दे दी जिससे उसने अपना व्यापार शुरू किया और बाद में एक धनी आदमी बन गया। उस महिला की छोटी बचत ने ही आड़े वक्त में उसका साथ दिया।

हम अक्सर छोटी बातों पर ध्यान नहीं देते। आपकी सूर्योदय के बाद जागने की आदत है। इससे आपकी पूरे दिन की चर्या गड़बड़ा जाती है। छोटी-सी बात है, लेकिन है बड़े पते की! आप सूर्योदय से पूर्व उठना शुरू कर दीजिए। आपका हर काम समय पर पूरा होता चला जाएगा। आपका स्वास्थ्य सही नहीं रहता, आप समय पर नाश्ता, भोजन आदि करना शुरू कर दीजिए, खाद्य-पदार्थों का ध्यान रखिए कि क्या खाना है और क्या नहीं खाना! आपकी स्वास्थ्य-रक्षा तो होगी ही, डॉक्टरों के अनाप-शनाप खर्चों से भी बच जाएंगे। आपको केवल अपने में परिवर्तन लाना है, छोटे-से समय को 'सैट' करना है बस!

आप जब खाना खाएं, तो उसे यह सोचकर खाएं कि मैं अमृत खा रहा हूं। मेरे शरीर में अमृत प्रवेश कर रहा है। सच मानिए, आप देखेंगे कि आपके स्वास्थ्य में क्रांतिकारी परिवर्तन हो रहा है। आपके चेहरे पर ओज-तेज की वृद्धि हो रही है।

सागर (म.प्र.) के एक सज्जन हैं पाठक जी! पिछले बारह वर्षों से केवल दूध और फल तथा उबली सब्जी ले रहे हैं। मैंने जब उनसे 'सिंथेटिक दूध' के विषय में जिक्र करते हुए कहा कि यात्रा के दौरान इस समस्या का सामना कैसे करते हैं? तो उन्होंने छोटी-सी बात बताई-**"मैं ऐसा मौका आने पर उसे भी शुद्ध दूध की भावना करके पीता हूं। मुझे वह कोई हानि नहीं पहुंचाता।"**

कई लोगों की बात-बात में गाली देने की आदत होती है। गाली देने वाला व्यक्ति न मौके की नजाकत समझता है और न स्त्री-पुरुष में भेद कर पाता है। उसके मुंह पर तो वह गाली हर समय चढ़ी रहती है। गाली के अलावा भी वह किसी शब्द का बार-बार प्रयोग करता है, जिसे 'तकिया कलाम' कहते हैं। वह यह आदत छुड़ा नहीं पाता और कई बार अपनी बुरी आदत के कारण उसे शर्मिंदा भी होना पड़ता है, लेकिन वह उससे बाज नहीं आता।

वह व्यक्ति किसी महिला से बात कर रहा है और उसके मुंह से वह गाली बार-बार निकल रही है, तो आप स्थिति की कल्पना कर सकते हैं। यदि नौकरी के लिए साक्षात्कार में वह अपनी आदत पर काबू नहीं कर पाया, तो उसका किसी पद हेतु चयन नहीं हो पाएगा।

एक व्यक्ति को बात-बात में 'बहुत अच्छे' कहने की आदत थी। एक सज्जन ने जब उसे अपनी मां की मृत्यु का समाचार सुनाया, तो उसने अचानक कहा-**"बहुत अच्छे!"**

बहुत-से लोगों की बात करते समय आंख मिचकाने की आदत होती है। इससे उनका आत्मविश्वास डगमगा जाता है। किसी अधिकारी या महिला से बात करते हुए यदि वे आंख मिचकाएंगे, तो स्थिति बिगड़ेगी ही।

आपके गले में खुश्की है। आप सड़क पर जा रहे हैं, आगे कोई व्यक्ति जा रहा है। आप यदि बार-बार अपना गला साफ करेंगे, तो वह यह समझेगा कि यह मेरी मजाक बना रहा है। किसी से बातचीत करते समय यदि आपने इस प्रकार गला साफ किया, तो दूसरा व्यक्ति आपको एक नजर गौर से देखने पर विवश हो जाएगा। उसको गलतफहमी भी हो सकती है।

हमें लोक-व्यवहार में भी छोटी-छोटी बातों का ध्यान रखना चाहिए। कभी-कभी व्यक्ति अपनी रौ में बहकर कोई बात कह तो जाता है, बाद में उसे ख्याल आता है, अरे! ये मैंने क्या कह दिया? आपके मुंह से निकला एक छोटा-सा शब्द सम्बन्धों में कटुता पैदा कर सकता है। इसलिए शब्दों को नाप-तौलकर ही अपनी जुबान से निकालना चाहिए।

एक छोटी-सी भूल से एक महिला को अपनी जान से हाथ धोना पड़ा। उसने आलपिन से अपने दांतों में फंसे अन्नकणों को निकालने का प्रयास किया, तो उसके जबड़ों में 'इन्फैक्शन' हो गया।

पिछले दिनों मैं अखबार में एक समाचार पढ़ रहा था कि ब्रिटिश कम्पनियों के अधिकारी शिष्टाचार और सभ्यता सीखने के लिए भारत आएंगे; क्योंकि दुनिया के अन्य देशों की अपेक्षा यहां के लोग ज्यादा शालीन, सुसंस्कृत और व्यावहारिक हैं। ब्रिटेन में काम करने वाले भारतीयों से जब ब्रिटिश लोग उनके नितम्बों पर बार-बार हाथ मारकर बात करते हैं या उनका चुम्बन लेने की कोशिश करते हैं; तो उन्हें बहुत बुरा लगता है। यद्यपि ये छोटी-सी बातें हैं ब्रिटिश लोगों के लिए-एकदम सामान्य, लेकिन इससे ब्रिटिश-भारतीयों के सम्बन्ध प्रभावित हो रहे हैं।

पड़ोसियों के बीच बच्चों को लेकर छोटी-छोटी बातों पर 'तू-तू, मैं-मैं' हो जाती है। कभी-कभी बात इतनी बढ़ जाती है कि उनके बीच सिरफुटौव्वल की नौबत आ जाती है। बोलचाल बंद हो जाती है, लेकिन वे लोग देखते हैं कि उनके बच्चे दोबारा बातचीत कर रहे हैं, एक साथ खेल रहे हैं। यदि वे थोड़ी-सी सहनशक्ति से काम लेते, तो उनके बीच ये नौबत ही न आती।

गर्मियों के दिनों में गांवों में अक्सर भीषण अग्निकांड होते रहते हैं। चूल्हे पर खाना बनाते समय निकली हुई चिंगारी घर के छप्पर को सुलगाती हुई पूरे घर को अपनी चपेट में लेकर आस-पड़ोस में फैलती हुई विकराल रूप धारण कर लेती है। यदि थोड़ी-सी सावधानी बरती जाए, तो इससे बचाव हो सकता है। माचिस की एक छोटी-सी तीली में बड़ी-से-बड़ी चीज को जलाने की ताकत है।

इस प्रकार यदि हम छोटी-छोटी बातों का ध्यान रखें, तो जीवन में सफलता प्राप्त कर सकते हैं।

●●●

29

कुछ अन्य महत्त्वपूर्ण बिंदु

(क) हृदय की विशालता का परिचय दें

जीवन में सफलता प्राप्त करने के लिए हमें मानसिक संकीर्णता के सीमित दायरे से मुक्त होकर अपने हृदय की विशालता का परिचय देना होगा। संकीर्ण मनोविचारों वाला व्यक्ति प्रगतिकामी नहीं हो सकता, वह कुएं के मेंढक की तरह होता है। मानसिक रूप से संकीर्ण विचारों वाले व्यक्ति की समस्त अंतर्निहित शक्तियां संकुचित हो जाती हैं। वह विकारों का घर बन जाती हैं। उसमें ईर्ष्या, द्वेष, अहंकार, मद, मोह, क्रोध जैसे दुर्गुण आ जाते हैं, जिनसे वह जीवन भर उबर नहीं पाता। वह हर बात पर शक करता है। वह कोल्हू के बैल की तरह 'स्व' की परिधि में ही घूमता रहता है। वह घोर निराशावादी हो जाता है।

यदि हम अपने हृदय की विशालता का परिचय देते हुए दूसरों के प्रति सहिष्णु तथा उदार बनेंगे, तो हमें दुनिया सुंदर लगने लगेगी। हम व्यक्ति के गुणों को देखने का प्रयास करें। अवगुण किसमें नहीं होते, गलतियां कौन नहीं करता? कुछ बातों को अनदेखा करने में ही अच्छाई होती है। इसलिए क्षमा करना सीखिए। क्षमा बहुत बड़ा गुण है, इससे आपमें बड़प्पन आएगा और आपका मानसिक उद्वेलन रुकेगा। आप शांत एवं दत्तचित्त होकर अपना कार्य कर सकेंगे।

(ख) अनुभव सबसे बड़ा शिक्षक है

जीवन में ज्ञान प्राप्त करना आवश्यक है, लेकिन हमको उसे व्यावहारिक रूप में प्रयुक्त करने के लिए अनुभव की प्रयोगशाला में ढालना पड़ता है। अनुभव एक शिक्षक है, जो हमें जीवन के उजले और काले पक्षों का ज्ञान कराता है। इससे हममें किसी भी चीज का सम्यक् आकलन करने की समझ विकसित होती है। अनुभव से हम 'गुनते' हैं। यह आवश्यक नहीं कि हर बात का हम स्वयं अनुभव करके देखें। दूसरों का अनुभव क्या कहता है, हमें इस विषय में भी

विचार करना होगा। हमसे पूर्ववर्ती लोग अनुभव के भंडार हैं, वे तपे हुए लोग हैं, जिनके बाल धूप में सफेद नहीं हुए हैं! हमें उनके जीवनानुभवों से सीख लेनी चाहिए। साथही अपने जीवन की पाठशाला के सबक भी याद करने चाहिए।

हमें पुराने और नए-दोनों का सार ग्रहण करना चाहिए। हमारा विवेक इसमें मार्गदर्शक की भूमिका निभा सकता है। मात्र लकीर-का-फकीर होने से कोई लाभ नहीं मिलता। आधुनिक युग की अपनी अलग जरूरतें हैं।

जीवन में सफलता प्राप्त करने के लिए हमें पोंगापंथी नहीं, प्रगतिशील बनना है।

जीवन में सफलता प्राप्त करने के लिए हमें पोंगापंथी नहीं, प्रगतिशील बनना है।

(ग) संघर्ष और संकटों से घबराना कैसा?

संघर्ष और संकट जीवन के शाश्वत सत्य हैं। यह हमारे जीवन में हमारी परीक्षा लेने के लिए आते हैं। जिस प्रकार लहरों के थपेड़ों से नाविक नहीं घबराता और नाव को किनारे लगा देता है, उसी प्रकार हमें भी इनसे घबराना नहीं चाहिए। हमें इनका दृढ़ता से सामना करना चाहिए। होता यह है कि संकट आने पर हमारा आत्मविश्वास डगमगा जाता है, हममें निराशा घर कर जाती है। हमें अपना भविष्य अंधकारमय दिखाई देने लगता है और हम विषम परिस्थितियों से घबराकर अपने प्रयास बंद कर देते हैं। हम भाग्यवादी बन जाते हैं। हमारा धैर्य चुक जाता है। हम मानसिक रूप से असंतुलित होकर उचित कदम उठाने के बजाय गलतियां करते चले जाते हैं।

संकट और संघर्ष हमारे शत्रु हैं। जिस प्रकार शत्रु की चालों को नाकाम करने के लिए रणनीति बनाई जाती है और उस पर मजबूती व उत्साह से आक्रमण किया जाता है, उसी प्रकार अपनी शक्तियों को केंद्रीभूत करके उनका एक वीर की तरह पूरे आत्मविश्वास के साथ सामना कीजिए, वे अपने-आप मैदान छोड़कर भाग जाएंगे।

हो सकता है आपको कभी ये लगे कि आप हार रहे हैं। जीवन है, तो हार-जीत तो लगी रहती है। फिर से एक नए युद्ध के लिए खुद को तैयारी कीजिए, एक दिन जीत आपकी ही होगी।

(घ) देना सीखिए, लेना नहीं

परोपकार बहुत बड़ा सद्गुण है। प्रकृति करोड़ों वर्षों से निःस्वार्थ भाव से पृथ्वी के जीवों को अपनी निधियां लुटाती आ रही है। वह बदले में उनसे किसी चीज की अपेक्षा नहीं रखती। सच्चे साधु-संतों का जीवन भी परमार्थ के लिए

होता है। हमें इन सभी से प्रेरणा लेकर अपने जीवन को भी परोपकारमय बनाना चाहिए। यह नश्वर शरीर किसी भी रूप में दूसरों के काम आए, तो इससे जीवन की सार्थकता सिद्ध होगी। इसलिए दूसरों को अपने पास संचित वस्तुएं बांटना सीखिए, बदले में उनसे किसी तरह की अपेक्षा मत करिए। जिसने देना नहीं सीखा, वह जीवित होते हुए भी मृतक के समान है।

जीवन का उद्देश्य स्वार्थ नहीं, परमार्थ होना चाहिए। मरने के बाद केवल भलाई-बुराई ही साथ जाती है। इसलिए त्यागपूर्वक भोग करो। लोगों से प्यार करो, उनके दिलों में स्थान बनाओ, उनके सुख-दुःख में शरीक होओ। नेकी के रास्ते पर चलो, कठिनाइयां आएंगी, लोग आलोचना करेंगे, लेकिन बिना घबराए अच्छाई के मार्ग पर बढ़ते जाओ। तुम्हारे जीवन में सर्वत्र आनंद छा जाएगा। तुम्हारे भीतर से दैवीय गुणों की सुगंध फूटने लगेगी।

अपने जीवन में तुम वास्तविक सफल व्यक्ति बन जाओगे।

(च) खतरा मोल लेना सीखिए

अपने जीवन में जो व्यक्ति खतरा उठाते हैं, वे ही कुछ कर पाते हैं। जीवन फूलों की सेज नहीं है, कांटों भरा ताज है। यहां कदम-कदम पर खतरे हैं। सफलता के लिए खतरों से खेलना आवश्यक है। आपने सर्कस में 'मौत का कुआं' देखा होगा, उसमें वाहन-चालक जीवन को दांव पर लगाकर अपने करतब दिखाता है। पेट की खातिर वह खतरा मोल लेता है। उसने साहस दिखाया और सफल हुआ।

किसी भी कार्य में खतरे को भांपकर हम शुरुआत करने से पहले ही व्यर्थ की आशंकाओं से घिर जाते हैं और बे-मन से प्रयास करते हैं। इसका परिणाम सुखद नहीं होता।

इतिहास गवाह है, जिन लोगों ने अपने जीवन में अभूतपूर्व कार्य किए हैं, वे खतरों की आग से खेलकर ही सफल हुए हैं। उनसे प्रेरणा लेकर हमें हलुवे को ही चाटने की बजाय अपने दांतों से अखरोट को तोड़ने का प्रयास करना होगा।

'मीठा-मीठा गप और कड़ुवा-कड़ुवा थू' की प्रवृत्ति छोड़नी होगी। यदि हम साहस बटोरकर पूर्ण आत्मविश्वास के साथ किसी कठिन प्रतीत होने वाले कार्य को करने का संकल्प करेंगे और उसमें पूर्ण तन्मयता से जुट जाएंगे, तो खतरे अपने आप विलुप्त हो जाएंगे। फिर हमें असफलता का कुरूप चेहरा नहीं देखना पड़ेगा।

(छ) गलतियों से सबक सीखिए

अंग्रेजी में एक कहावत है - 'To err is human.' (गलती करना मानव स्वभाव का अंग है।)

मनुष्य गलतियों का पुतला है। गलतियां किससे नहीं होतीं! वह व्यक्ति क्षमा के योग्य नहीं है, जो गलतियों से सबक लेकर खुद को नहीं सुधारता। जो गलतियों की पुनरावृत्ति नहीं करता, वह ही सफल होता है। गलती करके उसको शुद्ध मन से स्वीकार लेना और अपने काम में पुनः पूरी लगन से जुट जाना सफल मनुष्य की पहचान है।

गलती हमारा शिक्षक है, जो हमें जीवन की पाठशाला में शिक्षा देता है। हमें सुधारने के लिए वह कभी-कभी दण्ड भी देता है।

ये आवश्यक नहीं कि हम अपनी गलतियों से ही सीखें। हमारी बुद्धिमत्ता इसी में है कि हम दूसरे व्यक्तियों की गलतियों से भी सबक लें।

जो व्यक्ति अपनी गलतियां स्वीकार लेता है, उसका हृदय विशाल और शुद्ध होता है। ईसाई धर्म में अपने पापों के Confession (कन्फैशन) का प्रावधान है। जिसने अपने पापों को कान पकड़कर स्वीकारा और क्षमा मांग ली, वह देवतुल्य हो गया।

कुछ व्यक्ति अहंकारवश जान-बूझकर अपनी गलती नहीं स्वीकारते और खुद को सही साबित करने के लिए खोखले तर्कों का सहारा लेते हैं; उन्हें एक दिन मुंह की अवश्य खानी पड़ती है। कुछ लोग अपनी गलतियों पर जान-बूझकर पर्दा डालने का प्रयास करते हैं। इसके लिए वे झूठ का सहारा लेते हैं और गलती-दर-गलती करते जाते हैं। पोल खुलने पर उनकी बड़ी छीछालेदार होती है।

यदि हमारे मन पर गलतियों की धूल जमा हो गई है; तो उसे अविलंब साफ कर अपने मन-दर्पण को स्वच्छ बनाना चाहिए। गलतियों से सबक लेकर निरंतर आगे बढ़ते जाना ही सफल मनुष्य की पहचान है।

यदि हमारे मन पर गलतियों की धूल जमा हो गई है; तो उसे अविलंब साफ कर अपने मन-दर्पण को स्वच्छ बनाना चाहिए। गलतियों से सबक लेकर निरंतर आगे बढ़ते जाना ही सफल मनुष्य की पहचान है।

(ज) दूसरों के साथ अच्छा व्यवहार कीजिए

हमारा व्यवहार हमारे चरित्र का दर्पण है। वह पर्वतों की ध्वनि है। पर्वतों के बीच हम जैसा बोलेंगे, वैसी ही प्रतिध्वनि हमें सुनाई देगी। हम दूसरों के प्रति जैसा व्यवहार करेंगे, दूसरे भी हमारे साथ वैसा ही व्यवहार करेंगे। चाहे दूसरे हमारे

साथ अच्छा व्यवहार न करें, हमें उनके प्रति सदाशयता ही दिखानी चाहिए। उस समय आपका दुर्व्यवहार अग्नि में घी का काम करेगा।

कांटा देने वाले को फूल भेंट करिए। गांधीगिरी का सहारा लीजिए। यदि कोई व्यक्ति आवेश में है, तो या तो मौन हो जाइए या उसे धीमे स्वर में प्यार से समझाइए, उसका आवेश ठंडा पड़ जाएगा।

गांधीजी को एक सज्जन ने हरिजनों को यज्ञोपवीत धारण करवाकर गायत्री करने का अधिकार देने के नाम पर शास्त्रार्थ की चुनौती दी, तो गांधीजी ने विनम्र होकर कहा-**"आप विद्वान हैं, मैं आपके समक्ष अपनी हार स्वीकारता हूं।"** वे सज्जन निरुत्तर हो गए। सद्व्यवहार में संयम, मीठी वाणी, मौन जैसे गुण बहुत बड़ी भूमिका निभाते हैं।

अपनी यह सोच रखिए-'जो जैसा करेगा, वैसा भरेगा' उसके बारे में हम सोच-सोचकर अपना समय व ऊर्जा क्यों बर्बाद करें? अपनी गलतियों को सुधारने का माद्दा रखिए। हर व्यक्ति के प्रति सद्भाव रखिए। दूसरों के काम आइए। दयालुता बरतिए। नेकी करिए और उसे हमेशा के लिए भूल जाइए। अपेक्षा दुःख का कारण है। किसी से अपेक्षा मत रखिएं। हमेशा प्रसन्न रहने का प्रयास करिए। अपनी सोच सकारात्मक रखिए कि जो भी होगा, अच्छा ही होगा। जब भगवान ने संसार इतना सुंदर बनाया है, तो इसकी हर बात सुंदर है। यह भावना रखिए कि पहले सबका भला, सबसे पीछे अपना भला।

इस प्रकार अपने सद्व्यवहार से आप दूसरों का दिल जीत लेंगे और सफलता की सीढ़ियां चढ़ते जाएंगे।

(झ) वचन निभाना सीखिए

पहले के बुजुर्ग कहा करते थे-**'जिसकी बात का भरोसा नहीं, उसके बाप का भरोसा नहीं'** और वास्तव में पहले के लोग जुबान के इतने पाबंद थे कि अपनी मूंछ का बाल गिरवी रखकर लाखों रुपयों का लेन-देन कर लेते थे। लेकिन आजकल की 'हाइब्रिड जेनरेशन' की बात का कोई भरोसा नहीं। उसकी बात में वजन नहीं। आजकल मौकापरस्ती इस कदर बढ़ गई है कि वे जबान तो क्या, किसी भी चीज के पाबंद नहीं। वे दूसरों को मूर्ख बनाकर अपना उल्लू सीधा करने में यकीन रखते हैं।

बहरहाल आपको अपनी अलग पहचान बनानी है, भीड़ का हिस्सा नहीं बनना है, तो हर व्यक्ति के प्रति अपनी वचनबद्धता निभानी होगी। चाहे उसे

निभाने में आपको कितनी भी कठिनाइयां क्यों न आएं! वचनबद्धता से आप किसी कार्य के प्रति अपनी प्राथमिकताएं और सीमाएं दोनों तय करना सीख जाते हैं और उन्हें पूरा करने में प्राणपण से जुट जाते हैं। वचनबद्धता से आपमें जिम्मेदारी लेने की भावना विकसित होती है, आपकी जवाबदेही तय होती है।

वचन ऐसे निभाइए; जैसे भगवान श्रीराम ने विभीषण के प्रति निभाया था। उन्होंने रावण का वध करने से पहले ही उनका समुद्र के जल से राजतिलक कर दिया था। उन्होंने कहा था, यदि मैं विभीषण को लंका का राजा नहीं बना पाया, तो मैं उन्हें अपना राज्य दे दूंगा।

वादा चाहे अपने-आपसे किया गया हो या दूसरे से, यदि आप निभाएंगे, तो आपका हर कार्य सिद्धांतों; समय व अनुशासन में बंधकर बहुगुणित सफलता प्राप्त करेगा।

(त) आसमान पर निगाह, लेकिन पैर जमीन पर हों

अपने जीवन में हमेशा ऊंचे लक्ष्य तय करें और उन्हें प्राप्त करने में जी-जान से जुट जाएं। आपकी निगाहें ऊंची उठी रहें, लेकिन पैर जमीन पर ही रहें। जो व्यक्ति अपने पैर जमीन पर नहीं रखता, औंधे मुंह गिरता है। महत्त्वाकांक्षी होना बुरी बात नहीं, लेकिन अपनी सीमाओं को न पहचानकर उनका अतिक्रमण करने से हमें असफलता का मुंह देखना पड़ता है।

अपनी सोच को व्यापक बनाएं। अपने जीवन में अच्छे साधनों का प्रयोग करके सफल हुए लोगों का सान्निध्य प्राप्त करें, उनकी कार्यप्रणाली देखें; उनसे मार्गनिर्देशन लें। ऐसा करके आप उच्च लक्ष्यों की ओर बढ़कर सफलता प्राप्त कर सकेंगे। इस दिशा में आप यदि पांच सौ प्रतिशत मेहनत करेंगे, तब ही सौ प्रतिशत सफलता की उम्मीद है। जीवन के प्रति व्यावहारिक दृष्टिकोण अपनाएं। कोरी कल्पना ही न करें, उन्हें साकार करने का प्रयास करें।

(थ) स्वाध्याय कीजिए

पुस्तकें हमारी सच्ची मित्र होती हैं; जो ज्ञान बढ़ाने के साथ हमें उचित मार्गदर्शन देती हैं। वे हमारी सच्ची हितैषी हैं, इसलिए जीवन में पुस्तकों का बहुत महत्त्व है। एक विद्वान ने कहा है-'सद्ग्रंथ प्रभु के विग्रह हैं।' इसलिए जीवन को सफल बनाने के लिए अच्छी पुस्तकें पढ़ना आवश्यक है।

पूर्व राष्ट्रपति डॉ. ए.पी.जे. अब्दुल कलाम हर समय अपनी जेब में 'गीता' की छोटी प्रति रखते हैं। उनका कहना है, विज्ञान और अध्यात्म के समन्वय से ही हम अपने जीवन में सफलता प्राप्त कर सकते हैं।

●●●